westermann

ZEIT FÜR GESCHICHTE

Wechselwirkungen und Anpassungsprozesse in der Geschichte

Niedersachsen
Qualifikationsphase

Autoren
Prof. Dr. Ulrich Baumgärtner
Prof. Dr. Walther L. Bernecker
Prof. Dr. Hans-Jürgen Döscher
Dr. Jelko Peters
Rüdiger Zoller

Mit Beiträgen von
Dr. Wolfgang Piereth

Herausgeber der Reihe
Prof. Dr. Ulrich Baumgärtner

ZEIT FÜR
GESCHICHTE

Wechselwirkungen und Anpassungsprozesse in der Geschichte

Niedersachsen
Qualifikationsphase

westermann GRUPPE

© 2019 Bildungshaus Schulbuchverlage
Westermann Schroedel Diesterweg Schöningh Winklers GmbH, Braunschweig
www.westermann.de

Druck A^2 / Jahr 2019
Alle Drucke der Serie A sind inhaltlich unverändert.

Redaktion: Christoph Meyer
Druck und Bindung: Westermann Druck GmbH, Braunschweig

ISBN 978-3-507-**36874**-3

INHALT

M 1   Flucht über das vereiste Haff (Frisches Haff) aus dem eingeschlossenen Ostpreußen
Standbild, vermutlich zweite Hälfte Februar 1945. Das Bild fand Verwendung in der „Deutschen Wochenschau" Nr. 754 vom 16.3.1945

M 2   „Hope for a New Life"
Syrische Flüchtlinge überqueren die Grenze zwischen Serbien und Ungarn, 2015. World Press Photo 2016

Wechselwirkungen und Anpassungsprozesse in der Geschichte

„Bewegte Zeiten" – so lautete der Titel einer Ausstellung über Archäologie in Deutschland, die vom 21. September 2018 bis zum 6. Januar 2019 im Berliner Gropius Bau zu sehen war. In eindrucksvoller Weise wurde zu den vier Themenbereichen „Mobilität", „Austausch", „Konflikt" und „Innovation" gezeigt, dass die Menschen von der Steinzeit bis zur Gegenwart immer in Bewegung waren. Bewegung wurde in der Ausstellung als verbindendes Grundprinzip der Geschichte dargestellt, da Menschen immer schon mobil und bereit waren, ihre Wohnorte und Lebensbedingungen zu verändern. Gleiches gilt für die Verbreitung von Waren und Ideen als Grundlage von Handel und Fortschritt. Die Bewegung von Menschen und Menschengruppen führt zu vielfältigen Veränderungen, manchmal auch zu Konflikten.

Die Geschichte Europas ist auch eine Geschichte von Bewegungen, deren Folgen oft bis in unsere Gegenwart hineinreichen. Die Sozialwissenschaften gehen in diesem Zusammenhang unter anderem der Frage nach, wie anpas-sungs- und wandlungsfähig Menschen sind. Sie versucht herauszufinden, was die Menschen veranlasst, ihr Leben zu ändern, sich an andere Orte zu bewegen und in Austausch mit ihnen zuvor fremden Menschen zu treten. Die Geschichtswissenschaft untersucht, welche Folgen die verschiedenen Bewegungen in der Geschichte hatten: Wie gingen die Menschen mit den „Anderen" um, auf die sie trafen? Sahen sie diese als Partner oder als Feinde an?

Wenn Menschen sich in andere Regionen begeben, hat dies häufig auch Begegnungen zwischen unterschiedlichen Kulturen zur Folge. Derartige Begegnungen sind durch vielfältige Wechselwirkungen gekennzeichnet, die sowohl Anpassungsprozesse als auch Konflikte umfassen. Der Themenkreis Migration und Kulturbegegnungen soll in diesem Heft exemplarisch an den Beispielen der „Völkerwanderung", des Spanischen Kolonialismus sowie der Flucht, Vertreibung und Umsiedlung im Umfeld des Zweiten Weltkriegs vorgestellt und erarbeitet werden.

Mögliche Leitfragen

- **Wie kommen Kulturkontakte und Kulturbegegnungen zustande?**
- **Welche Konflikte ergeben sich aus den Begegnungen?**
- **Aus welchen Gründen verlassen Menschen ihre Wohnorte und migrieren?**
- **Wie kann Migration gelingen?**

Kernmodul: Konzepte und Theorien zu Wechselwirkungen und Anpassungsprozessen

Menschen in Bewegung

Die Bewegungen von Menschen (Mobilität, Migration, Flucht), die Bewegungen von Sachen (Handel und Austausch) und die Bewegungen von Ideen (z.B. Erfindungen und Innovationen im technischen und kulturellen Bereich) sind Kennzeichen der gesamten Menschheitsgeschichte.

Mobilität stellt ein Merkmal und Erfordernis unserer modernen Arbeitswelt dar. Zur Mobilität zählen aber auch Reisen oder zeitlich begrenzte Auslandsaufenthalte, z.B. im Studium oder in Work & Travel-Programmen. Hier möchten Menschen etwas Neues, Fremdes kennenlernen, eine andere Kultur erleben. Eine andere Architektur, anderes Essen, eine andere Religion, eine andere Lebensweise erregen im Reisenden Staunen und Faszination, gelegentlich aber auch Unverständnis und Ablehnung. Umgekehrt stellen sich die Bewohner der meisten Urlaubsregionen auf ihre Besucher ein. Der moderne Tourismus ist eine spezifische Form der Kultur-

begegnung, die in den Urlaubsregionen mehr oder weniger ausgeprägte Spuren hinterlässt, für die Reisenden selbst jedoch meist punktuell bleibt, da sie wieder in ihre Heimat zurückkehren. Mit den gesammelten Erfahrungen, Fotos und Souvenirs nimmt man ein Stück der fremden Kultur mit nach Hause; manchmal integrieren wir sogar einen Teil anderer Kulturen in unsere heimatliche Lebenswelt, z.B. beim Kochen.

Migration ist eine mit einschneidenden Konsequenzen verbundene Verlegung des eigenen Lebensmittelpunktes in ein räumlich entferntes, manchmal auch kulturell fremdes Umfeld. Einige Menschen sind von einem anderen Land derart begeistert, dass sie beschließen auszuwandern. Auch Heirat oder berufliche Perspektiven können zu einer Auswanderung führen. Hierbei handelt es sich in der Regel um einen freien, individuellen Entschluss. Diese Form der Migration ist von Migrationsbewegungen aus armen Ländern oder Konfliktregionen zu unterscheiden: Hier wird die Entscheidung zur Migration häufig nicht aus freien Stücken getroffen, sie ist vielmehr eine Reaktion auf äußere Zwänge wie Armut, Arbeits- und Perspektivlosigkeit. Diese – meist größere Menschengruppen betreffende – Form der Migration ist ein Ausdruck der Hoffnung, an einem anderen Ort ein erfüllteres Leben führen zu können als in der alten Heimat.

Im Falle von Flucht und Vertreibung handelt es sich schließlich um erzwungene Bewegungen sowohl einzelner Individuen (z.B. aufgrund politischer Verfolgung) als auch größerer Menschengruppen (z.B. Flucht aus Kriegs- und Unruheregionen). Diesen Menschen steht das Asylrecht bzw. ein subsidiärer Schutz zu.

Bitterlis Theorie der Kulturbegegnung

Migrationsbewegungen, Kulturbegegnungen und Kulturkonflikte der Vergangenheit sind für die Geschichtswissenschaft von besonderem Interesse, da diese Phänomene auch für unsere Gegenwart kennzeichnend sind: Im Zeitalter der

Ⓜ 1   *Kultur-*
begegnungen
Buddhistische Mönche in Berlin, 2013

Globalisierung gibt es neben dem weltweiten Austausch von Waren und Ideen auch weltweite Migrationsbewegungen.

Der Schweizer Historiker Urs Bitterli (*1935) hat auf der Grundlage seiner Forschungen eine Theorie der Kulturbegegnung entwickelt. Bitterli unterscheidet fünf modellhafte Formen der Begegnung, die aus der Analyse tatsächlicher Ereignisse gewonnen wurden, als „Idealtypen" in der historischen Realität aber kaum in Reinform auftreten:

1. Kulturberührung: Hier handelt es sich um ein erstes, zeitlich begrenztes und oft zufälliges Zusammentreffen von Mitgliedern verschiedener Kulturen. Die erste Begegnung von Kolumbus mit den Bewohnern der Karibikinseln ist hierfür ein Beispiel.
2. Kulturkontakt: Nach der Kulturberührung kann es zu einem dauerhaften und wechselseitigen Kontakt kommen. Dies kann etwa im Grenzraum zwischen verschiedenen Kulturen geschehen, wie es zum Beispiel entlang des Limes zwischen Römern und Germanen der Fall war, die einen regelmäßigen Warenaustausch pflegten.
3. Kulturzusammenstoß: Kommt es zu gewaltsamen Auseinandersetzungen zwischen Kulturen, bei denen es um Unterdrückung, ja Ausrottung der jeweils anderen Kultur geht, spricht Bitterli von einem Kulturzusammenstoß. Die Verfolgung und Vernichtung der amerikanischen Urbevölkerung durch die europäischen Eroberer ist hierfür ebenso ein Beispiel wie die militärische Niederschlagung von Aufständen in den Kolonien zur Zeit des Imperialismus am Ende des 19. Jahrhunderts.
4. Akkulturation: Diese Form der Kulturbegegnung setzt voraus, dass ein langfristiger und kontinuierlicher Kulturkontakt besteht, der gelegentliche Kulturzusammenstöße zwar nicht ausschließt, im Ergebnis aber dazu führt, dass nicht nur Waren, sondern auch Kulturtechniken, ja sogar Wertvorstellungen ausgetauscht werden. Es kommt mithin zu einer gegenseitigen Anpassung der beiden Kulturen. Die Romanisierung in der Kaiserzeit, aber auch die „Völkerwanderung" sind hierfür Beispiele.
5. Kulturverflechtung: Eine gesteigerte Form der Akkulturation stellt die Entstehung einer Mischkultur dar, die Bitterli als Kulturverflechtung bezeichnet. Über die gegenseitige Anpassung hinaus entsteht hier eine eigenständige neue Kultur, in der die ursprünglichen Elemente nicht mehr eindeutig auszumachen sind. Es kommt dabei auch zu einer biologischen Vermischung der einzelnen Stämme bzw. Völker. Als klassisches Beispiel einer Kulturverflechtung wird häufig Brasilien angeführt, wo sich indianische Ureinwohner und portugiesische Eroberer vermischt haben sollen. Bei dieser Kulturverflechtung handelt es sich um einen hochkomplexen und spannungsreichen Prozess, der bis in die Gegenwart reicht.

Die „Europäisierung" der Welt

Die Entdeckung und Eroberung des amerikanischen Kontinents und die Gründung von Kolonien in Afrika und Asien durch die europäischen Mächte leiteten eine Ausbreitung der europäischen Kultur über weite Teile der Erde ein. Wirtschaftliche Ausbeutung und politische Macht waren die vorherrschenden Motive der Eroberer; die Verbreitung des christlichen Glaubens und die Vermittlung der als überlegen angesehenen europäischen Kultur begleiteten diesen Prozess, wobei der europäische Einfluss in den ehemaligen Kolonien teilweise bis heute an den Amtssprachen zu erkennen ist.

Eine zweite Phase der Europäisierung stellte das Zeitalter des Imperialismus dar. Vor allem im 19. Jahrhundert erschlossen die führenden europäischen Mächte, allen voran Großbritannien, den Großteil der Welt und teilten ihn unter sich auf. Dabei wirkten die kolonialen Unternehmungen auch auf das Leben in den europäischen Staaten selbst zurück: Aus den beherrschten Gebieten kamen nicht nur Kolonialwaren, sondern auch Menschen in die Heimat der Eroberer. Neben der Schaulust am Exotischen regten diese „Eingeborenen auf Besuch" (Urs Bitterli) in den europäischen Zentren auch eine breite Diskussion an – über Verständigungsprobleme und Erziehungschancen, über die Besonderheiten der einzelnen Völker und Rassen oder über die Entwicklung des Menschen überhaupt. Manchmal verbanden sich diese Diskussionen auch mit einer Kritik an der europäischen Kultur: So galt der „edle Wilde" gelegentlich als Vorbild, da er noch nicht durch die Zivilisation deformiert wäre. Darüber hinaus schlug sich die Erfahrung der Erschließung der Welt in einer ausgedehnten wissenschaftlichen Diskussion nieder, die das bisher auf Europa zentrierte Weltbild deutlich erweiterte.

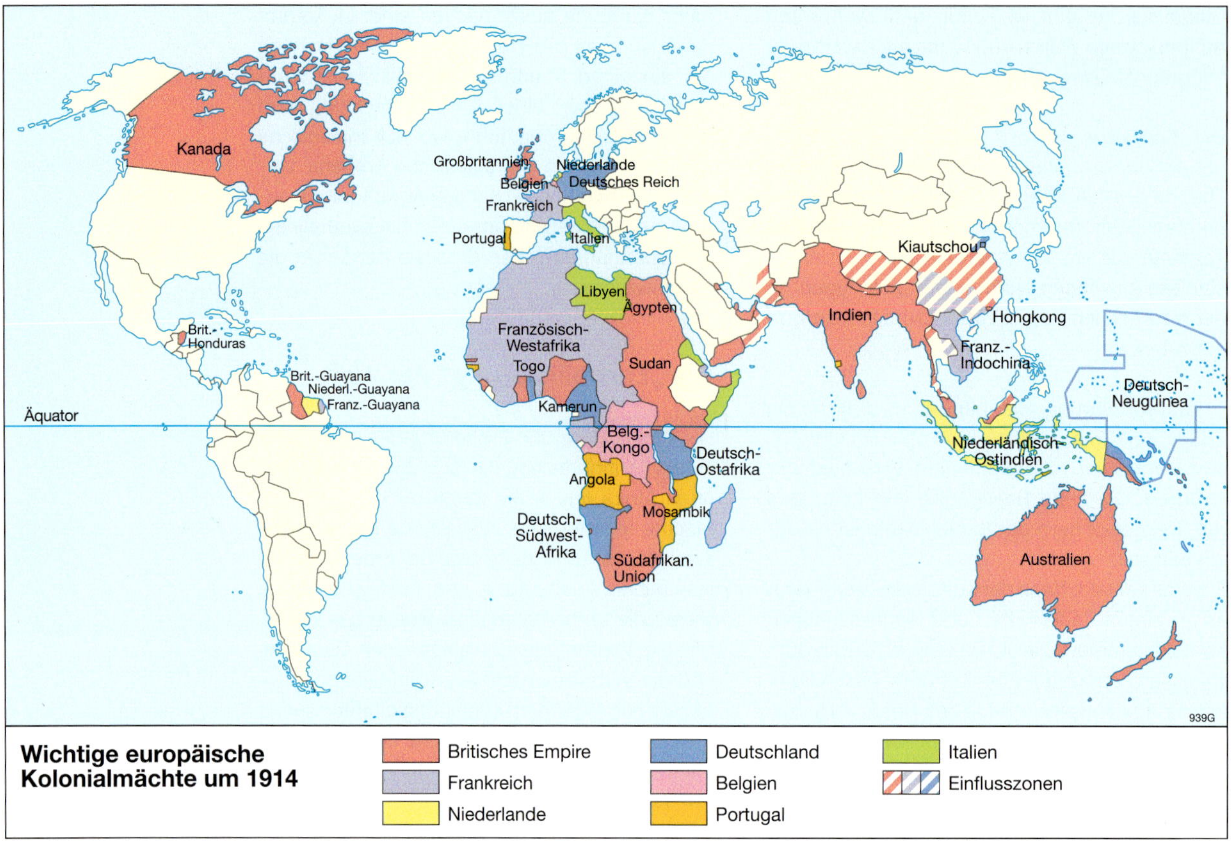
Kanada
Großbritannien
Niederlande
Belgien
Deutsches Reich
Frankreich
Portugal
Italien
Kiautschou
Libyen
Ägypten
Indien
Hongkong
Französisch-Westafrika
Franz.-Indochina
Brit.-Honduras
Sudan
Togo
Deutsch-Neuguinea
Brit.-Guayana
Niederl.-Guayana
Franz.-Guayana
Äquator
Kamerun
Belg.-Kongo
Niederländisch-Ostindien
Deutsch-Ostafrika
Angola
Mosambik
Deutsch-Südwest-Afrika
Australien
Südafrikan. Union
939G
Wichtige europäische Kolonialmächte um 1914
Britisches Empire
Frankreich
Niederlande
Deutschland
Belgien
Portugal
Italien
Einflusszonen

M 2

Huntingtons These vom „Kampf der Kulturen"

Oft wird die „Völkerwanderung" als ein fernes Beispiel für einen „Kampf der Kulturen" gesehen, in dem die „unkultivierten, barbarischen germanischen Völker" die hoch entwickelte römische Zivilisation zu Fall gebracht hätten. Diese Deutung passt zu den Überlegungen des amerikanischen Politikwissenschaftlers Samuel P. Huntington. Huntington entwickelte angesichts der Erfahrung einer globalisierten Welt und der weltpolitischen Verschiebungen nach dem Ende des Kalten Krieges die These, dass die Weltpolitik künftig nicht mehr nur durch das wechselseitige Agieren von Staaten, sondern wesentlich durch die – auch gewaltsame – Auseinandersetzung zwischen Kulturen bestimmt werden würde. Er prognostizierte einen „Clash of Civilizations", einen „Kampf der Kulturen". Nachdem die domestizierende Wirkung des Kalten Krieges entfallen sei, in dem die beiden Supermächte USA und Sowjetunion ihre jeweilige Einflusssphäre dominiert und abweichende Strömungen kanalisiert oder gar unterdrückt hätten, würden nun die politisch entscheidenden Prozesse durch verschiedene Kulturkreise bestimmt, die die Staatenorganisation überlagerten. Die Welt sei nun „multikulturell" und „multipolar", insbesondere aber habe der Westen an Einfluss verloren. Auf heftige Kritik stieß die Behauptung Huntingtons, die Konflikte zwischen verschiedenen Kulturen könnten sich in

M 3 *Kulturkreise nach Huntington*

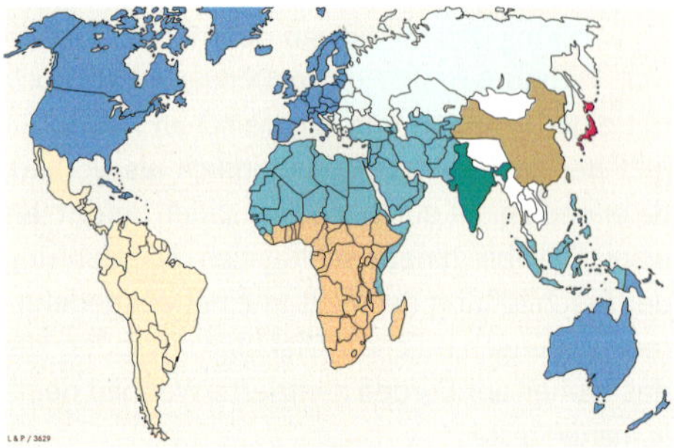

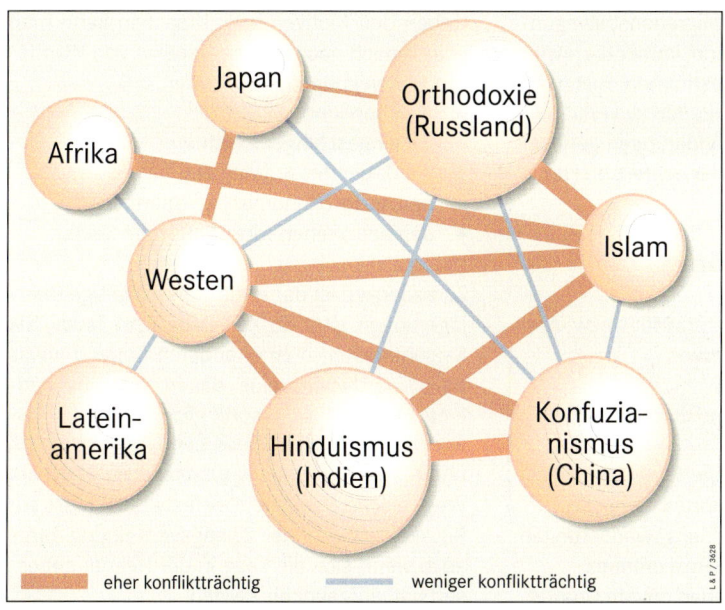

eher konfliktträchtig   weniger konfliktträchtig

L & P / 3628

M 4 *Das Konfliktpotenzial zwischen den Kulturkreisen nach Huntington*

kriegerischen Auseinandersetzungen entladen, sogenannten Bruchlinienkriegen: „Bruchlinienkonflikte sind Konflikte zwischen […] Staaten oder Gruppen aus unterschiedlichen Kulturen […]." Sie könnten sich zwischen Staaten, innerhalb von Staaten oder auch zwischen verschiedenen nicht-staatlich organisierten Gruppen ereignen. Die größte Gefahr für einen solchen neuartigen Krieg sah Huntington zwischen dem Westen und der islamischen Welt.

Friedliche Globalisierung oder kriegerischer „Kampf der Kulturen"? – mit dieser Frage sind die beiden Pole bezeichnet, zwischen denen die aktuelle Entwicklung interpretiert wird. Ein Blick in die Geschichte und eben auch auf die Epoche der „Völkerwanderung" lehrt, dass es immer schon vielfältige Formen von Kulturbegegnungen gegeben hat und bis heute gibt, vom friedlichen Austausch bis hin zum gewaltsamen Kulturzusammenstoß, von der zufälligen Begegnung bis hin zur Entstehung einer neuen, eigenständigen Mischkultur. Angesichts einer zunehmend vernetzten globalisierten Welt mit neuen politischen Herausforderungen kann die historische Analyse solcher Prozesse helfen, sich in der Gegenwart besser zu orientieren.

Migration

Die Geschichte der „Völkerwanderung" ist insbesondere auch eine Geschichte der Migration. Migration ist ein Grundphänomen der Menschheit, da Menschen immer wieder (aus-)gewandert sind, wenngleich Ausmaß und Formen dieser Wanderungen sich im Laufe der Geschichte gewandelt haben.

Heute werden alle Formen von menschlichen Wanderungen unter dem Begriff „Migration" zusammengefasst. Der Historiker Jochen Oltmer definiert Migration so: „Migration ist die auf einen längerfristigen Aufenthalt angelegte räumliche Verlagerung des Lebensmittelpunkts von Individuen, Familien, Gruppen oder auch ganzen Bevölkerungen. Wanderungen bilden ein Kontinuum und ein konstitutives Element in der Menschheitsgeschichte, seit sich der ‚Homo sapiens als Homo migrans über die Welt ausgebreitet hat' (K. J. Bade)." Mit dieser Definition sollen alle einschlägigen Prozesse in allen Epochen erfasst werden, der oft bevorzugt untersuchte Modellfall einer dauerhaften Auswanderung ebenso wie der mehrwöchige Auslandsaufenthalt im Auftrag eines Arbeitgebers oder der Umzug in der näheren Umgebung. Bei der

Untersuchung einzelner Migrationsbewegungen ist es daher entscheidend, immer die jeweiligen Besonderheiten zu bestimmen. Hierzu ist es erforderlich, sich über Kriterien zu verständigen, mithilfe derer man Wanderungen genauer beschreiben und voneinander abgrenzen kann.

Formen von Migration

Migrationen können nach ihrem Motiv bzw. ihrer Ursache unterschieden werden:

- Arbeitswanderungen sind durch die Arbeitssuche motiviert.
- Bei Siedlungswanderungen geht es um die Wahl eines neuen Wohnortes.
- Bildungs- und Ausbildungswanderungen dienen dem beruflichen Fortkommen.
- Heiratswanderungen haben private Gründe.
- Wohlstandswanderungen liegt die Hoffnung auf ein besseres Leben zugrunde.
- Kulturwanderungen folgen dem Reiz eines attraktiven Ortes.
- Zwangswanderungen sind Folgen politischer Krisen und Umbrüche.

Neben den Motiven bzw. Ursachen kann man jedoch auch noch weitere Aspekte von Wanderungsbewegungen untersuchen, z. B.:
- die überwundene Distanz,
- die eingeschlagene Richtung,
- die Dauer des Aufenthalts,
- den sozio-ökonomischen Raum oder
- den betroffenen wirtschaftlichen Sektor.

Zu bedenken ist dabei, dass es vielfältige Überlagerungen gibt: So kann aus dem Motiv, als Saisonarbeiter in einer anderen Gegend etwas dazuzuverdienen, eine dauerhafte Übersiedlung werden. Die ursprünglich geplante Auswanderung in ein anderes Land kann scheitern und zur Rückwanderung führen oder auf halbem Weg „stecken bleiben". Der feste Entschluss zur Rückkehr nach einer Zwangsvertreibung kann, auch wenn sich die Lage in der Heimat gebessert hat, aufgegeben werden.

Entscheidend ist bei allen Migrationen der begleitende Kommunikationsprozess. Bevor Menschen ihre Heimat verlassen und auch während sie unterwegs sind sammeln sie kontinuierlich Informationen über Wege, Fortbewegungsmit-

 5   *Auswanderer am Überseekai in Bremerhaven*
Von hier wanderten zwischen 1830 und 1974 über sieben Millionen Menschen mit dem Schiff aus, kolorierter Holzstich nach Johannes Gehrts, um 1880.

tel, mögliche Ziele, Arbeitsmöglichkeiten und Lebensperspektiven. Sogar bei Zwangswanderungen, bei denen der Einzelne keine echte Entscheidungsfreiheit über seinen Aufbruch hat, spielt die Informationsbeschaffung im weiteren Verlauf der Migration eine wichtige Rolle.

Migrationssysteme

Wanderungen sind nur selten individuelle Aktionen; sie fügen sich vielmehr in umfassende Bevölkerungsbewegungen ein. Solche sich entwickelnden, ähnlich ablaufenden und sich über eine längere Zeitdauer erstreckenden Migrationsbewegungen werden als Migrationssysteme bezeichnet. So gab es im 19. Jahrhundert eine vornehmlich wirtschaftlich motivierte Massenauswanderung von über fünf Millionen Deutschen in die Vereinigten Staaten, die bestimmten Wegen und einem mehr oder weniger festgelegten Ablauf folgte.

Migrationsregime

Schließlich sind die Rahmenbedingungen zu betrachten, die Migrationen beeinflussen oder gar steuern. Diese Vorgaben werden mit dem Begriff „Migrationsregime" bezeichnet. Im Standardwerk „Enzyklopädie Migration in Europa" aus dem Jahr 2007 heißt es dazu: „Umfang, Richtung und Form geografischer Mobilität [werden] durch die vorherrschenden formellen und

informellen gesellschaftlichen Regeln, Normen und Wertesysteme beeinflusst." Nicht zuletzt spielen dabei staatliche Regelungen wie Anwerbeprämien für ausländische Arbeitnehmer, die Vergabe von Arbeitsgenehmigungen oder das Asylrecht eine wichtige Rolle, wenngleich solche politischen Instrumente die Eigendynamik von Wanderungen in Notsituationen nur bedingt zu steuern vermögen. Von großer Bedeutung sind überdies auch die jeweiligen Grenzziehungen und die Handhabungen des Grenzregiments in Form von Kontrollen oder Erhebungen von Gebühren.

Migration als Gesamtprozess

Die Wissenschaft interessiert sich inzwischen nicht nur für die verschiedenen Formen von Migration, sondern auch für den Vorgang insgesamt. Es geht nicht mehr nur um die Wanderung im engeren Sinne vom Aufbruch bis zur Ankunft, sondern auch um die oft langfristige Entscheidungsfindung in der Heimat, die mitunter langen Zwischenaufenthalte ohne Fortbewegung und die Eingliederung in der neuen Umgebung. Hier berührt sich die Migrationsforschung mit der Untersuchung von Kulturbegegnungen, da sie sich für die Eingliederung der Neuankömmlinge in die aufnehmende Gesellschaft interessiert und die dadurch auf beiden Seiten ausgelösten Anpassungs- und Assimilationsprozesse analysiert.

M 6   *„Nichts zu machen! Das Boot ist voll!!!"*
Karikatur von Gerhard Mester, 1999

Motiv	Erzwungen (zum Beispiel umweltbedingte Zwänge durch menschliche oder natürliche Umweltzerstörung)	Flucht/Vertreibung (überwiegend weltanschaulich orientiert und kriegsbedingt)	Wirtschaftlich (auch als „Verbesserungsmigration" bezeichnet)	Kulturell (zum Beispiel Bildungsreisen, Umsiedlung im Rentenalter)
Distanz	Kürzere (lokal)	Mittlere (meist regional)	Größere Entfernung (meist international, einschließlich kolonialer oder transozeanischer Migration)	
Richtung	Hinwanderung	Zirkulär	Multipel: in mehrere Richtungen oder wiederholt an den gleichen Ort	Rückwanderung
Dauer des Aufenthalts	Saisonal	Mehrjährig	Arbeitsleben	Auf Lebenszeit
Sozio-ökonomischer Raum	Ländlich-ländlich (zum Beispiel der Ausbau der Landwirtschaft nach 1500, insbesondere in Osteuropa)	Ländlich-städtisch (Urbanisierung, die am besten bekannte Migrationsform in der europäischen Geschichte)	Städtisch-städtisch	Kolonial (Siedler, Händler, Soldaten, Seeleute)
Wirtschaftlicher Sektor	Agrarisch (Siedler oder Bauern)	Gewerblich-industriell (Arbeit, einschließlich Wanderungen von Gesellen)	Dienstleitungssektor (Dienstleistende, Pflegepersonal, Reinigungspersonal, Soldaten, Seeleute, Händler und Verwaltungsangestellte)	Elite (Beamte, freie Berufe und Geschäftsleute)

Klaus J. Bade, Pieter C. Emmer, Leo Lucassen, Jochen Oltmer (Hg.), Enzyklopädie Migration in Europa. Vom 17. Jahrhundert bis zur Gegenwart, Ferdinand Paderborn/München/Wien/Zürich: Schöningh/Wilhelm Fink 2007, S. 37.

 *7 Typologie der Migrationen*

 8 **Migration in Europa**

Der Historiker Klaus J. Bade schreibt in der „Enzyklopädie. Migration in Europa. Vom 17. Jahrhundert bis zur Gegenwart" (2007):

Der Prozess der Eingliederung verändert zugleich die Aufnahmegesellschaft – wenn auch im Vergleich zu den Zuwanderergruppen aufgrund von Machthierarchien und zahlenmä-
5 ßiger Überlegenheit der einheimischen Bevölkerung in geringerem Maße. In den meisten Fällen verläuft dieser Prozess allerdings sehr langsam, und viele neu einge-
brachte Elemente erscheinen als so unauffällig, dass der fremde Ursprung von dem
10 Großteil der Einheimischen nicht wahrgenommen wird. So kann der Mythos der Homogenität der eigenen nationalen Kultur unverändert fortbestehen. Das bezieht sich sowohl auf sprachliche Einflüsse als auch auf
15 die gesamte Bandbreite wirtschaftlicher wie kultureller Einwirkungen.

Dieser Ansatz lässt sich gut verbinden mit dem Konzept der „Ethnisierung", das zu ei-
20 nem besseren Verständnis der Wechselwirkungen sozialer und kultureller Muster der

Zuwanderergruppen mit den Traditionen und Lebensgewohnheiten in der Aufnahmegesellschaft beitragen kann. Der Prozess
25 kann, in Abhängigkeit von den Umfeldbedingungen in den Siedlungsregionen der Migranten, erheblich variieren: Eingliederungsprozesse in Kleinstädten unterscheiden sich von denen in Großstädten, jene in Städten
30 mit starkem Dienstleistungssektor von solchen mit mittelständisch orientierten Konsumgüterindustrien oder solchen vornehmlich mit Schwerindustrie. Zwar wird in allen Fällen der Einfluss des kulturellen Gepäcks,
35 das Migranten mit sich führen, deutlich, der Charakter der Eingliederung unterscheidet sich jedoch nach den wirtschaftlichen, sozialen, politischen und kulturellen Rahmenbedingungen. Das Modell der „Ethnisierung"
40 unterscheidet weiterhin nach unterschiedlichen (wirtschaftlichen, politischen, sozialen, religiösen) Dimensionen, in denen Eingliederung stattfindet, und zeigt, dass es sich meist um einen nicht-homogenen Prozess mit von
45 Fall zu Fall unterschiedlicher Geschwindigkeit handelt. Darüber hinaus können diese Rahmenbedingungen nicht nur auf lokaler, sondern auch auf nationaler Ebene differieren, wie Vergleiche zwischen Migrationsregi-
50 men oder Ländern zeigen.

Das erweiterte und überarbeitete Assimilationsmodell kombiniert verschiedene Begriffe, die oft benutzt werden, um spezifische
55 Aspekte oder Phasen des generationenübergreifenden Prozesses zu beschreiben: Annäherung, Anpassung, Adaption [Anpassungsvermögen], Einfügung und Akkulturation [Übernahme von Kulturgütern]. Der heuristi-
60 sche Wert liegt hierbei in der Unterscheidung zwischen Generationen, Bereichen wie Arbeit und Wohnen, ethnischen Kontakten wie Heirat und Freundschaften sowie zwischen den wirtschaftlichen, sozialen, ideologischen
65 und kulturellen Rahmenbedingungen der Aufnahmegesellschaft. Obwohl die meisten Migranten sich auf längere Sicht eingliedern, geschieht das nicht zwangsläufig, sondern ist vielmehr abhängig einerseits von der Auf-
70 nahmebereitschaft einer Gesellschaft und andererseits von deren Strukturen. Dabei geht es vor allem um die Frage, nach welchen Kategorien (Klasse, Geschlecht, Religion und Ethnizität) Unterschiede zwischen Menschen
75 – ob Migranten oder nicht – konstruiert wer-

den. Wie der Eingliederungsprozess verläuft und bis zu welchem Grad das Modell angewendet werden kann, hängt somit auch, wie oben erläutert, von dem jeweils herrschenden
80 Migrationsregime ab.

Klaus J. Bade, Pieter C. Emmer, Leo Lucassen, Jochen Oltmer (Hg.), Enzyklopädie Migration in Europa. Vom 17. Jahrhundert bis zur Gegenwart, Ferdinand Paderborn/München/Wien/Zürich: Schöningh/Wilhelm Fink 2007, S. 49 f.

1. a) ●●○ Erläutern Sie anhand von Beispielen die verschiedenen Grundformen der Kulturbegegnung, die Urs Bitterli unterscheidet.
   b) ●●○ Arbeiten Sie die Chancen und die Probleme heraus, die mit den jeweiligen Grundformen der Kulturbegegnung verbunden sind.
   c) ●●● Erörtern Sie, welche der von Urs Bitterli vorgestellten Grundformen der Kulturbegegnung Ihnen in Ihrer Lebenswelt begegnen.
   d) ●●● Erläutern Sie das Phänomen „Europäisierung der Welt" und prüfen Sie, ob diese Bezeichnung angemessen ist.
   e) ●○○ Fassen Sie die Thesen von Samuel P. Huntington zusammen.
   f) ●●● Nehmen Sie Stellung zu der Frage, ob seine Behauptung vom drohenden „Kampf der Kulturen" zutrifft. Begründen Sie Ihre Position.
   → Text

2. a) ●●● Erläutern Sie die im Text zitierte Definition des Begriffs „Migration". Begründen Sie, weshalb der Begriff Migration besser geeignet als seine Übersetzung „Wanderung"?
   b) ●●○ Erklären Sie, was man unter einem Migrationssystem und einem Migrationsregime versteht.
   c) ●●● Weisen Sie anhand geeigneter Beispiele die aktuelle Bedeutung von Migrationsprozessen nach.
   d) ●●● Erläutern Sie die Typologie der Migrationen (M7). Wählen Sie dazu drei verschiedene Beispiele aus und ordnen Sie diese in der Typologie ein.
   e) ●○○ Fassen Sie die zentralen Aussagen Klaus J. Bades zur Eingliederung von Migranten zusammen (M8).
   f) ●●● Erläutern Sie Chancen und Gefahren, die beim Zusammentreffen von Migranten mit Mitgliedern der Aufnahmegesellschaft entstehen.
   → Text, M7, M8

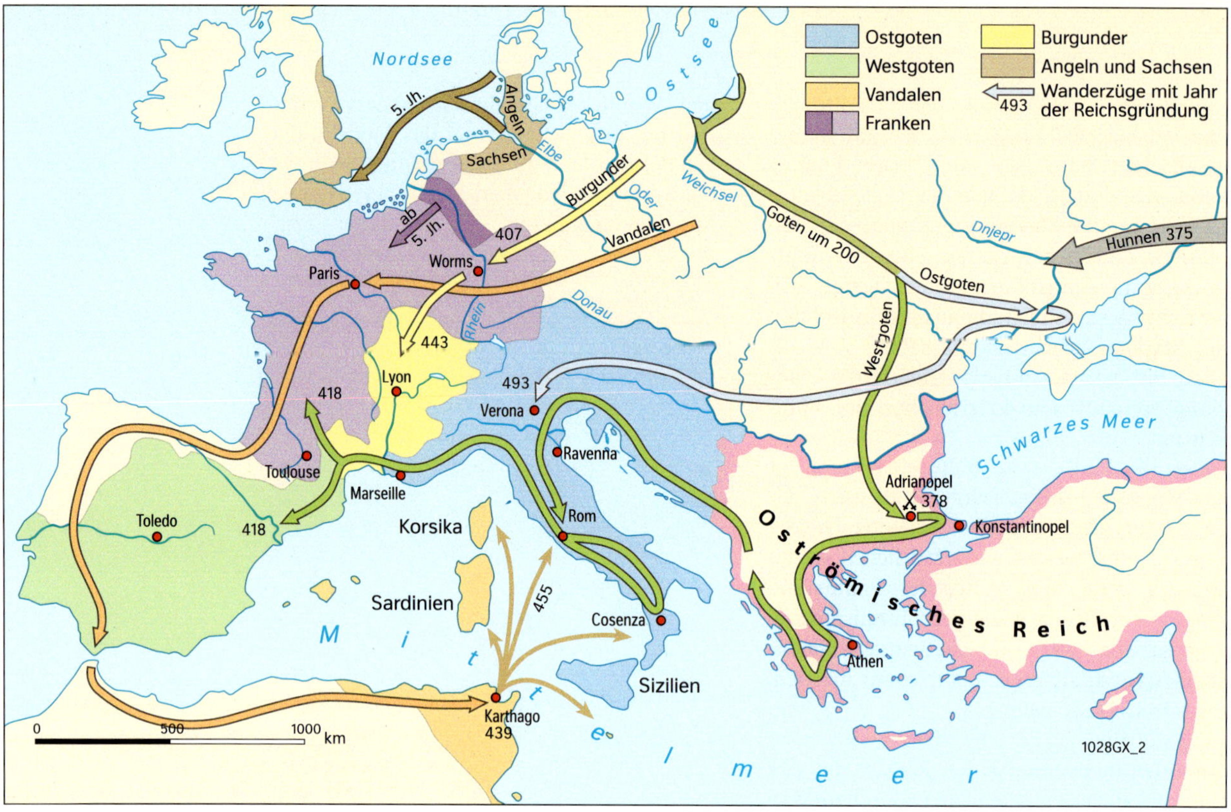

Legende Karte M1:
- Ostgoten
- Westgoten
- Vandalen
- Franken
- Burgunder
- Angeln und Sachsen
- 493 Wanderzüge mit Jahr der Reichsgründung

Nordsee · Ostsee · Elbe · Oder · Weichsel · Dnjepr · Schwarzes Meer · Mittelmeer

Angeln · Sachsen · Burgunder · Vandalen · Goten um 200 · Hunnen 375 · Ostgoten · Westgoten
5. Jh. · ab 5. Jh. · 407 · Worms · Paris · 443 · Lyon · 418 · Verona · 493 · Ravenna · Rom · 418 · Toulouse · Marseille · Toledo · Korsika · Sardinien · 455 · Cosenza · Sizilien · Karthago 439 · Adrianopel X 378 · Konstantinopel · Oströmisches Reich · Athen
Rhein · Donau

0 500 1000 km

1028GX_2

M 1 *Die „Völkerwanderung"*

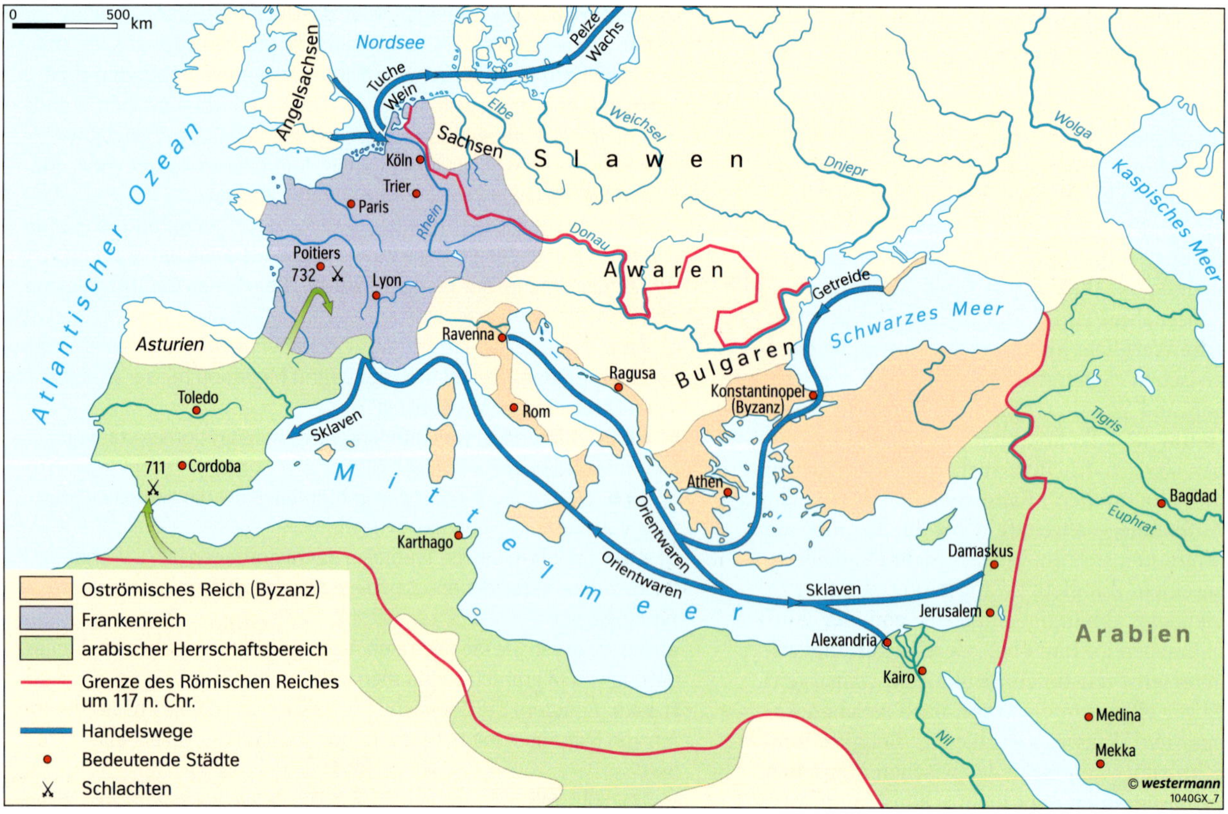

Atlantischer Ozean · Nordsee · Elbe · Weichsel · Wolga · Kaspisches Meer · Dnjepr
Angelsachsen · Tuche · Wein · Pelze · Wachs · Köln · Trier · Paris · Sachsen · Slawen · Awaren · Bulgaren
Poitiers 732 X · Lyon · Ravenna · Getreide · Ragusa · Konstantinopel (Byzanz) · Schwarzes Meer · Tigris
Asturien · Toledo · Rom · Athen · Orientwaren · Bagdad
711 X · Cordoba · Mittelmeer · Karthago · Orientwaren · Sklaven · Damaskus · Jerusalem · Arabien · Alexandria · Kairo · Nil · Euphrat · Medina · Mekka
Sklaven · Rhein · Donau

0 500 km

Legende Karte M2:
- Oströmisches Reich (Byzanz)
- Frankenreich
- arabischer Herrschaftsbereich
- Grenze des Römischen Reiches um 117 n. Chr.
- Handelswege
- Bedeutende Städte
- X Schlachten

© westermann
1040GX_7

M 2 *Die Mittelmeerwelt um 750*

Die „Völkerwanderung"

Die „Völkerwanderung" stellt einen zentralen Einschnitt der europäischen Geschichte dar. Als Ereignis markiert sie die Auflösung des Römischen Imperiums, die langfristig zur Entstehung der heutigen europäischen Staaten führte. Als Epoche kennzeichnet die „Völkerwanderung" das Ende der Antike und den Beginn des Mittelalters.

Spuren der „Völkerwanderung" sind bis heute sichtbar, zum Beispiel gehen die heutigen Namen vieler Länder auf vormalige Stammesgruppen der entsprechenden Regionen zurück. Dies gilt für England („Angeln") und Frankreich („Franken") ebenso wie für unsere Bundesländer Bayern, Niedersachsen, Sachsen oder Thüringen. Die Stammesgruppe der Franken bekannte sich im frühen Mittelalter zunehmend zum katholischen Christentum, das bis in die Neuzeit hinein die maßgebliche Religion Europas darstellte.

Seit dem 19. Jahrhundert übt die „Völkerwanderung" eine große Faszination aus, die die Fantasie vieler Menschen bis heute beflügelt.

Literatur, Kunst und Film haben sich ausgiebig bei den Ereignissen dieser Zeit bedient: Die Bestseller „Ein Kampf um Rom" von Felix Dahn (1876), „Der Herr der Ringe" von J. R. R. Tolkien (1954/55) und „Das Lied von Eis und Feuer" bzw. „Game of Thrones" von George R. R. Martin (seit 1996) greifen viele Motive aus der Zeit der „Völkerwanderung" auf. Doch auch in der gegenwärtigen politischen Diskussion spielt die „Völkerwanderung" eine wichtige Rolle. Sie dient als Schablone und Projektionsfläche, wenn es darum geht, über Wirtschaftskrisen sowie Migration und Integration zu diskutieren. Von Populisten wird die „Völkerwanderung" häufig als Beispiel für den migrationsbedingten Untergang einer hoch entwickelten Zivilisation angeführt. Die Geschichtswissenschaft verweist hingegen darauf, dass diese Deutung den Ereignissen zwischen 375 und 568 n. Chr. nicht gerecht wird.

Da selbst der Begriff „Völkerwanderung" unter Historikern umstritten ist, wird er hier in Anführungszeichen verwendet. Fest steht gleichwohl, dass die „Völkerwanderung" zu den großen Mythen der europäischen Geschichte gehört.

Mögliche Leitfragen

- **Was versteht man unter „Völkerwanderung"?**
- **Wie kam es zur Auflösung des Römischen Imperiums und zur Bildung neuer Gemeinschaften?**
- **Warum verließen die Menschen ihre Heimat? Wie kam es zur Migration im 4. und 5. Jahrhundert?**
- **Wie entstanden die Reiche der Goten und Franken?**
- **Wie wird die „Völkerwanderung" in Literatur, Kunst und Film sowie in der heutigen medialen Öffentlichkeit gedeutet?**

1. (Un)bekannte „Völkerwanderung"

Die „Völkerwanderung" in der „Feuerzangenbowle"

In der deutschen Filmkomödie „Die Feuerzangenbowle" aus dem Jahr 1944 besucht der junge und erfolgreiche Schriftsteller Hans Pfeiffer unerkannt ein Gymnasium und nimmt am Unterricht teil. Die Lehrer dieses Gymnasiums können sich gegenüber ihren Schülern nicht durchsetzen, allein vor dem Geschichtslehrer Dr. Brett haben die Gymnasiasten Respekt. Berühmt ist die Filmszene, in der Dr. Brett den unwissenden Schüler Knebel auffordert, anhand einer Geschichtskarte die Wanderungen der Goten zu zeigen. Zwar versucht Hans Pfeiffer, Knebel mithilfe von Lichtreflexionen eines Handspiegels zu helfen, jedoch wird der Betrug vom Lehrer durchschaut. Die Szene verdeutlicht die Bedeutsamkeit des Themas „Völkerwanderung" für den Geschichtsunterricht vor 1945. Die Filmproduzenten konnten davon ausgehen, dass ihr Publikum mit den wichtigsten Daten und Namen der „Völkerwanderung" vertraut war. Zugleich deuten die Probleme des Schülers Knebel aber auch an, dass es sich bei der „Völkerwanderung" um ein Bündel komplexer Ereignisse handelt, die einen längeren Zeitraum umfassen und nicht leicht zu verstehen sind.

Den meisten Menschen heute wird es ebenso gehen wie dem Schüler Knebel: Sie kennen den Begriff „Völkerwanderung" aus den Medien, wo er in der politischen Diskussion um Migration häufig verwendet und oft auch missbraucht wird. Was jedoch die Fakten der historischen „Völkerwanderung" anbetrifft, so ist die Kennt-

Ⓜ 1 *„Die Schlacht zwischen Germanen und Römern am Rhein"*
Gemälde von Friedrich Tüshaus (1832–1885) aus dem Jahre 1876 (heute im Westfälischen Landesmuseum in Münster)

nis der Ereignisse heute vielfach auf Schlagworte wie „Untergang des Römischen Reiches" oder die Namen einiger Völker wie Goten, Hunnen, Vandalen oder Franken beschränkt – die „Völkerwanderung" ist bekannt und unbekannt zugleich.

Mythen entlarven

Mittlerweile hat die Geschichtswissenschaft viele angebliche Fakten, Vorstellungen und Gewissheiten zur „Völkerwanderung" hinterfragt und als Mythen entlarvt. Zur bis in die zweite Hälfte des 20. Jahrhunderts vorherrschenden Darstellung der „Völkerwanderung" besteht heute eine deutliche Distanz. Die Epoche der „Völkerwanderung" wurde in älteren Geschichtsbüchern auf den Zeitraum von 375 n. Chr. bis 568 n. Chr. eingegrenzt. Als Beginn der „Völkerwanderung" wurde der Überfall der Hunnen auf die Goten am Schwarzen Meer angesehen, in dessen Folge die Goten ins Römische Reich flohen, wo sie das römische Heer vernichtend schlugen. Im Römischen Reich angekommen, durchzogen die Goten Europa, plünderten Rom und gründeten in Gallien, Spanien und Italien neue Reiche. Neben den Goten wanderten auch andere „Völker" wie die Alanen, Hunnen, Sueben oder Vandalen durch Europa und Afrika. Auch sie überzogen das Römische Reich mit Krieg, verwüsteten Landstriche, gründeten Reiche oder wurden auch wieder vertrieben. Den Abschluss der „Völkerwanderung" bildete nach der alten Geschichtsschreibung der Zug der Langobarden nach Italien im Jahr 568. In den Geschichtskarten wurden die Züge der „Völker" durch entsprechende Pfeile dargestellt; zum Ende der „Völkerwanderung" regierten in Europa „germanische Völker", das Römische Reich war untergegangen. Im kulturellen Gedächtnis und im alltäglichen Sprachgebrauch lebt die „Völkerwanderung" vor allem in negativen Bildern und Zuschreibungen fort. Die „Hunnen" und ihr König Attila sind weiterhin als Angst und Schrecken verbreitende „Geißel Gottes" bekannt; auf die „Vandalen" geht der Begriff „Vandalismus" zurück, mit dem mutwillige Zerstörungen bezeichnet werden.

Mit all diesen Vorstellungen von der Völkerwanderung hat die Geschichtsforschung in den letzten Jahren so gründlich aufgeräumt, dass der Begriff „Völkerwanderung" in dem oben skizzierten Sinne keine Verwendung mehr findet und nur noch eingeschränkt gebraucht wird. Die Forschung hat erarbeitet, dass eine Beschränkung der „Völkerwanderung" auf den Zeitraum 375 bis 568 den historischen Tatsachen nicht entspricht, da es sowohl davor als auch danach zu bedeutenden Wanderbewegungen gekommen ist, die das Römische Reich und Europa betrafen. Des Weiteren waren es keinesfalls nur Völker des germanischen Sprachraumes, die sich bewegten; es ist vielmehr davon auszugehen, dass Mehrsprachigkeit die Regel war. Ob die wandernden Gruppen mit dem „Völker"-Begriff überhaupt angemessen beschrieben werden können, wurde ebenso kritisch hinterfragt wie die regionale Begrenztheit der alten Betrachtungsweise – schließlich beschränkten sich die Bewegungen nicht auf Europa, sie betrafen nämlich auch Nordafrika mitsamt Ägypten sowie den vorderen Orient. Schließlich ist zu betonen, dass das Römische Reich keineswegs „unterging", sondern als Byzantisches Reich fortbestand. Zudem blieben bedeutsame Elemente der römischen Kultur auch in den Nachfolgereichen erhalten. Dass es zu einem Auseinanderbrechen des Römischen Reiches kommen sollte, hatte sich bereits vor der „Völkerwanderung" angedeutet. Begründet war dies weniger im Einfall von „Barbaren" als vielmehr in inneren Entwicklungen des Römischen Reiches selbst.

Gleichwohl änderte sich das Gesicht und Leben Europas in der als „Völkerwanderung" bezeichneten Zeit grundlegend. Es bleibt die Frage, wie es zu diesem Wandel kommen konnte, der als so fundamental angesehen wird, dass er die Grenze zwischen Antike und Mittelalter markiert.

1. **a)** ●●○ Was verbinden Sie mit dem Wort „Völkerwanderung"? Notieren Sie Ihre Gedanken und Ihr Vorwissen auf Karteikarten und clustern Sie diese im Kurs.
b) ●●○ Arbeiten Sie aus Ihrem Cluster und dem Text heraus, welche Fragen und Untersuchungsaspekte zur Völkerwanderung sich für Sie ergeben.
c) ●●● Tauschen Sie sich darüber aus, welche drei Ergebnisse der „Völkerwanderung" wohl besonders wichtig waren.

2. „Völkerwanderung" – Ein historischer Begriff mit Geschichte

Zum politischen Begriff „Völkerwanderung"

Mit der sogenannten Flüchtlingskrise im Sommer 2015 in Europa erlebte der Begriff „Völkerwanderung" eine Renaissance in den Medien. Er wird seither insbesondere unter der Fragestellung verwendet, inwiefern der Zuzug von Menschen aus Afrika und dem Nahen Osten die Stabilität der Europäischen Union und der Bundesrepublik gefährden könne. Rechtspopulisten verwenden den mit den oben geschilderten Konnotationen befrachteten Begriff der „Völkerwanderung" häufig als Kampfbegriff gegen eine offene, demokratische und multikulturelle Gesellschaft. Dabei werden nicht selten Verschwörungen vermutet und Ängste geschürt. In der Diskussion wird oft übersehen, dass ein Großteil der afrikanischen Migrations- oder Fluchtbewegungen innerhalb des Kontinents selbst verbleibt: Die meisten Migrantinnen und Migranten oder Flüchtlinge Afrikas migrieren oder fliehen in ein anderes afrikanisches Land.

Die Renaissance des Begriffs „Völkerwanderung" in den Medien hat auch dazu geführt, dass Historiker die Gründe und Formen der heutigen Migration vor dem Hintergrund der Erkenntnisse über die „Völkerwanderung" analysieren und zugleich danach fragen, inwiefern ein derartiger Vergleich möglich und sinnvoll ist.

Zum historischen Begriff „Völkerwanderung"

Der die europäische Geschichte des 3. bis 7. Jahrhunderts beschreibende Begriff „Völkerwanderung" wird von der historischen Forschung mittlerweile sehr kritisch betrachtet und meist nur noch mit Anführungszeichen verwendet. Nimmt man den Begriff „Völkerwanderung" wörtlich, so bedeutet er, dass ein „Volk" sich auf eine „Wanderschaft" begibt, also seinen Siedlungsraum verlässt, um dauerhaft an einem anderen Ort zu leben. Dabei schwingt mit, dass das wandernde und seinen Wohnraum wechselnde Volk am Zielort unverändert als Volk bestehen bleibt. Indem ein solches Volk den neuen Raum auch politisch seiner Herrschaft unterwirft, ist eine „Völkerwanderung" also zugleich auch eine Inbesitznahme von Land. Von dieser Vorstellung einer „Völkerwanderung", die bis nach dem Zweiten Weltkrieg vorherrschend war, hat sich die Forschung mittlerweile verabschiedet.

M 1   *„Ansturm der Armen – Die neue Völkerwanderung"*
Spiegeltitel, 2007

Der Historiker Mischa Meier weist darauf hin, dass der Begriff „Völkerwanderung" in zeitgenössischen Quellen nicht zu finden ist, obwohl die antike Geschichtsschreibung die Mobilität verschiedener Gruppen durchaus thematisiert. Der Begriff selbst wird erstmals von dem Humanisten Wolfgang Lazius (1514–1565) verwendet, der in seinem Werk „De aliquot gentium migrationibus" (1557) von einer „migrationes gentium" („Wanderungen der Völker") spricht.

Als Epochenbegriff wurde die „Völkerwanderung" indes erst im Zuge der Nationalstaatsbildung im 19. Jahrhundert populär. Im Ereignis der „Völkerwanderung" erkannte die deutsche Nationalbewegung eine gemeinsame Großtat der germanischen Stämme, die das Imperium Romanum besiegten und überwanden. Dies galt als vorbildlich für die Deutschen des 19. Jahrhunderts: Gemäß den Vorstellungen der Nationalbewegung sollten sich die Deutschen ihrer germanischen Ursprünge besinnen, eine nationalstaatliche Einheit bilden und geschlossen gegen den romanischen Gegner Frankreich stehen.

Ethnogenese

Die historische Forschung hat belegt, dass es sich bei den Akteuren der „Völkerwanderung" keineswegs um einheitliche Völker in dem Sinne gehandelt hat, in dem wir den Begriff des Volkes heute verstehen.

Die Stämme, die die Grenzen zum Römischen Reich überschritten, waren keine statischen, sondern sehr dynamische Gemeinschaften. Diese *gentes* (Sg. *gens*) entwickelten sich in einem lang andauernden und prinzipiell nie abgeschlossenen Prozess, der von der Wiener Forschung um Herwig Wolfram mit dem Begriff Ethnogenese (Stammesbildung) versehen wurde. Der Beginn der Ethnogenese wird markiert durch die Bildung eines „Traditionskerns" um eine „Kerngruppe" herum. Dies ist zum Beispiel mit einer adligen Familie gegeben, in der ein Anführer Recht spricht und politische Entscheidungen trifft. Ist die „Kerngruppe" erfolgreich, so vergrößert sich die Gemeinschaft und es entwickelt sich eine gemeinsame Identität. Zu dieser Identität gehört, dass man sich als eine Abstammungsgemeinschaft versteht, also seine Herkunftsgeschichte erzählen kann. In der

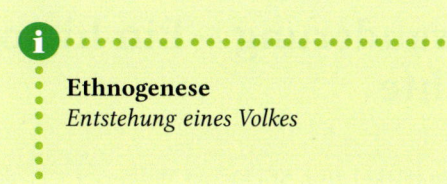

i ●

Ethnogenese
Entstehung eines Volkes

Herkunftsgeschichte wird auf ein besonderes Ereignis oder eine „primordiale" (ursprüngliche) Tat verwiesen, beispielsweise die Überquerung eines Flusses oder eine gewonnene Schlacht. Um die Herrschaft zu festigen und auszudehnen, musste ein Anführer oder eine Führungsgruppe den Glauben an den „Traditionskern" und die Herkunftsgeschichte fördern. Je mehr Menschen sich mit diesen Konzepten verbanden, umso größer wurde die Gruppe: Auf diese Weise wurden aus den Anführern von Adelsfamilien nach und nach Könige.

Wenn man sich einem solchen Verband anschließen wollte, spielte die ethnische Herkunft keine Rolle – ein Römer oder ein Vandale konnte Gote werden, ein Grieche Hunne. Sprache, Bräuche und Sitten waren von lediglich untergeordneter Bedeutung. Es ist davon auszugehen, dass die wandernden Gruppen noch keine stabile Identität, geschweige denn einen „Volkscharakter" besaßen. Eine solche gemeinsame Identität bildete sich erst im Laufe der Ethnogenese heraus. Wichtiger als die Herkunft war den Römern und Nichtrömern die Treue. So konnte ein Gote seinem gotischen Anführer treu dienen, ebenso waren Goten aber auch als treue Soldaten in römischen Diensten zu finden.

Das Konzept der Ethnogenese ist in der Forschung nicht unumstritten, da man nicht weiß, wie der Glaube an eine gemeinsame Abstammung entsteht und worauf er basiert. Fest steht jedoch, dass es sich bei den *gentes* nicht um feste, miteinander verwandte Einheiten oder gar Völker handelte und dass diese Gruppen oder Verbände ihre Größe leicht verändern konnten und durchlässig waren. Mehrere Gruppen konnten sich zu einem Verband zusammenschließen, Auflösungen von Gemeinschaften kamen ebenfalls oft vor. Aus diesen Gründen finden sich auch zahlreiche unterschiedliche Bezeichnungen für die *gentes*. Einige Namen verschwinden schnell wieder aus den römischen Quellen, bei anderen weiß man trotz Namensgleichheit bis heute nicht genau, welche Gruppe sich hinter einer Bezeichnung eigentlich verbirgt.

Völkerwanderung – Ein historischer Begriff mit Geschichte

**M 2   Lexikonartikel zum Stichwort Völker-
wanderung aus dem 19. Jahrhundert**

*a) Auszüge aus dem „Damen Conversations Lexikon"
von 1838:*

Völkerwanderung. Lange schon hatten die barbarischen deutschen Völker mit lüsternem Auge die reichen, trefflich angebauten römischen Provinzen sich
zur neuen Heimat ausersehen, doch noch wiesen die
5 kriegsgeübten Legionen der Cäsaren sie stets blutig
zurück. Gegen Ende des 4. Jahrhunderts begann aber
eine sich vom Eismeer bis zum atlantischen Ozean
erstreckende Völkerbewegung, welcher das nach In-
nen und Außen gleich zerrüttete Westreich der Rö-
10 mer nicht mehr widerstehen konnte. Diese Revolution, gewöhnlich die Völkerwanderung genannt,
dauerte fast zwei Jahrhundert (375 bis 568) und bildete ganz neue, zum Teil noch jetzt bestehende Reiche,
in denen die sogenannten lebenden Sprachen ent-
15 standen.

Carl Herloßsohn (Hg.), Damen Conversations Lexikon Bd. 10,
Leipzig: In Commission bei F. Volckmar 1838, S. 352–353.

*b) Auszüge aus „Meyers Konservations-Lexikon" von
1909:*

Völkerwanderung, Gesamtname jener Züge germanischer und andrer Völker nach dem Westen und Süden Europas im 4.–6. Jahrhundert n. Chr., wodurch
das römische Weltreich zertrümmert und der Über-
5 gang vom Altertum zum Mittelalter angebahnt ward.
Durch diese Heerfahrten und Wanderungen erhielt
ein großer Teil Europas eine neue Bevölkerung, indem sich die Einwanderer, die auf ihren Zügen selbst
oder in den neuen Wohnsitzen das Christentum an-
10 nahmen, mit der römischen oder romanisierten Ein-
wohnerschaft vermischten und neue soziale und sittliche Zustände sowie neue Sprachformen bildeten
[...]. In Mitteleuropa dehnten sich teils die zurückge-
bliebenen Stämme weiter aus, teils rückten dort and-
15 re Völker, namentlich Slawen, ein, bis die allgemeine
Völkerflut, in der einzelne Stämme völlig untergingen oder in der Vereinigung mit andern verschwan-
den, allmählich aufhörte und die Völker sich in den
gewonnenen Sitzen dauernd festsetzten. Das Römi-
20 sche Reich erschien schon seit der Zeit vor Christi
Geburt den an seiner Nordgrenze wohnenden Barbaren, sobald diese die feinern Genüsse und den Luxus

der römischen Hochkultur kennen gelernt, als ein
Land der Sehnsucht, dessen Vorzüge nicht bloß ein-
25 zelne Edelinge [= Adlige], sondern auch ganze Stämme verlockten, in römische Dienste zu treten oder
sich vertragsmäßig auf römischem Boden niederzulassen, während andre Völker die ersehnten Reichtümer raubten oder fruchtbare Landstriche eroberten.
30 So verheerten die Goten von der Nordküste des
Schwarzen Meeres zur See die Küsten Kleinasiens
und der Balkanhalbinsel und drangen auch zu Lande
über die Donau vor; die Sachsen befuhren von der
untern Elbe und Weser aus die westlichen Meere und
35 plünderten die Küsten Britanniens, Galliens u. a. [...]

Meyers Großes Konversations-Lexikon. Ein Nachschlagewerk des
allgemeinen Wissens, 6. Aufl., Leipzig und Wien: Bibliographi-
sches Institut 1909, S. 228.

**M 3   „Invasion der Barbaren" oder „Völker-
wanderung"?**

*Zum Begriff Völkerwanderung in der Geschichte äußert
sich der Historiker Klaus Rosen (2009):*

Die Römer nannten nicht nur die Germanen Barbaren, sondern alle Bewohner jenseits der Reichsgren-
zen. Ohne Wertung bezeichnete „Barbar" zunächst
den Fremden, der eine unverständliche Sprache rede-
5 te. In dieser Bedeutung hatten die Römer das lautma-
lerische Wort von den Griechen übernommen. Grie-
chisches und römisches Selbstbewusstsein sah im
Barbaren aber auch rasch den Angehörigen einer
primitiven Kultur, der all die Eigenschaften besaß, die
10 üblicherweise unzivilisierten Völkern zugeschrieben
wurden. War der Fremde zugleich der Feind, so erhielt das abschätzige Barbarenbild eine unmittelbar
politische Bedeutung. Aber es gab auch die entgegengesetzte Auffassung, die im Barbaren den von der
15 Kultur noch unverdorbenen „Edlen Wilden" sah. Deren Vertreter verbanden mit der geschönten Darstellung gerne die Mahnung, man müsse zur hohen Mo-
ral der Naturmenschen zurückkehren. Zugleich
warnten sie ihre schlaffen Mitbürger vor der Gefahr,
20 die die unverbrauchte Kraft der Barbarenkrieger für
das Römische Reich bildete.

Wenn Historiker aus dem angelsächsischen und romanischen Sprachraum statt der „Völkerwanderung"
25 von der „Invasion der Barbaren" sprechen und die
Flut der Bücher und Aufsätze zu dieser Epoche „Bar-

baren" nicht selten im Titel führt, so wollen die Verfasser das Wort gewiss im neutralen ursprünglichen
Sinn als Nichtrömer verstanden wissen, gleich weit
30 entfernt vom positiven wie vom negativen Klischee.
Der guten Absicht kommt jedoch in die Quere, dass
die modernen Sprachen im Alltag „Barbar" und „bar-
barisch" nur in der zweiten, abschätzigen Bedeutung
von der Antike übernommen haben. Man kann es
35 dem geschichtskundigen Franzosen auch nicht ver-
übeln, wenn er sich daran erinnert, dass seine Ur-
großeltern 1870, seine Großeltern 1914 und seine Eltern 1940 in bewusster Parallele zum römischen
Gallien in der Spätantike von der „invasion des bar-
40 bares" gesprochen haben. Im heutigen wissenschaftlichen Begriff „Barbareninvasion" schwingt daher oft
noch ein Ton mit, den bereits die lateinische Literatur
anschlug, die vom „Barbareneinfall", *incursio barbarica*, sprach, vom „Barbareneinbruch", *irruptio barbari-
45 ca*, von der „Barbarenbewegung", *motus barbaricus*,
oder gelegentlich in einem Rechtstext vom „Umher-
streifen barbarischer Wildheit", *barbaricae feritatis
discursus*. Im Spätlatein findet sich dann auch die
Verbindung *invasio barbarica*. Die außerdeutsche
50 Terminologie hat sich damit zugleich die römische
Sichtweise zu eigen gemacht und betrachtet die historische Epoche vom Imperium Romanum aus. Es ist
die eine Seite der Medaille, für deren andere sich in
der deutschen Wissenschaftssprache seit über zwei-
55 hundert Jahren die Zusammensetzung „Völkerwanderung" eingebürgert hat.

Bis sich allerdings im Deutschen der Plural „Völker"
und der Singular „Wanderung" gefunden hatten, ver-
60 ging eine lange Zeit. Die Römer wandten das Wort
„Volk", *populus*, nie auf die Germanen insgesamt an,
da sie mit ihm ein organisiertes Staatsvolk wie das
römische bezeichneten und es einen germanischen
Gesamtstaat nicht gab. Gelegentlich sprachen sie
65 vom *populus* der Alamannen, Burgunder oder Franken. Doch sie zogen *gens* und dessen Plural *gentes*
vor. Unsere Übersetzung „Stamm" passt vor allem
deswegen, weil die Wurzel von *gens* auf gemeinsame
Abstammung verweist, das Substantiv also der über-
70 tragenen Bedeutung von „Stamm" entspricht: Wie
der Baumstamm ist der Volksstamm aus einer Wurzel, dem Stammvater, entsprungen. Der Umfang einer *gens* und folglich ihre historische Zusammensetzung blieben allerdings vage. Römer wie Seneca
75 wussten, dass es Stämme gab, die dem aus der Natur
entlehnten Bild nicht entsprachen, da sie sich erst im
Laufe der Zeit aus verschiedenen Elementen gebildet
hatten. Wenn sie daher nicht nur Alamannen, Burgunder oder Franken jeweils als eine *gens* ansahen,
sondern auch die Germanen insgesamt, hieß das

80 nicht unbedingt, dass sie jedesmal auch von einem
gemeinsamen Stammvater ausgingen. Ein dritter Begriff, oft synonym mit *gens* und *populus* benutzt, war
natio. Gelegentlich wurde *natio*, im Gegensatz zu der
umfassenden Bedeutung, die unser Fremdwort „Na-
85 tion" erlangt hat, als Teil einer *gens* verstanden. Denn
dieses Substantiv brachte noch stärker als *gens* die
Abstammung zum Ausdruck, und kleinere Stammes-
teile hielt man eher als Großstämme für Abstam-
mungsgemeinschaften.

*Klaus Rosen, Die Völkerwanderung, München: C. H. Beck 2009
(4. Aufl.), S. 28 ff.*

1. a) ●●○ Arbeiten Sie heraus, welche Vorstellungen von Rom, den germanischen Völkern und der
„Völkerwanderung" die Lexikonartikel vermitteln.
Erläutern Sie die Intention der Artikel.
b) ●●○ Untersuchen Sie die Ausführungen Rosens.
Erläutern Sie dazu die Unterschiede zwischen (1)
Römern und Barbaren und (2) den Vorstellungen
von einer „Invasion der Barbaren" und der „Völkerwanderung".
c) ●●● Begründen Sie die Problematik der Begriffe
„Invasion der Barbaren" und der „Völkerwanderung".
→ M2, M3

4   Das Konzept der Ethnogenese

Die Historikerin Verena Postel erläutert in Abgrenzung zur Völkerwanderung das Konzept der Ethnogenese (2004):

Der Begriff „Völkerwanderung" ist in der Forschung, v. a. seit dem bahnbrechenden Werk von Wenskus „Stammesbildung und Verfassung. Das Werden der frühmittelalterlichen *gentes*" aus dem Jahre 1961 als
5 unangemessen zur Bezeichnung derjenigen Prozesse erkannt, die zur Formation der gentilen Reiche des Frühmittelalters führten. Denn „Völker" als ursprüngliche Subjekte der Geschichte, wie es die Romantik sah, als einheitliche, durch gemeinsame Abstam-
10 mung definierte Großgruppen, die geschlossen in den Mittelmeerraum gezogen wären, hat es nie gegeben. Im Zentrum des Interesses steht heute nicht mehr das Volk als quasi-biologische Kategorie, wie es einer nationalistischen Weltsicht entsprach, sondern
15 die *gens* als politische Traditions- und Verfassungsgemeinschaft, die sich gleichsam durch tägliches Plebiszit [= Abstimmung bzw. Zustimmung] ihrer Mitglieder stets aufs Neue konstituiert. *Gentes* waren es, die als dynamisch sich verändernde, fluktuierende
20 polyethnische Gruppen in einem lang gestreckten Prozess in Richtung auf das *imperium* wanderten. *Gentes* entstanden aus einem in der neueren Forschung als Ethnogenese bezeichneten ständigen Kommunikationsprozess, in dem aus einer Vielfalt
25 von Differenzen maßgebliche ethnische Unterscheidungen herausgehoben wurden und an dessen Ende die Bildung neuer politischer Einheiten stand.
Dieser Paradigmenwechsel vom Volk zur *gens* hat sich in der neueren Ethnogeneseforschung durchge-
30 setzt. Die *gentes* der Völkerwanderungszeit sind als ursprünglich polyethnische Gebilde erkannt. Die Bayern etwa sind aus mehreren Völkern romanischer und germanischer Abstammung hervorgegangen, naristische, skirische, herulische, donausuebische
35 und alemannische Gruppen, aber auch Thüringer und Langobarden haben an der bayerischen Ethnogenese mitgewirkt. Nicht anders verhielt es sich bei den Goten. Das 418 in das Tal der Garonne von Toulouse bis Bordeaux eingewiesene Gotenheer enthielt west-
40 gotische, ostgotische, alanische, thrakische, baltische, herulische, sarmatische und suebische Elemente. [...] Ethnogenesen sind daher keine biologischen, sondern verfassungsgeschichtliche Ereignisse. Die militärischen Anführer und Repräsentanten von be-
45 kannten Familien bildeten sog. „Traditionskerne" (Wenskus) innerhalb der *gentes*, um die neue Stämme entstanden. Doch neben verfassungsgeschichtlichen, v. a. im erfolgreichen Heerkönigtum kulminierenden

Momenten gab es ideell einheitsstiftende Faktoren
50 wie gemeinsame Religion, gemeinsames Recht und die Erinnerung an überstandene Gefahren und besondere Leistungen, sog. „primordiale Taten", der *gens*.
In diesem Zusammenhang sind auch die *origines gen-*
55 *tium*, die sog. Stammesgeschichten, von Bedeutung. Sie ordneten die entstehenden Großgruppen in den antiken Kosmos ein, verbanden antike Ethnographie und gentile Tradition. Die *gens* wurde damit zur Abstammungsgemeinschaft aus Tradition. Die kriege-
60 risch umherziehende *gens*, praktisch das „Volk in Waffen", in dem eine erstaunliche soziale Mobilität herrschte, gab sich eine legitimierende Geschichte, wählte die einer führenden Gruppe zentral erscheinenden Ereignisse aus, stiftete Zusammenhänge und
65 konnte so der *gens* ihren Standort in der römisch geprägten Umwelt anweisen, zur Welterklärung werden. [...]
Was integrierte eine gens und sonderte sie von ihrer Umgebung ab? Die hohe Bedeutung dieser Frage er-
70 hellt vor dem Hintergrund, dass die Bildung von Identität, wie die jüngere Forschung herausgefunden hat, in kleinen Gemeinschaften wurzelt, die in engem persönlichen Kommunikationszusammenhang standen. Dennoch sind überraschenderweise Kennzei-
75 chen wie Sprache, Haartracht, Schmuck, Waffen, Kleidung, Namen, Lebensformen und Luxusgüter als Prestigeobjekte nicht entscheidend für die Ausbildung der gentilen Identitäten gewesen. Die meisten frühmittelalterlichen Königreiche waren zwei- oder
80 mehrsprachig. Westgoten, Langobarden und Franken gaben allmählich ihre Sprache auf, ohne dass daraus eine Identitätskrise gefolgt wäre.

Verena Postel, Die Ursprünge Europas. Migration und Integration im frühen Mittelalter, Stuttgart: Kohlhammer 2004, S. 59 ff., 67.

• •

1. a) ●●● Erstellen Sie zu Postels Text ein Schaubild nach der Struktur-Lege-Technik.
b) ●●○ Erklären Sie das Konzept der Ethnogenese.
c) ●●● Setzen Sie sich mit dem Konzept der Ethnogenese auseinander.
d) ●●● Diskutieren Sie, warum in den Medien weiterhin der Begriff „Völkerwanderung" verwendet wird.
→ M4

Die Struktur-Lege-Technik

Die Struktur-Lege-Technik (SLT) ist ein Verfahren zur Visualisierung von Wissensbeständen. Die Grundidee besteht darin, ein Netzwerk zu konstruieren. Als Grundbestandteile des Netzes dienen die zentralen Begriffe eines Themas. Geübt werden bei der SLT insbesondere das Systematisieren, Hierarchisieren, Strukturieren und Kategorisieren.

Bei dieser Methode erhalten die Schülerinnen und Schüler je einen Satz Karten (zwischen 10 und 20), auf denen jeweils ein zentraler thematischer Begriff steht. Zusätzlich können noch einige weitere leere Karten (2 bis 4) ausgegeben werden.

Arbeitsschritte bei der Struktur-Lege-Technik

1. Schritt

In einem ersten Durchgang sortieren die Schülerinnen und Schüler die Begriffe danach, welche für sie so klar verständlich sind, dass sie sie anderen Schülern erklären können, und bei welchen Begriffen dies noch nicht der Fall ist. Soweit nötig, werden unklare Begriffe zusammen mit einem Lernpartner geklärt.

2. Schritt

In einem weiteren Schritt, der in Partner- oder Kleingruppenarbeit erfolgen kann, legen die Schülerinnen und Schüler in ihren Teams die Begriffskarten so auf den Tisch, dass sich eine sachlich sinnvolle Anordnung ergibt. Eine mögliche Variante besteht darin, die Begriffskarten auf einem Bogen Papier oder Karton anzuordnen und hierauf Verbindungslinien zwischen den Begriffskarten, Pfeile oder andere Symbole einzuzeichnen. Auf den leeren Karten können von den Schülerinnen und Schülern selbst zusätzliche Begriffe notiert werden, die ihrer Meinung nach für das Netzwerk auch noch von Bedeutung sind.

3. Schritt

Die Ergebnisse der Lernteams werden anschließend gegenseitig vorgestellt oder „besichtigt". Wichtig hierbei: Die Schülerinnen und Schüler verbalisieren und begründen die gelegten Begriffsstrukturen. Das fertige (ggf. vorher korrigierte) Strukturbild jedes Einzelnen bzw. jedes Lernteams wird aufgeklebt und dient als optische Hilfe zum Einprägen von Lerninhalten.

Eine Variante der SLT besteht darin, dass die Schülerinnen und Schüler (in Einzelarbeit oder in Teams) selbst die wichtigsten Begriff eines Themas auswählen und auf Karten zusammenstellen. Der weitere Ablauf entspricht dem oben erläuterten Verfahren.

Die Methode kann besonders gut zum Abschluss einer Unterrichtseinheit eingesetzt werden, um Zusammenhänge zu rekapitulieren und zu veranschaulichen.

Ethnogenese		Traditionskern		Abstammungsgemeinschaft	„Völkerwanderung"
Traditionsgemeinschaft	gens/gentil		Kommunikationsprozess	Verfassungsgemeinschaft	Identität

3. Die Krise des Römischen Reiches im Dritten Jahrhundert

Geschichten von Rom

Mit Rom verbinden sich zahllose Geschichten, die auch außerhalb der historischen Wissenschaft auf großes Interesse stoßen, da sowohl der „Aufstieg" als auch der „Verfall und Untergang" des römischen Imperiums als exemplarisch für andere Reiche und Staaten gelten. Zur Aufstiegsgeschichte gehört die Darstellung Roms als Eroberungsstaat: Rom war lange darauf ausgerichtet, seinen Besitz zu vergrößern und neue Gebiete zu erobern. Das römische Imperium etablierte sich als Tribut-Reich, das sich über Steuereinnahmen aus seinen Provinzen finanzierte. Nach jahrhundertelanger Expansion seiner Grenzen erreichte das Römische Reich im 2. Jahrhundert n. Chr. seine größte Ausdehnung. Der Entschluss, auf weitere Eroberungen zu verzichten, hielt die römischen Kaiser jedoch nicht davon ab, Feldzüge in Gebiete jenseits ihrer Grenzen zu unternehmen.

Die Geschichten vom „Verfall und Untergang" Roms beginnen mit der Krise des Römischen Reiches im 3. Jahrhundert n. Chr., einer Krise, die das Reich zwar bedrohte, die aber überwunden werden konnte.

Vorgeschichte der Krise

Augustus (27 v. Chr. bis 14. n. Chr.) beendete die langjährigen, auf Caesars Tod folgenden Bürgerkriege. Er brachte Rom den ersehnten Frieden, ersetzte die republikanische Staatsform aber durch eine kaiserliche Dynastie, die 68 n. Chr. mit Nero als letztem julisch-claudischen Kaiser endete. War das Kaisertum bis dahin aufs Engste mit den mächtigsten Familien Roms und den Senatoren verknüpft, so änderte sich dieses Gefüge im Jahr 69 n. Chr. mit Kaiser Vespasian. Als militärischer Befehlshaber erlangte Vespasian den Kaisertitel nämlich nicht mehr in Rom, sondern in den östlichen Provinzen des

M 1 *Die größte Ausdehnung des Römischen Reiches*

Imperiums. Zwar blieb Rom der Mittelpunkt des Reiches, aber fortan gewannen die Provinzen zunehmend an Bedeutung und politischem Einfluss. Die Bewohner der Provinzen übernahmen die römische Lebensweise; die römische Identität breitete sich aus. Die Verleihung des römischen Bürgerrechts an fast alle freien Bürger durch Kaiser Caracalla 212 band insbesondere die provinziellen Eliten noch stärker an Rom und ermöglichte ihnen zugleich den Aufstieg zum Ritter, Senator und sogar Kaiser. Caracallas Gesetz erzeugte eine ungeheure Dynamik im Streben um das Kaisertum.

Die Macht des Kaisers beruhte auf seiner Befehlsgewalt über die Armee, welche für den Erhalt des Römischen Reiches unabdingbar war. Der kaiserliche Regierungsapparat nahm über ein komplexes System in den Provinzen Steuern ein, die zu einem großen Teil für den Unterhalt und weiteren Ausbau von militärischen Einrichtungen an den Grenzen des Reiches verwendet wurden. Zunehmend wurden nun auch unterworfene Barbaren und deren Nachkommen als Soldaten aufgenommen. Die Kaiser hatten nicht nur dafür zu sorgen, dass die Soldaten ihren Sold erhielten – sie mussten zugleich auch darauf achten, dass die Truppen beschäftigt waren. So wurden Kriege nicht nur aus Gründen der Machtsicherung gegen die Barbaren im Norden oder die Parther im Osten, sondern auch zur Verhinderung möglicher Meutereien geführt.

Die Krise des 3. Jahrhunderts

Mehrere Faktoren führten dazu, dass das Römische Reich im Laufe des 3. Jahrhunderts in eine bedrohliche Krise geriet. Ohne politischen Grund griff Caracalla 216 das Partherreich an, das gerade geschwächt war. Der Kaiser trug mit seinem Feldzug zum Sturz der parthischen Monarchie bei, woraufhin mit den Sassaniden aber eine neue persische Dynastie die Macht übernahm, die unter der Herrschaft von Schapur I. Rom angriff und der römischen Armee mehrere Niederlagen zufügte. Um der Gefahr einer Annexion von römischem Gebiet durch die Perser zu entgehen, mussten die Kaiser Kriege gegen die Perser führen. War aber die Aufmerksamkeit eines Kaisers im Osten des Reiches gebunden, so konnte er nicht zugleich auch an anderen Brennpunkten eingreifen. Vor diesem Hintergrund kam es vor, dass zur Behebung eines Volks-

Barbaren: grch. „Stotterer"
In der griechisch-römischen Antike war „Barbar" eine abwertende Bezeichnung für alle fremden Kulturen, die nicht Griechisch oder Latein sprachen. Der Begriff wird hier deckungsgleich mit den römischen Quellen zur geografischen bzw. ethnografischen Kennzeichnung, jedoch ohne die ursprünglich abwertenden Konnotationen verwendet.

aufstandes oder eines Barbareneinfalls die lokalen Bevölkerungen oder die Truppen vor Ort einen ihrer Anführer zum Kaiser ausriefen, der die regionale Krise beheben sollte. Einmal zum Kaiser ernannt, waren diese Befehlshaber dann bestrebt, den vorangegangenen Kaiser zu besiegen und als Usurpatoren [= jemand, der widerrechtlich die Gewalt in einem Staat an sich reißt] seinen Platz einzunehmen.

Die Krise des 3. Jahrhunderts zeigte sich in mehrfacher Hinsicht

Innenpolitische Krise: Mit der Ermordung des Kaisers Alexander Severus im Jahr 235 begann die Zeit der sogenannten Soldatenkaiser, die bis zum Machtantritt Kaiser Diokletians im Jahr 284 andauerte. Die Soldatenkaiser wurden von ihren eigenen Truppen zum Kaiser ausgerufen, weshalb sie ihre Aufgabe auch hauptsächlich darin sahen, Kriege gegen andere Kaiser, barbarische Truppen oder die Sassaniden zu führen und für die regelmäßige Auszahlung des Solds an ihre Soldaten zu sorgen. Die Regierungszeit eines Soldatenkaisers war in der Regel kurz: 17 der 20 bekannten Soldatenkaiser fielen in Schlachten oder wurden ermordet. Die Konkurrenzkämpfe der Kaiser waren mit Bürgerkriegen verbunden.

Außenpolitische Krise: An den Grenzen des Römischen Reiches kam es immer wieder zu Kriegen. Während der Kaiser mit seiner Armee im Osten gegen die Sassaniden kämpfte, nutzten barbarische Völker wie die Franken, Alemannen

M 2   *Die Tetrarchen am Markusdom in Venedig*
Seit dem 13. Jahrhundert befindet sich dieses Monument an der Südfassade des Markusdoms in Venedig. Die Figurengruppe zeigt die sogenannten Tetrarchen, die Ende des 3. Jahrhunderts n. Chr. das römische Reich gemeinsam regierten, aktuelles Foto.

oder Goten die Gelegenheit, die kaum gesicherten Grenzen des Römischen Reiches zu überschreiten.

Wirtschaftliche Krise: Die immensen Militärausgaben führten zu einer großen Belastung der Bevölkerung. Grundbesitzer, Pächter und Bauern konnten die hohen Steuern kaum noch aufbringen – bald waren die römischen Steuereintreiber mehr gefürchtet als die einfallenden Barbaren. Bauern und Sklaven verließen die Dörfer und schlossen sich Räubern oder anderen Banden an, um gegen die unerfüllbaren Forderungen und Belastungen zu revoltieren.

Zerfallserscheinungen: Die Tatsache, dass die Kaiser das Reich nicht mehr schützen konnten vor dem Einfall der Franken und anderer Barbaren, die 259 den Rhein überquerten und bis nach Spanien vordrangen, führte dazu, dass die in Gallien stationierten Truppen Postumus zum Kaiser ernannten. Von 260 bis 274 existierte damit ein Gallisches Sonderreich, das Gallien, Britannien und Teile Spaniens umfasste. Auch in Palmyra bildete sich von 260 bis 272 ein Sonderreich. Die Sonderreiche wurden von Kaiser Aurelian schließlich wieder zurückerobert.

Das Ende der Krise

Letztendlich gelang es dem Römischen Reich, die Krise zu meistern. Die Kaiser besiegten die Barbaren-Truppen, was für einige von ihnen zugleich auch die Auflösung ihrer sozialen Einheit bedeutete. Waren die Angehörigen dieser Gemeinschaften nicht vernichtet worden, so wurden sie entweder ins Römische Reich aufgenommen oder sie schlossen sich anderen barbarischen Gruppierungen an. Bis etwa 375 herrschte wieder weitgehende Ruhe an den römischen Grenzen.

Unter den Kaisern Diokletian (Regierungszeit 284–305) und Konstantin (Regierungszeit 306–337) erfolgten mehrere Reformen zur Sicherung des Reiches: Im Reich wurde ein mobiles Feldheer gebildet, die Grenzen sollten von Grenztruppen geschützt werden. Die Armee wurde zunehmend „barbarisiert", das heißt Goten, Franken, Vandalen und andere Barbaren stellten ein Großteil der Soldaten. Eine Währungs- und Steuerreform zielte auf Effizienzsteigerung und Vereinfachung und sorgte für stabile Staatseinnahmen. Das Reich wurde dazu in über 100 Provinzen neu aufgeteilt.

Eine politische Konsolidierung erfolgte, als Diokletian die kaiserliche Herrschaft dezentralisierte und das Kaiseramt zuerst verdoppelte und später vervierfachte (Tetrarchie = Viererherrschaft). Dieses System konnte sich jedoch nicht durchsetzen: Ab 324 herrschte Kaiser Konstantin wieder allein. Er stützte sich dabei zunehmend auf die christliche Kirche, die verschiedene Begünstigungen wie das Recht auf Besitz erhielt. Die Kirche entwickelte sich zur neben dem Kaisertum reichsten Institution und übernahm oft Verwaltungs- und Herrschaftsfunktionen, wo die Reichsverwaltung versagte.

Zeitleiste zur Krise des 3. Jahrhunderts

212	Kaiser Caracalla verleiht den meisten freien Bewohnern des Römischen Reiches das römische Bürgerrecht.
235	Mit Maximus Thrax beginnt die Zeit der Soldatenkaiser.
241–272	Regierungszeit Schapurs I. als Kaiser von Persien
242–244	Schapur I. fügt den Römern unter den Kaisern Gordian III. und Philippus Arabs schwere Niederlagen zu.
ab 250	Zunehmende Einfälle der Alemannen, Franken und anderer Stämme über den Rhein.
251	Decius wird als erster römischer Kaiser im Kampf gegen einen auswärtigen Feind getötet. Er fällt bei einem Gefecht gegen die Goten.
260	Gefangennahme und Hinrichtung Valerians durch Schapur I.
260	In Gallien (bis 274) und Palmyra (bis 272) bilden sich selbstständige Sonderreiche mit eigenen Herrschern.
264–268	Tiefe Barbaren-Einfälle ins Römische Reich: Die Franken plündern in Tarraco, Spanien, die Heruler in Athen (267) und die Goten in Ephesos, Kleinasien (268).
270–275	Kaiser Aurelian führt erfolgreiche Kriege gegen Vandalen, Alemannen und Juthungen und lässt eine Mauer zum Schutz der Stadt Rom errichten.
284	Herrschaftsantritt Diokletians, Ende der Soldatenkaiserzeit

Krieg zwischen Römern und Sassaniden – Quellen

 3   Eine Sassanidische Perspektive

Sieben Kilometer nordöstlich von Persepolis befinden sich in Naqsch-e Rostam die Grabstätten der persischen Könige Darius und seines Sohnes Xerxes, die vergeblich versuchten, Griechenland zu erobern. Dort ließ Schapur I. dieses Felsrelief anbringen. Es zeigt Schapur I. auf seinem Pferd, Philippus Arab kniet vor ihm, die Hände von Kaiser Valerian sind gefesselt. Die Inschrift zum Relief:

Ich, Seine Zoroastrische Majestät Šāpūr [Schapur], König der Könige [...], dessen Herkunft von den Göttern ist [...]. [A]ls ich anfangs im Reich zur Herrschaft gekommen war, (da) zog der Kaiser Gordianus [238 –
5 244] aus dem ganzen Reich der Römer [...] ein Heer zusammen und kam nach Mesopotamien gegen das Reich Ērān und Uns. Und an den Grenzen Babyloniens bei Mišīk kam es gegeneinander zu einer großen Schlacht. Und der Kaiser Gordianus fand den Tod,
10 und Wir vernichteten das römische Heer. Da wählten die Römer Philippus zum Kaiser. Und der Kaiser Philippus kam zu Uns um Fürbitte und er zahlte Uns für ihr Leben 500 000 Denare Lösegeld und er trat in Tributpflichtigkeit zu Uns. [...] Und wiederum betrog
15 (Uns) der Kaiser, und er tat Unrecht an Armenien. Da erhoben wir Uns gegen das römische Reich und schlugen der Römer Heeresmacht von 60 000 Mann bei Barbalissos. Und die Provinz Syrien und das Umland, welches oberhalb der Provinz Syrien war und
20 welche Provinzen und Umländer oberhalb von ihr waren, alles brandschatzen, verwüsteten und plünderten Wir. [...] [D]a rückte der Kaiser Valerian gegen Uns an [mit einer] Streitmacht von 70 000 Mann. Und bei Carrhae und Edessa schlugen Wir mit dem Kaiser
25 Valerian eine große Schlacht. Und den Kaiser Valerian nahmen wir selbst mit eigenen Händen gefangen.

Zit. nach: Peter Heather, Der Untergang des Römischen Weltreichs (übers. v. Klaus Kochmann), Stuttgart: Klett-Cotta 2007, S. 81.

 4   Eine römisch-griechische Perspektive

Um 500 schreibt der Grieche Zosimos sein Werk „Neue Geschichte", in dem er Folgendes über Kaiser Valerianus berichtet:

Angesichts der allseits auf dem Römerreich lastenden Gefahr wählte Valerianus (Regierungszeit 253 – 260) seinen Sohn Gallienus (253 – 268) als Mitregenten und begab sich infolge der schwierigen Gesamtlage
5 persönlich in den Osten, um den Persern entgegenzutreten, während er seinem Sohne die Heeresverbände in Europa mit dem Auftrag überließ, gestützt auf die dortigen Streitkräfte den überall angreifenden Barbaren zu wehren. [...] Valerianus [...] begab sich selbst
10 von Antiocheia nach Kappadokien [Region in Zentralanatolien/Türkei]. Nachdem aber sein Durchmarsch den Städten nur Lasten aufgebürdet hatte, trat er den Rückweg an. Im Augenblick, da nun eine Pest bei den Legionen ausbrach und den größeren
15 Teil von ihnen hinwegraffte, ging Sapor zum Angriff auf den Osten vor und unterwarf sich alles. Energielos und schlaff, wie Valerianus in seinem Leben war, verzweifelte er daran, der allgemeinen Lage, die sich zur Katastrophe entwickelt hatte, abzuhelfen, und
20 wollte durch Geldzahlungen dem Krieg ein Ende setzen, Sapor schickte jedoch die zu ihm entsandten Unterhändler mit leeren Händen zurück und forderte, der Kaiser selbst solle wegen der ihm nötig erscheinenden Regelungen zu einer Aussprache kommen.
25 Ohne Bedenken ging Valerianus auf die Forderungen ein und eilte mit nur ein paar Begleitern zu Sapor, um mit ihm in Friedensverhandlungen einzutreten. Hierbei wurde er plötzlich von den Feinden festgenommen und musste in der Rolle eines Kriegsgefangenen
30 bei den Persern sein Leben beschließen. Damit hinterließ er in den folgenden Zeiten dem Römernamen eine sehr große Schande.

Zosimos, Neue Geschichte. Bibliothek der griechischen Literatur Bd. 31 (übers. u. eing. v. Otto Veh, erläut. v. Stefan Rebenich), Stuttgart: Hiersemann 1990, S. 50, 54.

• •

1. a) ●●○ Stellen Sie in einem Schaubild die Krise des Römischen Reichs im 3. Jahrhundert dar.

b) ●●● Rekonstruieren Sie mithilfe der Quellen den Konflikt zwischen Valerian und Schapur I. Prüfen Sie, wie gesichert Ihre Erkenntnisse sind und welche Fragen offenbleiben.

c) ●●○ Erläutern Sie, welche Herrscherbilder in den Quellen deutlich werden.

→ Text, M3, M4

Umgang mit wissenschaftlichen Darstellungen

Wissenschaftliche Darstellungen

Jede geschichtliche Betrachtung steht in einem Dialog, das heißt einer Auseinandersetzung mit älteren Forschungsergebnissen und übergeordneten Fragestellungen. Die reine Aufzählung von Fakten reicht nicht aus, um ein Geschehen verständlich zu machen. Die Fakten bedürfen der Einordnung in größere Zusammenhänge. Im günstigsten Fall vermag der Blick zurück dafür zu dienen, die Gegenwart besser zu verstehen und die Zukunft zu gestalten.

Der historische Gegenstand unterliegt zwangsläufig einer Deutung. Je nach Erkenntnisinteresse kann er aus unterschiedlichen Perspektiven betrachtet werden.

Arbeitsschritte und Fragestellungen zur Interpretation von wissenschaftlichen Darstellungen

1. **Darstellungen lesen und verstehen**

  a) Was verstehen Sie nicht? – Notieren Sie alle Begriffe, die unklar sind. Ziehen Sie zur Erklärung ein Nachschlagewerk heran.

  b) Fassen Sie die zentrale Aussage der jeweiligen Texte möglichst knapp zusammen.

  c) Formulieren Sie zu den Texten eine passende Überschrift.

  d) Gliedern Sie die Texte und formulieren Sie jeweils passende Zwischenüberschriften.

2. **Entstehung und Überlieferung der Darstellung klären**

  a) Was ist über die Autoren, das jeweilige Medium der Veröffentlichung und den Zeitpunkt der Veröffentlichung bekannt? Ergeben sich daraus Folgerungen für Absicht, Form und Adressaten etc.?

  b) Erörtern Sie die Gründe dafür, dass die Wissenschaft in der Regel neueren Darstellungen eher vertraut.

  c) Recherchieren Sie, wie sich die Publikationen heute beschaffen lassen.

3. **Die Darstellungen zusammenfassend interpretieren**

  a) In welcher sprachlichen Form werden die Inhalte präsentiert (fachwissenschaftlich-argumentativ, populärwissenschaftlich darstellend, für eine bestimmte Position werbend, zustimmend oder sich gegen eine andere Position abgrenzend)?

  b) Arbeiten Sie die Stellen heraus, an denen die Autoren ihre persönliche Meinung erkennen lassen.

  c) Sind die Aussagen der Verfasser sachlich fundiert und stichhaltig?

  d) Welche Darstellung erscheint Ihnen überzeugender?

Formulierungshilfen zur Interpretation einer Darstellung

1. Darstellungen lesen und verstehen

... zu Beginn des Textauszuges ... an zentraler Stelle ... im weiteren Verlauf seiner Argumentation vertritt der Verfasser die Auffassung ... der Autor wirft die Frage auf ... stellt die These auf ... untermauert seine Aussage mit Beispielen ... stellt in Frage ... schließt seine Ausführungen mit ... formuliert als Fazit ...

2. Entstehung und Überlieferung der Darstellung klären

Der vorliegende Text stammt von ... ist erschienen in ... bei dem Autor/der Autorin handelt es sich um ... der Text wurde im Jahre ... verfasst ... bei dem Text handelt es sich um ... der Text stellt einen Beitrag im Rahmen einer wissenschaftlichen Kontroverse um ... dar ... der Verfasser thematisiert ... Gegenstand des Textes ist ... der Verfasser verfolgt mit seinen Ausführungen die Absicht ... er/sie will ... informieren, Stellung beziehen ...

3. Die Darstellungen zusammenfassend interpretieren

... mit Recht sieht der Verfasser ... dem Autor ist entgegen zu halten ... dem Verfasser ist insoweit zuzustimmen ... dagegen überzeugt das Argument ... nicht/nur bedingt ... insgesamt kann die Position des Verfassers ... eingeschätzt werden ... maßgeblich für diese Beurteilung ist dabei ...

M 5 Die Krise des 3. Jahrhunderts im Urteil der Forschung

a) Der Historiker Greg Woolf erklärt, warum das Römische Reich die Krise des 3. Jahrhunderts überstand (2015):

Der Erfolg, normale Beziehungen mit den Völkern im Norden wiederhergestellt zu haben, wurde mit der Verschlechterung der Verhältnisse an der östlichen Front als tödlichem
5 Gegenpart erkauft. Im Allgemeinen wird das mit dem Aufstieg der neuen persischen Dynastie der Sassaniden im Jahre 226 n. Chr. und dem Angriff des Kaisers Schapur (241–272 n. Chr.) in Verbindung gebracht. Letzterer führte
10 eine Reihe von Kriegen gegen Rom, besiegte Kaiser Philipp im Jahre 240 n. Chr., nahm im Jahr 256 n. Chr. die Stadt Antiochia ein, nahm schließlich 260 n. Chr. Kaiser Valerian gefangen und ließ ihn hinrichten. Aber die Römer
15 trugen einige Verantwortung für all diese Geschehnisse. Wiederum kann man die Geschichte bis in die 160er-Jahre n. Chr. zurückverfolgen. Nach den Eroberungen Trajans und dem Rückzug Hadrians aus seiner neuen
20 Provinz Mesopotamien hatte Frieden mit den Parthern geherrscht, bis in der gemeinsamen Regierungszeit des Mark Aurel und Lucius Verus die römischen Heere Persien ohne besonderen Grund erneut angegriffen hatten.
25 Severus handelte einige Jahrzehnte später genauso. Die Angriffe Roms trugen einiges zur Destabilisierung der parthischen Dynastie bei und schufen so eine Gelegenheit für die Übernahme durch die Sassaniden. Es ist
30 schwierig zu sagen, ob Persien Roms Schwierigkeiten im Norden ausnutzte oder ob vielmehr das Sicherheitssystem der frühen Kaiserzeit einfach nicht in der Lage war, mit Bedrohungen an zu vielen Fronten fertigzu-
35 werden.

Deutlich ist, dass die Unfähigkeit der Kaiser, die großen Städte und die unbewaffneten Provinzen im Inneren zu verteidigen, zu einer
40 Krise ihrer Legitimation führte. Ein Indiz für ihr Scheitern war, dass in der Zeit zwischen 235 und 284 n. Chr. mehr als zwanzig Kaiser regierten. Die genaue Zahl hängt davon ab, wie viele Aufständische man als kurzzeitige
45 Herrscher ansieht. Ein zweites Indiz für ihr Scheitern war die geografische Zersplitterung. Lokale Herrscher, Klientelkönige und Heerführer übernahmen die Verantwortung für den Schutz ihrer unmittelbaren Umge-
50 bungen. Als Aurelian im Jahre 270 n. Chr. an die Herrschaft kam, war der größte Teil Galliens, Spaniens und Germaniens für mehr als ein Jahrzehnt vom Rheinland aus regiert worden, während die Monarchen der Karawa-
55 nenstadt Palmyra in Syrien viele Gebiete im Nahen Osten, darunter sogar Alexandria, kontrollierten. In Afrika, an der Donau, in Ägypten und in Kleinasien hatte man versucht, die Macht zu usurpieren [= an sich zu
60 reißen]. Erfolgreiche und erfolglose Usurpatoren stammten aus der Klasse der Militärs, ihre Bindung an ihre Heere war persönlicher Natur und an ihre fortwährenden Erfolge gebunden. Bürgerkrieg und das Scheitern an
65 den Grenzen gaben sich gegenseitig Nahrung. Allein militärischer Erfolg konnte die Legitimation wiederherstellen und das Zerbröckeln der Autorität revidieren. Gallienus (253–268 n. Chr.), der Sohn Valerians, errang einige Er-
70 folge außerhalb des Reichs. Aurelian (270–275 n. Chr.), der die Juthungen aus Italien vertrieben hatte, konnte danach die Kontrolle über Ägypten zurückgewinnen (272 n. Chr.) und die Abfallbewegungen unterbinden, die von
75 Palmyra (273 n. Chr.) und den Kaisern von Trier (274 n. Chr.) angeführt worden waren. Seine Nachfolger brachten den Germanen noch weitere Niederlagen bei. Carus trug schließlich den Krieg gegen die Perser nach
80 Mesopotamien und eroberte die persische Hauptstadt Ktesiphon. Er starb im Jahre 283 n. Chr. auf seinem Kriegszug, und sein Nachfolger Numerian trat den Rückzug an, aber nach nur einem Jahr war er durch Diokletian
85 ersetzt worden, der bis zu seiner Abdankung im Jahre 305 n. Chr. regieren sollte. Während seiner langen Regierungszeit kämpfte auch er an der Donau und gegen Persien und musste seine Macht in Ägypten und gegen Aufstän-
90 dische im Westen sichern. Er hinterließ ein völlig neu geordnetes Römisches Reich. Die Zeit vom Ende der Dynastie der Severer im Jahr 235 n. Chr. bis zum Herrschaftsantritt des Diokletian 284 n. Chr. wird manchmal als
95 die Zeit der Anarchie bezeichnet. Jede „Krise", die ein halbes Jahrhundert lang andauerte, würde von den Institutionen einen hohen Zoll fordern. Diokletians Reich brauchte in der Tat ein neues Münz- und Steuersystem
100 und ebenso eine neue Verwaltung wie eine neue militärische Organisation. Unter Kons-

tantin bekam es noch eine neue Hauptstadt
und eine neue Religion. Aber das spätrömische Reich ist nicht durch eine Revolution ge-
105 schaffen worden.

Lange vor der Regierungszeit Diokletians
hatte sich ein neues Kaiserideal herausgebildet, das die Bilder der senatorischen Ge-
110 schichtsschreiber und der griechischen Pane-
gyriker verdrängte. Dieser Kaiser war eher
ein Soldat als ein Mitbürger, und zu ihm gehörten ein prachtvolles Zeremoniell und un-
erbittliche Gerechtigkeit.
115

Für uns ist aus unserer heutigen Sicht der im
Rückblick erstaunlichste Aspekt dieser Geschichte nicht, dass die Krise eintrat, sondern
dass das Reich sie überhaupt überlebte.
120

Die Energie der Soldatenkaiser war ohne Frage ein wichtiger Faktor, aber es gab noch andere Kraftquellen, die man damals nicht
erkannte. Man bedenke etwa, welches Enga-
125 gement die Elite des Reichs für die Aufrecht-
erhaltung seiner Existenz zeigte. Die „Gallischen Kaiser“, die zwischen 260 und 274 n.
Chr. Gallien und zeitweise auch die Provinzen
Spanien und Britannien kontrollierten, sind
130 in dieser Hinsicht ein gutes Beispiel. Die
Hauptfiguren Postumus, Victorinus und Tet-
ricus I. waren alle Soldaten und stammten offenbar alle aus reichen lokalen Familien. Ihre
Unterstützung erhielten sie sowohl von loka-
135 len Adligen wie vom Heer am Rhein. Ihr
„Reich“ hatte seinen Ursprung in einem Aufstand gegen Gallienus, aber seine hauptsäch-
lichen Anstrengungen galten der Verteidigung und Bewahrung von Privilegien. Nach
140 den Erfolgen, die zuerst Claudius II. und dann
Aurelian errungen hatten, kehrten Provinzen,
Städte und dann sogar der letzte der „Gallischen Kaiser“ in das Gesamtreich zurück.
Über die ganze Zeit der Abspaltung hinweg
145 war die politische Propaganda, die wir im
Wesentlichen von den Münzen kennen, ganz
und gar römisch. Am anderen Ende des
Reichs führte sich der von manchen griechischen Städten geleistete heftige Widerstand
150 sogar auf noch ältere Bekenntnisse zurück.
Publius Herennius Dexippus, ein Geschichtsschreiber, der den Widerstand in Athen organisierte, präsentierte seine Bemühungen als
die jüngste Episode in einer langen Geschich-
155 te des Widerstands gegen die Barbaren. Das

Überleben dieser Bekenntnisse ist ein beein-
druckendes Zeugnis der Dauerhaftigkeit von
Identitäten, die in der frühen Zeit des Weltreichs entstanden waren. Das Reich überleb-
160 te, weil die Führungsschicht und viele seiner
Untertanen an seiner Rettung teilnehmen
wollten, als es zu zerfallen drohte.

Greg Woolf, Rom. Die Biographie eines Weltreichs
(übers. v. Andreas Wittenborg), Stuttgart: Klett-Cotta
2015, S. 284ff.

b) Der Historiker Michael Kulikowski äußert
sich so zu der Krise (2018):

Die Reichskrise des 3. Jahrhunderts. Die Zeit
der Soldatenkaiser, der militärischen Anarchie. Die Weltkrise. Es gibt viele Begriffe zur
Beschreibung der Jahre zwischen 235 und 285
5 n. Chr., die längst als eine der finstersten Epochen der römischen Geschichte gelten, als
Zäsur zwischen der Kaiserzeit und der Spätantike. Als eine Welt, die man davor bewahren musste, sich selbst zu zerstören, indem
10 man sie dem allzu festen Griff eines veralte-
ten Regierungsapparates entriss – was während seiner 20-jährigen Herrschaft der auto-
ritäre Diokletian (reg. 284–305) übernahm.
Rein oberflächlich betrachtet, scheint das
15 Schlagwort der „Reichskrise“ durchaus berechtigt, immerhin reklamierten im Laufe jener fünf Jahrzehnte mehrere Dutzend Männer die Kaiserwürde für sich. Einige von
ihnen erhoben einen unbestreitbaren An-
20 spruch auf den Thron, sei es als leibliche Erben oder weil der Senat sie ordnungsgemäß
anerkannte; andere waren (entweder nach
antiker oder nach moderner Definition) Usurpatoren. Viele jedoch hatten einen seltsamen
25 Status irgendwo dazwischen, als sei das Konzept kaiserlicher Legitimation zu einer Frage
verkommen, die sich nur noch mit blutigen
Bürgerkriegen zwischen den einzelnen Riva-
len klären ließ. Obendrein waren die östli-
30 chen Provinzen des Imperiums anhaltenden
und manchmal geradezu verheerenden Invasionen durch die neue Sassanidendynastie in
Persien und Mesopotamien ausgesetzt, und
auch an Rhein und Donau, am Atlantik und
35 der Schwarzmeerküste kam es – zwar in geringerem Ausmaß, aber dennoch regelmäßig
– zu Übergriffen der Barbaren. Zu den weiteren Zeichen des Niedergangs gehörte die zunehmend schlechtere Qualität der Münzen,
40 vor allem der Silbermünzen. Was die Religion

betrifft, so entwickelten sich verschiedene neue Kulte und Strömungen; Propheten mit sonderbaren dualistischen Überzeugungen, wie Mani, scharten ihre Jünger um sich, und
45 nicht zuletzt breitete sich das Christentum immer weiter aus, was zu mehreren groß angelegten, brutalen Christenverfolgungen führte. Als wäre das nicht genug, verbreitete sich in der Mitte des Jahrhunderts eine tödli-
50 che Epidemie (vielleicht ein hämorrhagisches Fieber), deren Umfang wir gerade erst zu ermessen beginnen. All das zusammengenommen kann das 3. Jahrhundert n. Chr. durchaus als eine Epoche der Krise(n) gelten.
55
Und doch ist das Gesamtbild weit weniger klar, als es uns scheinen mag. Erstens passt der Zeitraum, den man für die vermeintliche Krisenepoche ansetzt, nicht wirklich – wie
60 wir [...] gesehen haben, begann jene Art der Instabilität, mit der in der Regel die mittleren Jahre der Reichskrise definiert werden, eigentlich bereits mit dem Tod von Caracalla im Jahr 217 n. Chr. Zweitens erstreckte sich die
65 Reichskrise in geografischer Hinsicht auf ein viel begrenzteres Gebiet, als es die Annahme einer umfassenden Krise vermuten ließe. Zwar erfuhren bestimmte Regionen des Imperiums immer wieder Invasionen und Bür-
70 gerkriege, weshalb es in Gegenden, in die seit Jahrhunderten keine römische Armee mehr einen Fuß gesetzt hatte, auf einmal von Soldaten nur so wimmelte; naturgemäß brachte das Plünderungen und Entbehrungen mit
75 sich. Es gab aber durchaus auch Regionen, die in der Vergangenheit stark gelitten hatten und nun mehrere Jahrzehnte des Friedens erlebten. Für andere – zum Beispiel große Teile von Britannia, Africa proconsularis und His-
80 panien – war das 3. Jahrhundert eine echte Blütezeit. Und während die Konjunktur in einigen Provinzen offenbar ins Schlingern geriet, lief die provinzübergreifende Exportwirtschaft, die für das Wohl der Bewohner
85 überall im Imperium sorgte, weiter wie bisher; trotz der Probleme mit der Reichswährung existieren kaum Hinweise auf eine überregionale, geschweige denn reichsweite Wirtschaftskrise.
90
Dies sind nur einige Gründe dafür, weshalb das traditionelle Konzept einer Krise und eines Niedergangs des Römischen Reiches zwischen 235 und 285 n. Chr. seit rund 30 Jahren

95 immer öfter infrage gestellt wird. Wir sollten das 3. Jahrhundert stattdessen als eine Epoche mit einer eigenen historischen Dynamik und nicht nur als lästigen Zwischenhalt auf dem Weg zwischen der mittleren und späten
100 Kaiserzeit behandeln. Eine solche Analyse würde zudem anerkennen, auf welche Weise die Regierung und die Gesellschaft unter Hadrian und den Antoninen den weiteren Verlauf der Geschichte prägten, auch und gerade
105 im 3. Jahrhundert: wie der Staat, den Augustus als Erbe für eine einzelne Familie geschaffen hatte, verschwand; wie die Ritter langsam, aber sicher eine neue Elite bildeten, die das Leben der Provinzbewohner tief greifen-
110 der verändern sollte, als es alle bisherigen römischen Regierungen getan hatten; wie sich die Zusammensetzung der Senatsaristokratie veränderte, was zusehends die zwischen der griechischen und römischen Kultur bestehen-
115 de Kluft überbrückte.

Michael Kulikowski, Triumph der Macht. Das römische Imperium von Hadrian bis Konstantin (übers. v. Cornelius Hartz), Darmstadt: Konrad Theiss 2018, S. 181 f.

1. a) ●●● Interpretieren Sie die beiden wissenschaftlichen Darstellungen zur Reichskrise. Verwenden Sie dafür die Arbeitsschritte und Fragestellungen zur Interpretation von wissenschaftlichen Darstellungen auf Seite 28.
b) ●●● Stellen Sie die zentralen Aussagen der beiden Darstellungen gegenüber und vergleichen Sie die Ergebnisse.
c) ●●● Begründen Sie, warum das Römische Reich die Krise des 3. Jahrhunderts überstand.
→ Text, M3, M4

4. Vom Einfall der Hunnen um 375 bis zur Reichsteilung 395

Die Krise des Römischen Reiches im 3. Jahrhundert zeigte, welchen innen- und außenpolitischen Herausforderung Rom ausgesetzt war. Es wurde deutlich, dass sich das große Imperium kaum noch von einem Kaiser allein regieren ließ. Aus diesem Grund ernannte ein Augustus als „Oberkaiser" immer öfter einen Caesar, der ihn als „Unterkaiser" unterstützte. Unter Diokletian kam es sogar zu einer Tetrarchie: Zwei Augusti und zwei Caesaren, die den Augusti nachfolgen sollten, herrschten über das Römische Reich. Eine weitere große Herausforderung stellte die Sicherung der Grenzen dar: Die Einfälle der Barbaren nahmen zu und das persische Reich der Sassaniden wurde zu einer Bedrohung, die die römischen Kaiser immer wieder zu Kriegen zwang.

Arianismus
Im Unterschied zum katholischen Glauben geht der arianische oder homöische christliche Glaube davon aus, dass Jesus als Sohn seinem Vater Gott untergeordnet ist. Jesus ist seinem Vater nur ähnlich, aber nicht gleich. Der Arianismus wurde 325 auf dem Konzil von Nicäa verdammt.

Ein gotischer Verband: Die Terwingen

Kaiser Konstantin der Große (Regierungszeit 306–337) löste die Tetrarchie wieder auf und regierte gemeinsam mit seinen Söhnen. Unter seiner Herrschaft wurden zahlreiche administrative und militärischen Reformen abgeschlossen und die Verfolgung des Christentums beendet. Kon-

stantin befriedete die Grenzregionen am Rhein und an der Donau. Nach siegreichen Auseinandersetzungen mit den gotischen Terwingen („Waldbewohnern") schloss er 332 mit diesem gotischen Verband ein Bündnis. In diesem „Foedus" genannten Vertrag wurde bestimmt, dass die Terwingen Hilfstruppen für das römische Heer zu stellen hatten. Sie erhielten dafür jährliche Geldzahlungen. Des Weiteren durften die Terwingen den Handel mit den Römern wieder aufnehmen. Zur Sicherheit stellten die Terwingen adelige Geiseln.

Der gotische Verband der Terwingen lebte nahe der römischen Grenze an der unteren Donau auf einem Gebiet, das heute zu Moldawien und Rumänien zählt. Nach Abschluss des Foedus herrschte in dieser Grenzregion eine ungewöhnlich lange Friedenszeit. Die vor allem von Viehhaltung und Landwirtschaft lebenden sowie Handwerke ausübenden Terwingen betrieben einen regen Handel mit dem Römischen Reich. Regiert wurden die Terwingen wohl vermutlich von mehreren Anführern, deren Verbund ein Richter (iudex) vorstand. In den Kampf zogen sie vor allem als Fußsoldaten. Bischof Wulfila (um 311 bis 383) missionierte die Terwingen, einige bekehrten sich zum arianisch-christlichen Glauben. Wulfila übersetzte die Bibel ins Gotische und entwickelte dazu eine gotische Schrift, die auf dem griechischen Alphabet basierte und runische Buchstaben integrierte.

M 1 Silbermedaillon Konstantins
aus dem Jahr 315 zeigt Konstantin. Die Inschrift enthält folgende Elemente: P für pius [fromm], CONSTANTINUS, AUG für Augustus, F für Felix [glücklich], IMP für Imperator [Kaiser]. Bildelemente sind: Schild mit Romulus und Remus, ein kreuzförmiges Zepter, Helm mit den ersten beiden Buchstaben des griechischen Wortes für Christus.

Ein weiterer gotischer Verband: Die Greutungen

Die zweite bekannte Gruppe von Goten waren die Greutungen. Die Forschung konnte bisher nicht klären, ob es sich bei den Greutungen um eine Sammelbezeichnung für mehrere unabhängige gotische Reiche oder um ein riesiges gotisches Großreich gehandelt hat. Die Greutungen lebten östlich des Dnjestr auf dem Gebiet der heutigen Ukraine. In den Krieg zogen die Kämpfer der Greutungen auf dem Pferd.

Lange Zeit hatte man angenommen, dass die Greutungen mit den Ostgoten gleichzusetzen wären. Mittlerweile hat die historische Forschung jedoch herausgefunden, dass die Greutungen – zusammen mit den Terwingen – in den Westgoten aufgegangen sind.

Angriffe der Hunnen

Wie kam es dazu, dass die Verbände der Terwingen und Greutungen über die Donau ins Römische Reich strebten?

Ab 375 waren die Greutungen zahlreichen Angriffen der Hunnen ausgesetzt. Die Hunnen lebten als Steppennomaden. Bis heute ist unklar, worin ihre Kultur bestand und wo sie herkamen. Von der hunnischen Sprache sind nur ein paar Eigennamen erhalten geblieben. Die Hunnen bildeten keine ethnische Einheit, sie waren vielmehr eine heterogene Gruppe, so schlossen sich, nachdem die Hunnen im Jahr 374 die am Don siedelnden Alanen besiegt hatten, auch zahlreiche Alanen den Hunnen an. Gefürchtet waren die reitenden Steppenkrieger aufgrund ihrer Schnelligkeit und ihrer Reflexbögen, mit denen sie Gegner aus großen Entfernungen töten konnten.

Als die Hunnen die Greutungen angriffen, waren sie wohl eher auf Beute als auf Eroberungen aus. Mittlerweile geht man davon aus, dass es kleinere Gruppen von hunnischen Reitern waren, die unabhängig voneinander agierten und immer wieder die Greutungen überfielen. Einen größeren politischen Verband errichteten die Hunnen erst nach 410 in der ungarischen Tiefebene. Dessen bekanntester Herrscher war Attila.

M̗ 2 *Hunnenkrieger*
Relief mit der Darstellung eines Kriegers, 7. Jahrhundert n. Chr.

Der Zug der Goten

Die wiederholten Angriffe der Hunnen setzten den Greutungen so zu, dass es nach dem Tod ihres Königs Ermanerich und seines Nachfolgers zu einem Auseinanderbrechen ihres Reiches bzw. ihrer Reiche kam. In der Folgezeit schlossen sich Teile der Greutungen den Hunnen oder Alanen an, andere zogen in das Gebiet der Terwingen an die Donau. Schließlich erreichten die hunnischen und alanischen Überfälle aber auch die Terwingen. Nach vergeblichen Widerstandsversuchen brachen Großgruppen der Terwingen und Greutungen im Sommer 376 zum Nordufer der Donau auf, wo sie Einlass ins Römische Reich erbaten, um vor den Angriffen der Hunnen geschützt zu sein. Da Kaiser Valens zu diesem Zeitpunkt mit dem römischen Heer gegen die Perser kämpfte, musste er den Umgang mit den Goten seinen Heerführern vor Ort überlassen.

Dass barbarische Verbände ins Römische Reich einwandern wollten, war nichts Außergewöhnliches. Während des Prozesses der Einwanderung sorgten die römischen Kaiser stets dafür, dass die Migranten entwaffnet wurden und sich unter militärischer Kontrolle befanden. Anschließend wurden die Einwanderer im Römischen Reich verteilt. In den meisten Fällen wurden die Einwanderer willkommen geheißen, da sie fortan als Soldaten in der römischen Armee zu dienen oder als Bauern Steuer zu zahlen hatten. Im Falle der Terwingen und Greutungen verlief die Einwanderung allerdings anders als gewohnt: Die an der Donau stehenden römischen Truppen reichten weder dazu aus, die ins Land kommenden Goten zu kontrollieren und zu entwaffnen, noch einen Grenzübertritt zu verhindern.

Die von Alaviv und Fritigern geführten Terwingen überquerten die Donau mit römischer Zustimmung, die von Alatheus und Safrax geführten Greutungen kamen jedoch ohne Erlaubnis. Wie viele Goten insgesamt den Fluss überschritten, ist nicht bekannt; man nimmt an, dass es einige Zehntausend gewesen sind. Mit den gotischen Terwingen und Greutungen strömten zugleich auch Alanen, Hunnen, Balten und Taifalen ins Römische Reich.

Die Schlacht um Adrianopel

Zwischen Römern und Goten konnte keine regelnde Einigung über die Migration erzielt werden. Als unter den Goten Hunger ausbrach, verbrachten die Römer ihre Lebensmittelvorräte in die Städte, um sie zu stark überhöhten Preisen anzubieten. Die Nahrungsknappheit führte rasch zu Misstrauen und Feindseligkeiten zwischen Römern und Goten. Auf einen gescheiterten Versuch des römischen Heerführers Lupicinus, die gotischen Anführer Alaviv und Fritigern bei einem Festmahl ermorden zu lassen, reagierten die Goten mit Plünderungen. Schließlich kam es zum offenen Krieg.

Kaiser Valens erkannte den Ernst der Lage, erkaufte sich bei den Persern einen teuren Frieden und zog mit seinem Heer nach Thrakien, um die Goten zu stellen. Der weströmische Kaiser Gratian, ein Neffe Valens', versprach, sich ebenfalls auf den Weg nach Thrakien zu machen, um Valens mit seinen Truppen zu unterstützen, allerdings verzögerte sich Gratians Ankunft aufgrund eines Alemannenangriffs am Rhein. Unterdessen spitzte sich die Lage in Thrakien zu. Während sich Gratian nach seinem Sieg über die Alemannen auf dem Weg nach Thrakien befand, kam es am 9. August zur Schlacht bei Adrianopel, aus der die Goten als Sieger hervorgingen. Valens fiel mitsamt zwei Dritteln seiner Streitkräfte.

Die Reichsteilung von 395

Wenige Monate nach der Niederlage bei Adrianopel ließ Gratian den Heermeister Theodosius I. zum Augustus des Ostens erheben. Theodosius gelang es bis 382, den Balkanraum zumindest vorläufig zu stabilisieren und den Krieg mit den Goten zu beenden. Zudem etablierte er Konstantinopel als Zentrum der östlichen Reichshälfte und erhob das Christentum zur Staatsreligion. Gratian dagegen konnte sich im Westen nur bis 383 halten. Er unterlag dem Usurpator Maximus, der wiederum von Theodosius in einem Bürgerkrieg mithilfe der Goten besiegt wurde. Nach einem weiteren Bürgerkrieg um die Herrschaft des westlichen Teils des Römischen Reiches setzte Theodosius durch, dass seine Söhne Honorius für den Westen und Arcadius für den Osten zu Augusti erhoben wurden.

In der Geschichtsschreibung wird der Tod des Theodosius 395 mit der Teilung des römischen Imperiums in ein weströmisches und ein oströmisches Reich gleichgesetzt. Zwar regierten schon zuvor mehrere Augusti gleichzeitig, doch erst nach 395 entwickelten sich die beiden Reichsteile derart auseinander, dass zwar die Idee des Imperiums als Ganzes erhalten blieb, eine tatsächliche Einheit des Römischen Reichs jedoch nie wieder hergestellt werden konnte.

Zentrale Daten zur Geschichte der Goten bis 378

332	Nach seinem Sieg über die Goten schließt Konstantin einen Vertrag (Foedus) mit den Terwingen.
um 340	Mission Wulfilas bei den Terwingen: Teile der gotischen Bevölkerung nehmen den christlich-arianischen Glauben an.
375/376	Hunnische Gruppen greifen zunächst die Greutungen und später die Terwingen an.
376	Die Goten wollen sich vor den Angriffen der Hunnen in Sicherheit bringen und bitten um die Aufnahme ins Römische Reich. Die Goten überqueren die Donau.
378	Am 9. August besiegen Goten das römische Heer in der Schlacht von Adrianopel. Der römische Kaiser Valens fällt.

Die Hunnen – Darstellungen und Quellen analysieren

 3 Über die Hunnen – Eine Quelle

Ammianus Marcellinus (um 330–395/400) aus Antiochia gilt als der bedeutendste Geschichtsschreiber der Spätantike. Durch seine Dienste am Hof und im Militär war er an vielen Ereignissen selbst beteiligt. Über die Hunnen schreibt er in seiner „Römischen Geschichte":

Die Saat des ganzen Verderbens und der Ursprung der verschiedenen Katastrophen, welche das Wüten des Kriegsgottes, alles im Gemenge mit ungewöhnlichen Bränden in Bewegung setzte, hatte, wie ich er-
5 fahren habe, folgende Ursache. Das Volk der Hunnen, das aus alten Zeugnissen nur wenig bekannt ist und das jenseits des Asowschen Meers am Eismeer wohnt, überschreitet jedes Maß an Wildheit. Da gleich nach der Geburt die Wangen der Kinder mit
10 einem Eisen gebrandmarkt werden, damit der zeitig einsetzende Bartwuchs durch die runzeligen Narben abgeschwächt wird, altern sie bartlos und ohne jede Anmut, Eunuchen gleich, sämtlich mit gedrungenen, festen Gliedmaßen und feisten Nacken, unnatürlich
15 verformt und verkrümmt, so dass man sie für zweibeinige Tiere oder für bemalte, wilde Klötze halten könnte, wie sie schlicht für die Ränder an Brücken behauen werden. In der wenngleich unangenehmen Gestalt von Menschen aber sind sie in ihrem Lebens-
20 unterhalt so derb, dass sie weder Feuer noch schmackhafte Speisen brauchen, sondern sich von den Wurzeln wilder Kräuter und halbrohem Fleisch von jedwedem Vieh ernähren, das sie zwischen ihre Schenkeln und den Rücken ihrer Pferde pressen und
25 in kurzem Brüten warmreiten. Nie werden sie von irgendwelchen Gebäuden bedeckt, sondern sie meiden sie wie Gräber, die vom allgemeinen Umgang geschieden sind. Auch sich nach oben schräg verengende Schilfhütten findet man bei ihnen nicht; vielmehr
30 durchstreifen sie ruhelos Gebirge und Wälder und sind von Kind auf daran gewöhnt, Frost, Hunger und Durst zu ertragen. Nur in äußerster Not gehen sie in der Fremde unter ein Dach, denn sie fühlen sich unter Dächern nicht sicher. Sie hüllen sich in Leinen-
35 gewänder oder in aus den Fellen von Bisamratten zusammengenähte Kleider und machen keinen Unterschied zwischen häuslicher Kleidung und solcher für draußen, sondern legen die einmal über den Hals gesteckte, verbleichte Kleidung nicht eher ab oder
40 wechseln sie erst, wenn sie durch langjährige Fäulnis zu Lumpen zerfallen ist und sich auflöst. Ihren Kopf bedecken sie mit krummen Fellmützen, ihre behaar-

ten Beine schützen sie mit Ziegenfellen, und ihre Schuhe werden in keiner Weise angepasst und lassen
45 keinen freien Schritt zu. Deshalb sind sie kaum auf Fußkämpfe eingerichtet, doch auf ihren ausdauernden, wenn auch hässlichen Pferden sitzen sie fest und zuweilen auch im Frauensitz und verrichten so ihre gewohnten Geschäfte. Von hier aus kauft und ver-
50 kauft ein jeder in diesem Volk die ganze Nacht und den ganzen Tag hindurch, nimmt Speis und Trank zu sich und gibt sich, eng an den schlanken Hals seines Tieres gelehnt, tiefem Schlaf bis zur Vielfalt verschiedener Träume hin. [...]
55
So schnell wie sie, leicht bewaffnet, zur Behendigkeit neigen und plötzlich auftauchen, schwärmen sie auch absichtlich wieder aus und lösen ihre Ordnung wieder auf, so als hätten sie keine geschlossenen Reihen. Unter entsetzlichem Morden reiten sie hin und
60 her, und wegen ihrer Schnelligkeit nimmt man kaum wahr, wenn sie in eine Verschanzung eindringen oder ein feindliches Lager plündern. Deshalb kann man sie leicht die entsetzlichsten Krieger von allen nennen, weil sie von fern mit Wurfgeschossen, die an-
65 stelle einer Pfeilspitze aus spitzen, in wunderbarer Kunstfertigkeit zusammengefügten und verzierten Knochen bestehen, ... im Nahkampf aber ohne Rücksicht auf sich selbst mit dem Schwert kämpfen und
70 die Feinde mit geflochtenen Streifen (Lassos) einschnüren und, während diese auf die verderblichen Spitzen achten, die Glieder der Widerstrebenden fesseln und sie unfähig machen, zu reiten oder zu gehen. Niemand bei ihnen pflügt (das Land) oder rührt je
75 einen Pflug an. Denn alle schweifen ohne festen Wohnsitz, ohne Haus, Gesetz und festen, althergebrachten (religiösen?) Brauch ständig wie Flüchtlinge mit ihren Karren umher, in denen sie wohnen, in denen ihre Frauen ihnen hässliche Kleider zusam-
80 mennähen, wo sie mit ihren Männern schlafen und Kinder gebären, die sie bis zur Pubertät großziehen. Und keiner von ihnen kann die Frage beantworten, wo er herkommt, da er an einem anderen Ort gezeugt, weit entfernt davon geboren und noch weiter
85 weg erzogen wurde. Waffenruhe macht sie untreu und unzuverlässig; für jeden Hauch einer sich bietenden neuen Hoffnung überaus zugänglich, geben sie sich ganz ihrer aufgeregten Wut hin. Nach Art der unbesonnenen Tiere wissen sie keineswegs, was eh-
90 renhaft und unehrenhaft ist, reden zweideutig und unverständlich, lassen sich durch keinerlei Ehrfurcht gegenüber einem Glauben oder Aberglauben einen-

Die Hunnen – Darstellungen und Quellen analysieren

gen, glühen vor unmäßiger Begierde nach Gold und sind dermaßen wankelmütig und leicht erregbar, dass
95 sie oft an ein- und demselben Tag, obwohl von niemandem provoziert, mehrmals von ihren Bundesgenossen abfallen und sich genausooft, obwohl von niemandem besänftigt, wieder versöhnen.

Ammianus Marcellinus, zit. nach: Hans-Werner Goetz, Steffen Patzold, Karl-Wilhelm Welwei (Hg./Übers.), Die Germanen in der Völkerwanderungszeit, Zweiter Teil. Auszüge aus den antiken Quellen über die Germanen von der Mitte des 3. Jahrhunderts bis zum Jahre 453 n. Chr., Darmstadt: WBG 2013 (2. Aufl.), S. 75, 77.

M 4 Glaubwürdigkeit der Ausführungen Ammianus' – Eine Darstellung

Der Historiker Klaus Rosen über das Hunnenbild Ammianus' (2016):

Der Leser spürt in Ammianus' Hunnenbild noch das Entsetzen des Zeitgenossen über einen unheimlichen Menschenschlag, wie ihn Rom in seiner tausendjährigen Geschichte noch nicht erlebt hatte. Auch dem
5 Historiker, der als junger Offizier kreuz und quer durch das Römische Reich geritten war und die verschiedensten Barbarenstämme kennengelernt hatte, waren Gestalten mit so abstoßenden Zügen nie begegnet. [...]
10
Manche Einzelheiten im Hunnenexkurs des Historikers hat man als unhistorische Übernahmen aus anderen Barbarenschilderungen verworfen. Keine Parallele findet sich in der antiken Literatur zu der
15 hunnischen Sitte, Fleisch zwischen den Schenkeln und dem Pferderücken warm zu reiten. Man hat sie daher meistens als Erfindung abgetan. Doch Belege bei späteren Reitervölkern mahnen zur Vorsicht. Das „halbrohe Fleisch irgendwelcher Tiere", von dem sich
20 die Hunnen ernährten, hätte Anlass sein können, sich auf die alltägliche ökonomische Grundlage der Steppennomaden zu besinnen, die Viehherden, mit denen sie von Weideplatz zu Weideplatz zogen. Bei den nomadisierenden Alanen sprach Ammianus
25 Marcellinus später davon. [...]

Den mongolischen Einschlag im Erscheinungsbild eines Teils der Hunnen, der [...] auf 20 bis 25 Prozent geschätzt wurde, hat Ammianus Marcellinus als ethnisches Merkmal verkannt. Er sah im spärlichen
30 Bartwuchs der Rasse die Folge der Schnitte, mit denen man das Gesicht der Säuglinge verunstaltet habe. Doch die Schnitte waren wohl Tätowierungen ähn-

lich denen, die man an Mumien im Altaigebirge be-
35 obachtet hat. Die mongolischen Gesichtszüge erinnerten den Betrachter vielmehr an Eunuchen. Noch auffälliger war die dem Historiker unbekannte künstliche Schädeldeformation, die im frühkindlichen Alter eingeleitet wurde und die, wie vielleicht
40 die Tätowierungen, ein Unterscheidungsmerkmal der Oberschicht war. Die Hunnen brachten die Sitte ebenfalls aus ihrer Heimat mit und gaben sie später an manche germanische Nachbarn weiter. Ammianus hätte wohl ungläubig den Kopf geschüttelt, hätte ihm
45 jemand versichert, dass es bei den Hunnen, die sich mit grauenerregendem Geschrei auf ihre Feinde stürzten, auch Lieder gab, die Mädchen zur Begrüßung, Sänger beim Gastmahl und Trauernde beim Tod eines Königs vortrugen.
50
Wankelmut und Untreue bei Vereinbarungen waren beliebte Topoi im Barbarenbild, ebenso die Erklärung, sie seien die Folge eines treulosen und unbeherrschten Charakters. In Ammianus' Augen waren
55 die Hunnen besonders schlimm und unberechenbar. Wie viele seiner Vorgänger verkannte er das unterschiedliche Verständnis für Verträge. Der römische Vertragspartner stand für den römischen Staat. Der Vertragsschluss war ein überpersonaler Rechtsakt,
60 der folglich nicht an die Lebenszeit eines Kaisers gebunden war. Diese abstrakte Vorstellung von Staatlichkeit war den Nomaden fremd, für die im besten Fall ein Vertrag so lange galt, wie der Herrscher auf der Gegenseite, mit dem er geschlossen worden war,
65 lebte und regierte. Starb er, erlosch auch die persönliche Bindung.

Klaus Rosen, Attila. Der Schrecken der Welt, München: C. H. Beck 2016, S. 38–41.

- -
1. ●●○ Stellen Sie den Verlauf der Ereignisse vom Überfall der Hunnen auf die Alanen bis zur Schlacht von Adrianopel in einem Flussdiagramm dar.
   → Text
2. a) ●●● Interpretieren Sie die Ausführungen Ammianus Marcellinus über die Hunnen und nutzen Sie dazu die Anleitung auf Seite 37.
   b) ●●● Überlegen Sie, welche Aussagen Ammianus Marcellinus Sie für glaubwürdig halten.
   c) ●●● Überprüfen Sie die Glaubwürdigkeit der Quelle mithilfe der Ausführungen Klaus Rosens.
   → M3, M4

Umgang mit schriftlichen Quellen

Schriftliche Quellen

Ohne das Studium von Quellen keine Geschichte. Das heißt, um eine Geschichte erzählen zu können, muss man die Quellen zu dem historischen Sachverhalt erschließen und interpretieren.

Formulierungshilfen

1. Eine Quelle erschließen

Die Quelle erschien zuerst ... Bei der Quelle handelt es sich um ... Der Autor thematisiert in der Quelle ... Er behandelt das Problem/die Frage ... Die Autorin setzt sich mit dem Problem auseinander, inwiefern ... Die Quelle richtet sich an Leser, die ... Die zentrale These ist, dass ... Die Autorin spricht sich dafür aus, dass ... Die Quelle dient vor allem der Information ... Der Autor spricht sich eindeutig dafür aus ... Die Leserinnen und Leser sollen dazu bewogen werden ... Der Autor appelliert an die Leser ... Die Autorin will mit ihrem Text erreichen ...

Der Autor stellt einleitend eine These auf ... er schildert einen besonderen Moment, um ... Anschließend geht sie darauf ein ... zählt auf ... bestreitet ... weist zurück ... entgegnet ... kritisiert ... präzisiert ... präsentiert ... stellt vor ... kommt zu dem Schluss ... erklärt die Ursachen ... beurteilt ... fasst zusammen ... verurteilt ... appelliert.

Arbeitsschritte zur Interpretation von schriftlichen Quellen

1. Eine Quelle erschließen

a) Die Quelle kritisch und thematisch erschließen
Die quellenkritische Analyse betrifft die äußere Beschreibung der Quelle. Sie ist erforderlich, um den Inhalt der Quelle besser einordnen und verstehen zu können. Die Quellenkritik bildet damit die Grundlage für die Interpretation der Quelle. Bei der quellenkritischen Analyse werden folgende Aspekte untersucht:
- Autorin bzw. Autor,
- Adressat(en) und deren Bezug zur Autorin/zum Autor,
- Zeitpunkt der Entstehung und der Veröffentlichung der Quelle,
- Anlass der Entstehung,
- Absicht, mit der der Text geschrieben wurde, z. B. informierend, argumentierend, appellierend, normierend, unterhaltend,
- Gattung der Quelle,
- Thema der Quelle,
- Intention der Quelle,
- Kernaussage der Quelle.
- ggf. Stil: z. B. sachlich, ironisch, diffamierend.

b) Den Gedankengang und den Inhalt der Quelle strukturiert wiedergeben:
Bei der strukturierten Wiedergabe der Quelle geht es darum, ihren Inhalt und ihren Gedankengang (Argumentationsstruktur) zu beschreiben. Der Gedankengang lässt sich mit Verben verdeutlichen, die die sprachlichen Handlungen des Autors bezeichnen. Bei der Darstellung des Gedankengangs werden zugleich die Inhalte der Quelle in eigenen Worten wiedergegeben. Verfassen Sie die Inhaltsangabe im Präsens und verwenden Sie den Konjunktiv.

2. Die Quelle erläutern
Zum besseren Verständnis der Quelle ist es oft erforderlich, historische Hintergründe zu erläutern. Das können in der Quelle erwähnte Meinungen, Absichten, Sachverhalte und Ereignisse sein, die in einen historischen Kontext einzuordnen sind.

3. Die Quelle unter einer bestimmten Fragestellung beurteilen
Eine Quelle wird immer unter einer bestimmten Fragestellung interpretiert. Vor dem Hintergrund dieser Frage werden die bisherigen Ergebnisse der Quellenanalyse, die Aussagen, Auffassungen und Intentionen der Quelle kritisch überprüft. Dabei setzt man sich in der Regel mit der Intention und Kernaussage der Quelle abwägend auseinander. Die Ergebnisse dieser Deutung werden in einem Fazit zusammengefasst.

5. Wanderung, Ansiedlung und Rechtsstatus der Goten im Römischen Reich

Zur Ethnogenese der Goten

Wer waren die Goten? Diese Frage ist gar nicht so einfach zu beantworten. Der Historiker und Gotenforscher Herwig Wolfram betont, dass nicht nur Goten selbst, sondern auch Alanen, Alemannen, Balten, Finnen, Gepiden, Griechen, Hunnen, Römer, Rugier, Skiren, Sueben und viele andere mehr sich gelegentlich als „Goten" bezeichneten. Zu den Goten gehörten sowohl Germanen als auch Nichtgermanen, sodass die einfache Gleichsetzung „Goten = Germanen" keine Gültigkeit besitzt. Obwohl sich bei den Goten der arianische (genauer: homöische) Glaube durchsetzen konnte und die gotische Sprache vorherrschend war, ist bei den Goten generell von Mehrsprachigkeit und religiöser Vielfalt auszugehen. Einheitliche ethnische, sprachliche oder religiöse Merkmale, die wirklich alle Goten umfassten, existierten nicht. Eine gemeinsame Herkunft und Geschichte als identitätsstiftendes Moment konnte von der Wissenschaft bislang noch nicht geklärt wer-

den. In der historischen Forschung stehen sich derzeit zwei Varianten zur gotischen Ethnogenese gegenüber:

Der eine Forschungszweig folgt der im Jahr 552 abgeschlossenen „Gotengeschichte" des spätantiken Geschichtsschreibers Jordanes, nach der die Goten aus Skandinavien kommend an die Donau und das Schwarze Meer wanderten und schon vor der Überquerung der Donau 376 eine gotische Identität als „Visigoten/Terwingen" oder „Ostrogoten/Greutungen" besessen haben. Nach dieser Lesart fanden diese Identitäten später in den Bezeichnungen „Westgoten" und „Ostgoten" ihre Fortsetzungen. Der andere Forschungszweig geht hingegen davon aus, dass die Ethnogenese der West- und Ostgoten erst nach der Überquerung der Donau im Römischen Reich erfolgt ist.

Ungeachtet dieser Forschungskontroverse steht jedoch fest, dass sich die Identität der Goten im Römischen Reich wandelte.

M 1 Kampf der Römer gegen die Goten

Schlachtensarkophag, wahrscheinlich schon um 255 für den römischen Kaiser Hostilianus (249–251) geschaffen. Das Relief zeigt den Kaiser im Kampf gegen die Goten.

Die Situation nach der Schlacht von Adrianopel

Zwar hatten die Barbaren in der Schlacht von Adrianopel den Sieg davongetragen, jedoch waren ihre Probleme damit keineswegs gelöst. Die Goten litten weiterhin Hunger, überdies machten ihnen Seuchen zu schaffen.

Im Jahr 382 schloss Kaiser Theodosius einen Vertrag (Foedus) mit den Goten. Obwohl dieser Vertrag nicht überliefert worden ist, kann davon ausgegangen werden, dass eine Ansiedlung der Goten zwischen Donau und dem Balkangebirge vereinbart wurde. Zudem wurden die Goten von den Römern zu Kriegsdiensten verpflichtet. Zwischen Goten und Römern wurde ein Eheverbot erlassen. Aus dem Vertrag ergaben sich sowohl für die Römer als auch für die Goten Vorteile: Kaiser Theodosius setzte die Goten als Soldaten in den Bürgerkriegen ein, die Goten profitierten hingegen von den Kompetenzen des römischen Verwaltungsapparats.

Viele Goten aus der Führungsgruppe gingen nach Konstantinopel, um Karriere im römischen Heer zu machen. Die auf der Basis des Vertrags von 382 angesiedelten Goten entwickelten als Visigoten bzw. Westgoten eine eigene gotische Identität. Zu beachten ist jedoch, dass die Mehrheit der Goten auch weiterhin nördlich der Donau wohnte. Die hier fortdauernde Bedrohung durch die Hunnen führte auch in der Folgezeit zu weiteren Migrationen ins Römische Imperium, welches die Goten bereitwillig aufnahm.

Der Frieden zwischen Rom und den Goten war nicht von Dauer: Mit dem Foedus war innerhalb des römischen Staates quasi ein gotischer Staat entstanden, woraus weitere Konflikte erwuchsen. 391 fügten die von Alarich angeführten Westgoten einer von Kaiser Theodosius persönlich geführten Armee eine Niederlage zu. Der Kaiser beauftragte daraufhin seinen Heermeister Stilicho, ein Römer vandalischer Herkunft, das gotische „Problem" zu lösen. Allerdings war es Stilicho dazu nicht gestattet, die gotischen Krieger vernichtend zu schlagen, da der Kaiser sie weiterhin als Verbündete im Bürgerkrieg um die römische Vorherrschaft einsetzen wollte. Der Plan ging auf: Nach Abschluss eines neuen Vertrages kämpften die Goten unter Alarich wieder für den Kaiser.

Dies änderte sich jedoch bald wieder: Nach dem Tod des Theodosius 395 durchstreiften und plünderten Alarichs Goten die Balkanprovinzen. Alarich selbst stieg zum König der Goten auf und strebte zugleich ein hohes militärisches römisches Amt an, welches ihm aber verweigert wurde.

Das Königtum Alarichs zeigt einen Wandel an, den die Goten nach der Überquerung der Donau vollzogen haben: Zuvor hatten die Terwingen in ihren dörflichen Gemeinschaften als Bauern keinen König für die gesamte *gens* benötigt. Auch ihre Kampfweise änderte sich – nun gingen die Terwingen, die traditionell Fußsoldaten waren, auch als Panzerreiter mit Lanzen in die Schlacht.

Als Alarichs Goten nach Italien ziehen wollten, gelang es Stilicho, sie zu besiegen, ohne ihren Verband aufzulösen – auch Stilicho wollte die Goten für seine eigene Politik einsetzen. So plante er, Alarich gegen die Vandalen zu schicken, die 406/407 in Gallien eingefallen waren. Doch bevor es dazu kam, wurde Stilicho gestürzt und hingerichtet. In der Folge schlossen sich viele barbarische Kämpfer Alarich an, dessen Heer sich bald zur größten militärischen Macht vor den Toren Italiens entwickelte.

Die Goten plündern Rom

Als wiederholt Verhandlungen zwischen Alarich und Kaiser Honorius scheiterten, marschierte Ersterer 408 in Italien ein und bedrohte Rom direkt. Da man zu keiner Einigung kam, ließ Alarich die Stadt ab dem 24. August 410 für drei Tage von seinen Truppen plündern.

M 2 *Theodosius I. (der Große)*
Römischer Kaiser (379–95), römische Münze, um 379/395.

Die Eroberung Roms durch die Barbaren löste ein großes Entsetzen aus. Die Politik des Kaisers ändert sich indes nicht, und auch Alarich gelang es nach der Plünderung Roms weder die schlechte Ernährungslage seiner Westgoten zu beheben, noch sich in Italien anzusiedeln. Das Vorhaben, ins kornreiche Afrika zu ziehen, scheiterte, als Alarich noch im Jahr 410 in Süditalien starb.

Die Ansiedlung der Westgoten in Gallien und Spanien: Das Tolosanische Reich

Auch gegenüber dem Nachfolger Alarichs, seinem Schwager Athaulf, änderte Kaiser Honorius seine Politik nicht. Die Westgoten setzten ihre Plünderungen in Italien fort, bis sie schließlich um 412 nach Gallien gelangten. Gallien befand sich aufgrund innerer Machtkämpfe sowie wiederkehrender Überfälle durch Vandalen, Alanen und Sueben seit 406/407 in einer schwierigen Situation. Obwohl auch die Westgoten als Plünderer kamen, unternahm Athaulf Schritte zu einer bleibenden Ansiedlung. Ein Zeichen dafür war seine Hochzeit mit Galla Placidia, einer Schwester des Kaisers Honorius. Als Athaulf jedoch ermordet wurde, zogen die Westgoten weiter nach Spanien. Ihr Versuch, über die Meerenge von Gibraltar nach Afrika überzusetzen, scheiterte. Schließlich zwang sie der Hunger, einen Vertrag mit Constantius, einem General des Kaisers Honorius, abzuschließen: Die Westgoten lieferten Placidia aus, die daraufhin Constantius heiraten musste. Im Gegenzug erhielten sie umfangreiche Getreidelieferungen und den Auftrag, die in Spanien eingefallenen Vandalen, Alanen und Sueben zu bekämpfen.

Nachdem die barbarischen Westgoten im Auftrag des römischen Imperiums erfolgreich die barbarischen Vandalen, Alanen und Sueben bekämpft hatten, erhielten sie im Herbst 418 die Erlaubnis, sich im Südwesten Galliens anzusiedeln. Nach vierzig Jahren hatten die Westgoten damit ihre Wanderung beendet: Es entstand das westgotische „Tolosanische Reich" mit Residenz in Toulouse.

Die Herrschaft der Goten schloss Lücken, die die weströmische Regierung von Italien aus nicht mehr füllen konnte. So war es im Zuge der Patroziniumsbewegung dazu gekommen, dass sich die Landbevölkerung in eine weitreichende Abhängigkeit von einem Patron begab, der zum einen die Landbewohner vor umherziehenden Räuberbanden (den Bagauden) und zum anderen vor den Repräsentanten der römischen Regierung, die hohe Steuern eintreiben oder Rekruten einziehen wollten, schützte. Die weströmische Regierung bekam immer weniger Zugriff auf ihre Untertanen in Gallien, da sich die Patronen offen gegen sie stellten. Gegen die Bagauden gingen sowohl die Goten als auch die Römer vor.

Grundsätzlich tasteten die Goten das bestehende Gesellschaftsmodell nicht an. Sie griffen weder die bestehende römische Provinzialverwaltung noch das römische Steuer- und Währungssystem an. Ihre Anwesenheit wirkte herrschaftsstabilisierend und erhielt die vorhandene römische senatorische Führungsschicht. Trotz aller Kontinuität der römischen Ordnung besaß indes der Gotenkönig die politische Macht und seine gotischen Beauftragten beaufsichtigten die römische Verwaltung.

Zeittafel zur Geschichte der Westgoten

382	Foedus zwischen den Goten und Kaiser Theodosius
395	Nach dem Tod des Theodosius Teilung des Reiches auf seine Söhne Honorius (Westen) und Arcadius (Osten)
395–408	Herrschaft über Westrom durch den Heermeister Stilicho, einem Vandalen
395/96	Der Balkan wird von den Westgoten unter Alarich verwüstet.
ab 400	Ravenna wird zur Hauptstadt des Weströmischen Reiches.
408	Die Goten unter Alarich marschieren in Italien ein.
410	Rom wird von den Westgoten erobert, Alarich stirbt wenig später.
414	Die 410 entführte Halbschwester von Kaiser Honorius, Galla Placidia, wird mit Athaulf verheiratet.
418	Die Westgoten werden als Föderaten im südwestlichen Gallien angesiedelt.
418–507	Westgotisches Tolosanische Reich oder Reich von Toulouse.

Wanderung, Ansiedlung und Rechtsstatus der Goten im Römischen Reich

M 3 Die Eroberung Roms durch Alarichs Goten

Der spanische Priester Orosius (um 380/85 bis nach 417) schreibt in seiner Weltgeschichte „Historiae adversum paganos":

Da erscheint Alarich und belagert, beunruhigt und erobert das zitternde Rom, nachdem er zuvor jedoch den Befehl gegeben hatte, dass, falls sich einige in die heiligen Stätten und besonders in die Kirchen der
5 heiligen Apostel Peter und Paul flüchteten, man diese vor allen anderen unversehrt und sicher sein lasse, ferner dass man sich, soweit möglich, beim Beutemachen vom Blutvergießen zurückhalten solle. Damit jener Einfall in die Stadt sich eher als ein Ereignis des
10 Unwillens Gottes denn der Stärke des Feindes erwies, geschah es auch, dass der selige Innozenz, der Bischof der Stadt Rom, ganz wie der gerechte Loth (einst) aus Sodom entwichen war, dank der verborge-

nen Vorsehung Gottes damals in Ravenna weilte und
15 die Zerstörung des sündigen Volkes daher nicht ansehen (musste). Während die Barbaren durch die Stadt rannten, fand ein Gote, und zwar ein mächtiger und ein Christ, zufällig in einem Kirchengebäude eine gottgeweihte Jungfrau in bereits fortgeschrittenem
20 Alter, und als er von ihr mit Anstand Gold und Silber verlangte, versprach sie in gläubiger Standhaftigkeit, dass sie sehr viel bei sich habe und es gleich holen werde, und sie brachte es herbei, und als sie es ausbreitete und merkte, dass der Barbar von der Größe,
25 dem Gewicht und der Schönheit ganz benommen war und auch die Eigenschaft der Gefäße nicht kannte, sagte die Jungfrau Christi zu dem Barbaren: „Das sind die heiligen Geräte des Apostels Petrus. Nimm sie an dich, falls du das wagst; du wirst schon sehen,
30 was aus der Tat (folgt). Weil ich sie nicht verteidigen kann, wage ich nicht, sie festzuhalten." Der Barbar aber ließ das, aus Gottesfurcht und durch den Glauben der Jungfrau zur Achtung der Religion bewegt,

M 4 *Alarich vor Rom*
Sammelbildchen der Compagnie Liebig's Fleisch-Extract, Farblithografie, um 1900

Wanderung, Ansiedlung und Rechtsstatus der Goten im Römischen Reich

durch einen Boten dem Alarich melden, der sogleich
35 befahl, alle Gefäße, so wie sie waren, zur Kirche des
Apostels zurückzubringen, und auch die Jungfrau
selbst und mit ihr alle Christen, die sich ihr anschlössen, unter Schutz dorthin zu geleiten. Dieses Haus
war von den heiligen Stätten weit, wie man sagt, entfernt und lag am anderen Ende der Stadt. So wurden
40 in einem großen Schauspiel allen sichtbar die Gold-
und Silbergefäße öffentlich herbeigetragen, indem
man sie einzeln auf die einzelnen verteilte, die sie
über ihren Kopf erhoben; auf allen Seiten zog man
45 die Schwerter zur Verteidigung und schützte so den
heiligen Umzug. Römer und Barbaren stimmten gemeinsam in den Gesang einer Hymne zu Ehren Gottes ein und sangen sie öffentlich; weit und breit erschallt beim Untergang der Stadt die Posaune des
50 Heils und lud alle, die sich in noch so entlegenen
Winkeln versteckt hielten, ein und riss sie mit; von
allen Seiten häuften sich die Gefäße Christi zu den
Gefäßen Petri an, auch viele Heiden mischten sich,
wenngleich dem (vorgetäuschten) Bekenntnis, nicht
55 dem Glauben nach, unter die Christen und entkamen
dadurch zumindest für den Augenblick, auf dass sie
noch mehr in Verwirrung gerieten; je zahlreicher
flüchtende Römer sich anschlössen, desto heftiger
wurden die barbarischen Verteidiger umdrängt. O
60 heilige und unaussprechliche göttliche Urteilskraft!
O heiliger und heilbringender Strom, der in einem
kleinen Haus entstand und, während er in einem seligen Bett zu den Stätten der Heiligen strebte, die umherirrenden und gefährdeten Seelen in frommer
65 Raublust in die (sichere) Bucht des Heils brachte. O
welch hochherrliche Posaune des christlichen Kriegswesens, die mit lieblichstem Rhythmus alle insgesamt zum Leben einlud, welche die Ungehorsamen
(jedoch) nicht zum Heil erhob und die Unentschuld-
70 baren dem Tod überließ. Dieses (wunderbare) Geheimnis, das beim Transport der Gefäße, beim Abgesang der Hymnen und beim Geleit des Volkes
herrschte, halte ich für ein großes Sieb, durch das aus
der Ansammlung des römischen Volkes wie aus einer
75 großen Menge Getreide durch alle Öffnungen der
Verstecke aus dem ganzen Stadtbereich die lebendigen Körner, teils durch die Gelegenheit, teils durch
die Wahrheit veranlasst, herausströmten; alle aber,
die aus dem gegenwärtigen Heil heraus glaubten,
80 wurden aufgenommen von dem großen Speicher
göttlicher Vorsorge, die übrigen aber blieben, selbst
durch ihren Unglauben oder ihren Ungehorsam ver-

verurteilt, wie Abfall und Spreu zur Vernichtung und
Verbrennung zurück. Wer vermag das in vollen Wun-
85 dergeschichten abzuwägen, wer es in würdigen Lobgesängen zu verkünden?

Am dritten Tag, nachdem die Barbaren in die Stadt
eingedrungen waren, zogen sie freiwillig ab, setzten
90 vorher zwar noch etliche Häuser in Brand, doch
nicht einmal so viel, wie es der Unglücksfall im
700. Jahr ihrer Gründung bewirkt hatte [falsches Datum von Orosius, gemeint ist der Brand zur Zeit Neros]. Denn wenn ich die zum eigenen Schauspiel ver-
95 ursachte Brandstiftung Kaiser Neros überdenke, so
kommt zweifellos in keinem Vergleich dem (Brand),
den der Mutwille des Herrschers erzeugt hatte, derjenige gleich, den jetzt der Zorn des Siegers entfachte.
Noch muss ich mich in einem solchen Vergleich der
100 Gallier erinnern, die beinahe ein ganzes Jahr lang die
abgenutzten Trümmer der eingeäscherten und zerstörten Stadt besetzt hielten. Und damit nicht etwa
irgendjemand zweifelt, dass den Feinden das zur
Züchtigung der hochmütigen, zügellosen und gottes-
105 lästerlichen Stadtgemeinde erlaubt wurde, wurden
zur gleichen Zeit hochberühmte Stätten der Stadt, die
von den Feinden nicht in Brand gesetzt werden konnten, durch Blitzschlag zerstört.

Orosius, zit. nach: Hans-Werner Goetz, Steffen Patzold, Karl-Wilhelm Welwei (Hg./Übers.), Die Germanen in der Völkerwanderungszeit, Zweiter Teil. Auszüge aus den antiken Quellen über die Germanen von der Mitte des 3. Jahrhunderts bis zum Jahre 453 n. Chr., Darmstadt: WBG 2013 (2. Aufl.), S. 313, 315, 317.

 5   Das Foedus 418

Über den Vertrag zwischen Goten und Römern schreibt der Historiker Gerd Kampers (2008):

Der in dem 418 vereinbarten und durch gegenseitige
Geiselstellung abgesicherten Vertrag vorgesehene Teil
Galliens wurde den Wisigoten ausdrücklich zur Ansiedlung – die zeitgenössischen Quellen benutzen da-
5 für die Begriffe „ad inhabitandum" und „sedes" – und
zur landwirtschaftlichen Nutzung zugewiesen. Außer
den *agri deserti*, d. h. den infolge der durch die Invasions- und Bürgerkriegswirren eingetretenen Bevölkerungsverluste durch Tod, Gefangennahme und Land-
10 flucht nicht mehr bebauten Ackerflächen, wurden den
Goten auch an den Fiskus gefallen Güter (*caduca*),
kaiserlicher Ländereien (*res privatae*) und auch Besit-

zungen der Senatorenaristokratie und der kleineren Grundeigentümer (*possessores*) übertragen.

15 Eine einigermaßen friedliche Durchführung der Ansiedlungsmaßnahmen war nur in Abstimmung mit der provinzialrömischen Bevölkerung möglich, die aus den betroffenen Gebieten nicht vertrieben wurde. Mit aller Wahrscheinlichkeit wurde die Ansiedlungs-
20 frage auch auf dem durch ein kaiserliches Gesetz vom April 418 wiederhergestellten Landtag (*concilium*) der Diözese *Septem Provinciae* [= Gebiet in Südwest-Frankreich] beraten. Dazu waren aus den für die lokale Administration zuständigen *civitates* [=
25 Bürger] noch im gleichen Jahr Vertreter der Großgrundbesitzer (*honorati*) und der freien grundbesitzenden Mittelschicht (*possessores*), die weitgehend mit den städtischen Amtsträgern und Ratsherren (*decuriones*) identisch waren, entsandt worden.
30 Trotz der kontroversen Debatte über die Ansiedlungsmodalitäten der germanischen *gentes* auf dem Boden des Imperiums darf man feststellen, dass den Wisigoten tatsächlich Ländereien zugeteilt wurden und nicht nur lediglich die von diesen zu leistenden
35 steuerlichen Abgaben.

Da der größere Teil des Landes sich im Besitz des senatorischen Adels befand, waren die Angehörigen dieser Gesellschaftsschicht von der Landteilung wohl
40 auch am stärksten betroffen. Allerdings lagen wegen des Arbeitskräftemangels beträchtliche Teile ihrer Besitzungen brach. Zudem war für das an die gotischen Siedler abgetretene Land keine Grundsteuer zu entrichten, so dass die senatorischen Großgrundbe-
45 sitzer der erlittene Verlust nicht allzu sehr schmerzen mochte, zumal sie in der Regel über weitere, nicht in den von der gotischen Ansiedlung betroffenen Provinzen gelegene Ländereien verfügten. Die Lösung des Gotenproblems war zum Nulltarif nicht zu erhal-
50 ten. Die Ansiedlung der Wisigoten eröffnete wenigstens die Aussicht auf eine Stabilisierung der sozialen Verhältnisse, an der sowohl die alten römischen wie die neuen gotischen Landbesitzer ein gemeinsames Interesse haben mussten, die zur Bearbeitung ihrer
55 Ländereien auf die Arbeitskraft der *coloni* und Sklaven angewiesen waren. So konnte man angesichts der Verpflichtung der Foederaten zu militärischer Unterstützung des Imperiums auf eine Normalisierung der Verhältnisse und eine allmähliche Überwin-
60 dung der seit 406/07 andauernden Krise in Gallien und vielleicht gar im weiteren Bereich des Westreiches hoffen.

Der König und sein Hof nahmen Residenz in Tou-
65 louse, wo auch Teile der gotischen Streitmacht stationiert gewesen sein dürften. Ob dem König bereits durch das Foedus von 418/19 das Fiskalland in den zugewiesenen Gebieten zufiel, ist nicht überliefert. Die Angehörigen der Führungsoligarchie der *reikeis*
70 [adlige Anführer, Herrscher], die für die Unterbringung und den Unterhalt ihrer bis zu einigen hundert Männern zählenden Gefolgschaften und deren Familien und ihrer Sklaven erheblichen Finanz- und Landbedarf hatten, dürften zu Besitzern von *villae rusticae*
75 geworden sein, die Angehörigen der freien Kriegerschicht sich mit ihren Familien und dem dazugehörigen Gesinde in dörflichen Siedlungen über das Land verstreut niedergelassen haben.

Gerd Kampers, Geschichte der Westgoten, Paderborn/München/Wien/Zürich: Schöningh 2008, S. 122 ff.

. . . .

1. ●○○ Beschreiben Sie die Ethnogenese der Goten und die Entstehung des Tolosanischen Reiches.
→ Text

2. a) ●○○ Fassen Sie die Schilderung Orosius von der Eroberung Roms 410 zusammen.
b) ●●○ Setzen Sie sich besonders mit seiner christlichen Deutung der Ereignisse auseinander.
→ M3

3. a) ●●○ Analysieren Sie das Sammelbildchen zu Alarichs Zug vor Rom. Arbeiten Sie besonders das dargestellte Römer- und Gotenbild heraus und skizzieren Sie die Atmosphäre der Szene.
b) ●●○ Erläutern Sie die Intention des Zeichners des Sammelbildchens.
c) ●●● Vergleichen Sie die Goten- und Römerbilder in der Werbung und in der Quelle.
→ M3, M4

4. ●●○ Skizzieren Sie die Ansiedlung der Goten in Gallien und die sich daraus ergebenden religiösen, wirtschaftlichen, sozialen, rechtlichen und politischen Folgen. Nutzen Sie dazu die entweder die Methode der Mind-Map, Concept-Map oder Struktur-Lege-Technik.
→ M5

6. Das Ende des Weströmischen Reiches und die Entstehung von germanischen Reichen

Das Ende des Weströmischen Reiches wird mit der Absetzung des jugendlichen Kaisers Romulus durch den weströmischen Offizier germanischer Herkunft Odoaker auf das Jahr 476 terminiert. Odoaker griff dabei aber nicht nach der Kaiserkrone, vielmehr ließ er sich zum König von Italien küren. Fortan regierten keine Kaiser mehr im Weströmischen Reich.

Betrachtet man eine Karte des Jahres 476, so erkennt man auf dem Gebiet des Weströmischen Reiches mehrere barbarische Reiche. Ihre Entstehung begann mit dem Jahreswechsel 406/407, an dem Vandalen, Alanen und Sueben den Rhein überquerten. Die Invasion stieß auf wenig Gegenwehr, da der römische Heermeister die Truppen von der Grenze abgezogen hatte, um in Italien gegen die Goten vorzugehen. Die barbarischen Völker hielten sich zunächst in Nordgallien auf, zogen 409 aber weiter nach Südgallien und noch im selben Jahr nach Spanien, wo die Vandalen, Alanen und Sueben für die folgenden Jahre blieben.

In Südfrankreich schufen die Westgoten das Tolosanische Reich. Östlich des Reiches der Westgoten finden sich 476 die Reiche der Alemannen, Burgunden und Franken.

Die Bedrohung durch die Hunnen

Als größte militärische Bedrohung der Zeit galten nicht die barbarischen Verbände, die den Rhein überschritten oder von Italien nach Gallien wanderten, sondern die Hunnen, welche unter der Führung Attilas zunächst den östlichen Reichsteil in Angst und Schrecken versetzten und dann Richtung Gallien zogen. Attila ritt mit seinen unbesiegbar scheinenden Truppen, zu denen nicht nur Hunnen, sondern auch andere Barbaren gehörten, donauaufwärts, durchquerte Süddeutschland und setzte über den Rhein. Dem weströmische Heerführer Aëtius gelang es, eine Koalition aus Römern, Westgoten, Alanen, Franken und Burgunden gegen Attila ins Feld zu führen. 451 kam es zur entscheidenden Schlacht auf den Katalaunischen Feldern, aus der die Koalition des Aëtius als Sieger hervorging, obgleich Attila und seine Hunnen nicht vernichtet wurden – die heterogen zusammengesetzte Kriegerkoalition der Hunnen zerbrach erst nach dem Tod Attilas 453.

Der Heermeister Aëtius, Garant für eine relative Stabilität in Gallien und damit für das Weströmische Reich, überlebte Attila nur um ein Jahr: 454 wurde er während einer Audienz eigenhändig von Kaiser Valentinian III. ermordet, da er diesem zu mächtig geworden war. Wenige Monate später wurde auch Valentinian ermordet. Es folgte ein rascher Wechsel von Kaisern, der mit der Absetzung des Romulus im Jahr 476 endete.

M 1   *Attila (um 406 – 453), König der Hunnen*
Medaille mit dem Porträt Attilas aus dem Besitz Rudolfs II., Anfang 17. Jahrhundert

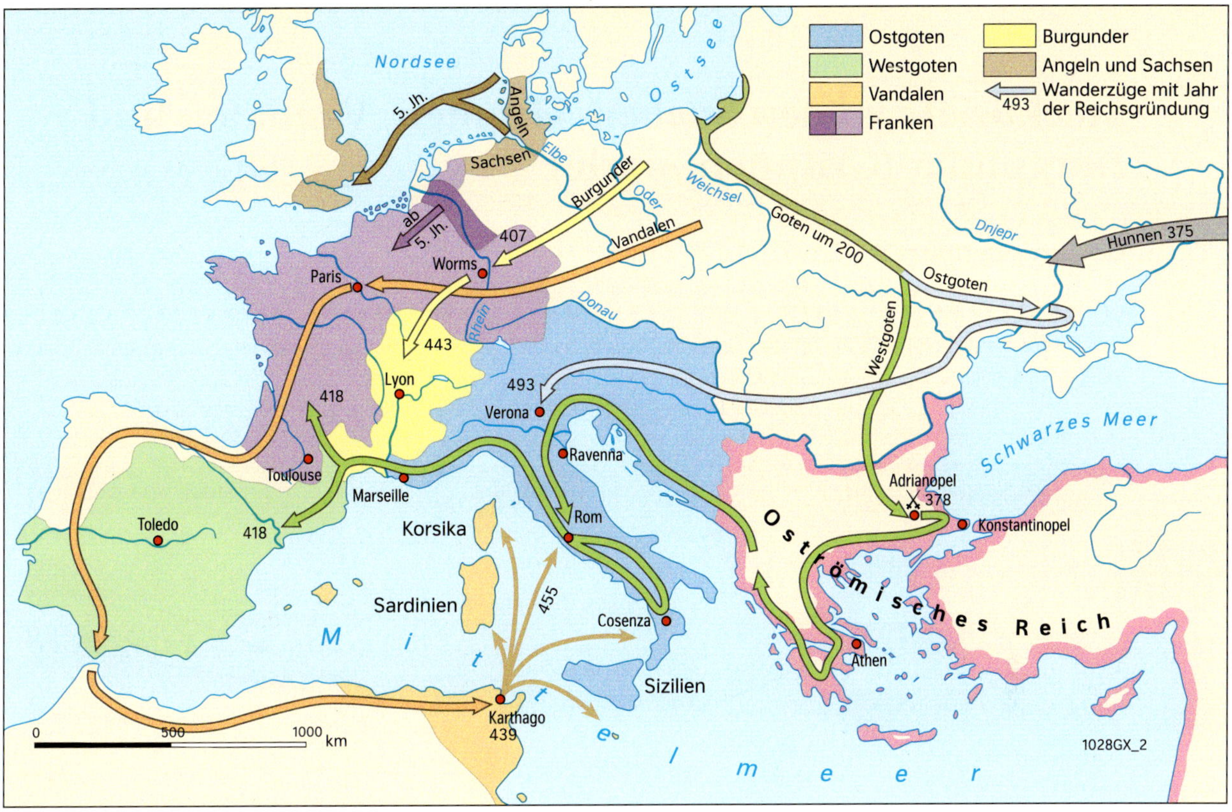

Die „Völkerwanderung"

Zeittafel zur Geschichte der Sueben (Alemannen), Hunnen, Vandalen, Burgunder

407	Vandalen, Sueben und Alanen überschreiten den Rhein und stoßen nach Gallien vor.
409	Vandalen, Sueben und Alanen dringen in Spanien ein.
413–436	Wormser Burgunderreich
416	Alanen werden von den Westgoten aufgerieben.
428–477	Herrschaft des Vandalenkönigs Geiserich
429	Die Vandalen setzen von Spanien nach Afrika über.
435	Foedus der Vandalen mit dem römischen Westreich
439	Die Vandalen erobern Karthago
443–534	Reich der Burgunder an der Rhône, Ende des Burgunderreichs durch einen Sieg der Franken
451	Einfall der Hunnen unter Attila in Gallien, Schlacht bei den Katalaunischen Feldern
452	Hunnen fallen in Italien ein.
453	Tod Attilas
454	Niederlage der Hunnen am Nedao; Zerfall des Hunnenreichs
454/5	Zeit der größten Expansion der Alemannen am Oberrhein
455	Die Vandalen plündern Rom.
456	Westgoten schlagen die Sueben in Spanien vernichtend.
496/7	Die Alemannen werden von den Franken unter Chlodwig besiegt, es folgen weitere Niederlagen der Alemannen gegen die Franken.
533/34	Der römische Feldherr Belisar zerschlägt im Auftrag Kaiser Justinians das Vandalenreich und erobert Afrika.
537	Alle Alemannen befinden sich unter fränkischer Herrschaft.

Steckbriefe zu den Sueben, Hunnen, Vandalen und Burgunder (Gruppenpuzzle)

Das Gruppenpuzzle

Das Gruppenpuzzle ist eine besondere Form der Gruppenarbeit. Es eignet sich, um komplexe Sachverhalte arbeitsteilig zu bearbeiten:

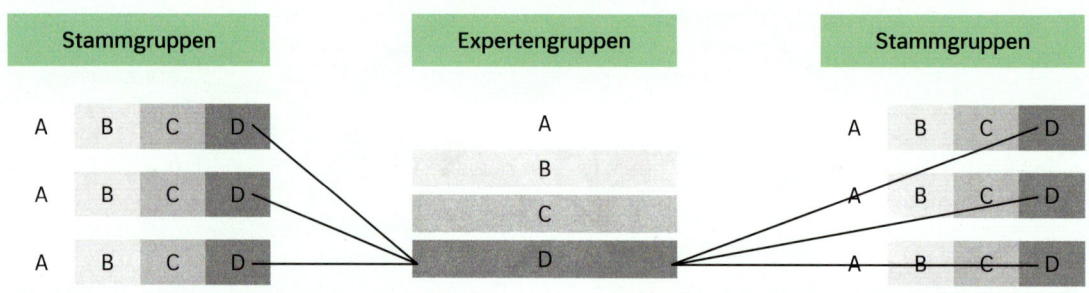

1. Phase

Nach einer Einführung im Plenum wird die Lerngruppe in Stammgruppen eingeteilt. Anzahl: drei bis maximal fünf Teilthemen und Gruppenmitglieder. In den Stammgruppen einigen sich die Mitglieder, wer welches Teilthema bearbeitet (A, B, C oder D). Ab jetzt finden die Arbeiten unter deutlicher Zeitvorgabe statt.

2. Phase

Erarbeitung/Aneignung: Alle Lernenden treffen sich in Expertengruppen (A, B, C oder D), die sich durch die Bearbeitung der gleichen Teilthemen ergeben.

Schritt 1: Jeder erarbeitet sein Teilthema mithilfe des Materials in Einzelarbeit (Zeitvorgabe).
Schritt 2: Die Experten tauschen sich darüber aus, was und wie sie im Anschluss in der Stammgruppe ihr erworbenes Wissen weitergeben wollen (Zeitvorgabe).

3. Phase

Vermittlung/Vertiefung: Rückkehr in die Stammgruppe. Jeder Experte trägt nun sein Spezialwissen den anderen vor (Zeitvorgabe). Evtl. Zuweisung von Funktionen wie Experten, Zeitwächtern, Protokollanten.
Eine abschließende Sicherung, Kontrolle und Auswertung findet wiederum im Plenum statt.

Aufgabenapparat zum Gruppenpuzzle

1. Expertengruppe (Erarbeitung/Aneignung)
  a) Fassen Sie die zentralen Aussagen über ihre *Gens* zusammen.
  b) Recherchieren Sie und stellen Sie weitere Informationen zusammen.
  c) Erläutern Sie, warum es zu keiner langfristigen Bildung eines Reiches kam.

2. Stammgruppe (Vermittlung/Vertiefung)
  a) Stellen Sie gegenseitig Ihre Ergebnisse vor und konzipieren Sie dazu ein Schaubild, zum Beispiel auf einem Plakat.
  b) Diskutieren Sie, warum die Reiche der Sueben, Hunnen, Vandalen und Burgunden bereits nach kurzer Zeit wieder untergingen.

M 3 Der Historiker Herwig Wolfram stellt in kurzen Artikeln verschiedene Völker vor

a) Wer waren die Sueben?

Als das suebisch dominierte Heer Ariovists um 70 v. Chr. den Rhein überschritt und bis zur gallischen Saône vorstieß, wurden die Sueben zeitgleich mit dem Germannennamen der antiken Welt bekannt.
5 Ein Suebe war „einer, der zu einem Verband eigenen Rechts gehört, der ein Echter ist" (Wolfgang Haubrichs). Suebisch stand aber auch für ein offenes, multigentiles, Angehörige verschiedener Völker anziehendes und aufnehmendes System, das starke ex-
10 pansive Kraft entwickelte. Alle Welt wollte den Suebenknoten tragen. So vermitteln die römischen Quellen bis um Christi Geburt den Eindruck, als ob die Sueben fast die gesamte Germania magna zwischen Rhein und Elbe bevölkerten oder beherrsch-
15 ten. Dagegen wirkte die römische Politik so erfolgreich, dass die Sueben um 100 n. Chr. zwar immer noch eine große Völkergruppe bildeten, sich aber bis über die Elbe und den Herkynischen (Böhmer) Wald nach Osten zurückgezogen hatten. Davon un-
20 terschied sich die Situation an der Donau, wo die Römer weiterhin mit suebischen Völkern, wie den Markomannen und Quaden, in unmittelbarer Nähe der Reichsgrenze rechnen mussten. Als Markomannen und Quaden um 400 die Donau überschritten
25 und sich vornehmlich im römischen Pannonien niederließen, gaben sie ihre Sondernamen auf und wurden „wieder" zu Sueben. Dagegen trat um die Mitte des 3. Jahrhunderts im alten suebischen Siedlungsgebiet entlang des oberrätisch-obergermanischen
30 Limes ein neuer Name auf, nämlich der der Alemannen. Eine Quelle des 6. Jahrhunderts bezeichnete sie aufgrund ihres Namens als ein „zusammengewürfeltes Mischvolk". Moderne Linguisten haben auch die Etymologie „Alle Menschen" erwogen. Diese
35 Theorien berücksichtigen nicht die besser begründete philologische Einsicht, wonach der Alemanne etymologisch kein „Mischling", sondern ein „echter, ein Vollmensch" ist (Wolfgang Haubrichs). Diese Deutung liefe gerade auf das Gegenteil der beliebten
40 und eingeführten Erklärung hinaus und würde ziemlich das gleiche wie der alte Sueben-Name bedeuten. Von etwa 250 bis 500 beherrschten die Alemannen das Land rechts und bald auch links des Oberrheins, bis im 6. Jahrhundert die Sueben hier
45 „wieder" auftauchten und den Alemannen gleichgesetzt wurden. Damit begann eine allmähliche Ablösung des Alemannen-Namens, der im Hochmittelalter gänzlich verschwand und erst in der Romantik literarisch wiederentdeckt wurde, um heute noch

50 der vermeintlich „uralten" badischen Identität einen beliebten Ausdruck zu verleihen.

Herwig Wolfram, Die 101 wichtigsten Fragen: Germanen, München: Beck 2008, S. 97.

b) Wie wurden die Hunnen besiegt?

Erst nach der Westverlagerung ihres Herrschaftsmittelpunkts gelang den Hunnen im ersten Drittel des 5. Jahrhunderts eine relativ stabile Reichsbildung an der mittleren Donau. Pannonien, das Alföld zwischen
5 Donau und Theiß und der heute siebenbürgische Raum bildeten das Kernland, „wo die Hunnen mit verschiedenen anderen Völkern wohnten, die sie unterworfen hatten". Als Anführer dieser Kriegergemeinschaft wirkten die Attila-Onkel Oktar und
10 Ru(g)a, der seinen Bruder beerbte. Während Rugas Alleinherrschaft hielt sich der zeitweilig entmachtete weströmische Reichsfeldherr Aëtius als Flüchtling bei den Hunnen auf. Ruga war der erste Hunnenkönig, der vom oströmischen Kaiser jährliche Zahlun-
15 gen vertraglich zugesichert erhielt und von der Reichsregierung die Auslieferung hunnischer Überläufer verlangte. Als knapp vor 435 auch Ruga starb, folgten ihm die Brüder Bleda und Attila als Hunnenherrscher nach. Das nächste Jahrzehnt dürfte Bleda
20 als der Ältere die hunnische Politik weitgehend bestimmt haben, weil er auch für ihre Misserfolge geradestehen musste. So kam Attila 444/45 durch Brudermord zur Alleinherrschaft und machte die hunnische Militärmaschine zu einer ernsten Bedrohung der bei-
25 den Römerreiche und des Perserreiches. Die Jahre bis zu Attilas Tod 453 genügten jedoch nicht, um aus der hunnisch-skythischen Alternative zur antiken Welt eine eigene dauerhafte Staatlichkeit zu entwickeln.
Im Jahre 451 kam es zur abgebrochenen und daher
30 für die Hunnen verlorenen Schlacht auf den Katalaunischen Feldern – ein Misserfolg, der sich im nächsten Jahr 452 dramatisch wiederholen sollte. Attila griff Norditalien an, konnte neben anderen wichtigen Städten sogar Mailand erobern, aber eine Krankheit
35 „vom Himmel" schlug das Reiterheer und zwang zu raschem Rückzug. Angeblich hatte diesen das persönliche Auftreten Leos des Großen bewirkt, der den Hunnenkönig vom Marsch auf Rom im persönlichen Gespräch abgehalten haben soll. Tatsächlich dürfte
40 der Papst sich sehr beeilt haben, um Attila noch in Norditalien zu treffen. Die Katastrophen der beiden letzten Jahre übertraf 453 noch der „süße" Tod Attilas, der die letzte seiner vielen Hochzeitsnächte nicht überlebte. Der Untergang des Hunnenreichs war damit
45 besiegelt. Eher 454 als 455 fand am Nedao, wahrscheinlich einem Seitenfluss der südpannonischen Save, die letzte einer Reihe von Schlachten statt, in

Steckbriefe zu den Sueben, Hunnen, Vandalen und Burgunder (Gruppenpuzzle)

M 4   *Überfall der Hunnen – Eine Illustration von 2016*

denen die Hunnen und ihre gotisch-germanischen Verbündeten schwer geschlagen wurden. Letztere
50 schüttelten darauf das hunnische Joch ab und nützten ihre „Freiheit" zur endgültigen Umgestaltung der römischen Welt.

Herwig Wolfram, Die 101 wichtigsten Fragen: Germanen, München: Beck 2008, S. 101.

c) Waren die Vandalen Vandalen?

Selbstverständlich waren die Vandalen keine Vandalen, die öffentliche Einrichtungen zertrümmerten. Erst das späte 18. Jahrhundert hat den Begriff „Vandalismus" als Bezeichnung für sinnlose Zerstörungs-
5 wut geprägt. Im 1. nachchristlichen Jahrhundert wird der Vandalen-Name der Antike bekannt. In seiner Form Vandili(i) bildete der Name den Oberbegriff für einen auf mehreren Völkern bestehenden Verband, darunter Burgunder, Gutonen/Goten und möglicher-
10 weise auch elbgermanische Langobarden. [...]
Sowohl die gotische wie die langobardische Herkunftsgeschichte beginnt mit einem Sieg über die Vandalen. Möglicherweise spiegelt diese Überlieferung einen unbestimmt langen Prozess, in dessen
15 Verlauf sich um die Mitte des 2. nachchristlichen

Jahrhunderts die Gutonen an der unteren Weichsel wie wohl auch die Langobarden an der unteren Elbe vom vandalischen Völkerbund lösten. Im 3. Jahrhundert schlossen sich vandalische Gruppen dem Go-
20 tensturm auf das Römerreich an. Im 4. Jahrhundert werden die Hasdingen und die Silingen als vandalische Hauptvölker deutlicher erkennbar. Während letztere im heutigen Schlesien, dem sie ihren Namen gaben, siedelten, ließen sich die Hasdingen als östli-
25 che Nachbarn der Quaden an der oberen Theiß nieder. Beide Vandalenvölker standen unter Königen, die sich knapp vor 400 an die Spitze einer großräumigen Völker-Koalition stellten, die zum Aufbruch nach Westen bereit war. In der Silvesternacht 406 setzten
30 Vandalen, Alanen und Sueben mit ihren Verbündeten - wohl zwischen Mainz und Worms - über den Rhein. Mehr als zweieinhalb Jahre verwüsteten die Barbaren Gallien. Im Herbst 409 überschritten Vandalen, Alanen und Sueben die Pyrenäen, und «in den gleichen
35 Flammen, in denen die Gallier gebrannt hatten, begannen nun die Spanier zu brennen». Das Land blieb sich selbst überlassen, so dass es die Einheimischen waren, die mit den Fremden 412/13 deren getrennte Niederlassung aushandelten und damit eine relative
40 Befriedung der Feinde erreichten. Ihre Zahl verrin-

gerte 416 eine im Namen des Kaisers durchgeführte Invasion der südgallischen Westgoten, die jedoch den Zusammenschluss der restlichen Vandalen und Alanen – die Sueben blieben in Nordwestspanien für
45 sich – zu einem Großvolk bewirkte. Dieses verlagerte seinen Schwerpunkt an die südspanische Mittelmeerküste, wo sich die Vandalen in der Seefahrt zu üben begannen. Im Jahre 429 führte der König Geiserich (428 – 477) seine Völker in achtzig Tausendschaften
50 nach Afrika.

Geiserich war „von mittelgroßer Gestalt und hinkte wegen eines Sturzes vom Pferd; er war von geistiger Tiefe, wortkarg, verachtete den Luxus, war jähzornig, habgierig, außerordentlich erfinderisch und vor-
55 ausblickend, um die Völker gegeneinander aufzuwiegeln, bereit, Zwietracht zu säen und Hass zu verbreiten". So sahen ihn die Goten. Für die Griechen war er ein hervorragender Krieger und galt als ungewöhnlich erfolgreicher, vom Glück begünstigter
60 Heerführer, der sehr bald mit Theoderich dem Großen verglichen wurde. Geiserich, der Sohn des 406 beim Rheinübergang gefallenen Hasdingenkönigs und einer Unfreien, vielleicht sogar einer römischen Sklavin, war fast fünfzig Jahre lang ein „König der
65 Vandalen und Alanen". Er war ein ebenso guter Organisator wie geschickter Diplomat, kurz, ein Herrscher, der – vor allem nach der Eroberung Karthagos (439) – in einem kornreichen, nach allen Seiten geschützten Land ein Königreich errichtet hatte, das es
70 ihm erlaubte, mit der ganzen Welt, mit Ravenna und Konstantinopel, mit Goten und Hunnen von gleich zu gleich zu verkehren. [...] Die Zeit der weiten Distanzen meisternden Flottenunternehmungen, wie 455 die Einnahme von Rom, waren mit dem Tod Gei-
75 serichs vorbei, vorbei war aber auch die Unterstützung der Berber, die häufig den Großteil der Landungstruppen gestellt hatten und nun zu Feinden der Vandalen wurden.

Geiserich hatte mit Ostrom im Jahre 474 ein „ewiges
80 Bündnis", zwei Jahre später auch mit dem weströmischen Reich ein Abkommen geschlossen. Als der Vandalenkönig am 24. Januar 477 starb, hatte er den Untergang Westroms nur wenige Monate überlebt; sein eigenes Königreich schien hingegen für ewige
85 Zeiten gesichert. Doch die Geschichte nahm einen anderen Verlauf. Gelimer (530 – 534) verstieß gegen die Erbfolgeordnung Geiserichs, brach den „Ewigen Frieden" von 474 und gab Justinian I. (527 – 565) den Kriegsgrund. Der Kaiser sandte seinen Feldherrn Be-
90 lisar mit 5000 Reitern und 10 000 Infanteristen im Sommer 533 gegen das Vandalenreich, das alle Schlachten verlor. Gelimer durfte noch bis 534 den Vandalenkönig spielen, weil die kaiserlichen Soldaten samt ihrem übervorsichtigen Feldherrn vor dem

95 kriegerischen Ruf der Vandalen allzugroßen Respekt hatten.

Herwig Wolfram, Die 101 wichtigsten Fragen: Germanen, München: Beck 2008, S. 102 – 106.

d) Wer waren die Burgunder?

Auf welcher Insel auch immer ihre „Urheimat" gewesen ist, zum ersten Mal werden die Burgunder um die Mitte des 1. Jahrhunderts als Untergruppe der Vandalen erwähnt und dementsprechend hundert Jahre
5 später zwischen mittlerer Oder und Weichselknie lokalisiert. Im 3. Jahrhundert hatten sie verlustreiche Kämpfe mit gotischen Völkern zu bestehen und wandten sich darauf nach Westen, wo sie „hinter" den Alemannen im heutigen Mittel- und Oberfran-
10 ken sesshaft wurden. Hier nahmen die Burgunder Verbindung mit den Römern auf, mit denen sie sich verwandt glaubten. Zwischen 413 und 436 bestand mit römischer Hilfe das „Wormser" Burgunderreich, das aber vom römischen Reichsfeldherrn Aëtius mit
15 hunnischen Söldnern zerstört wurde. Der Untergang eines Königs Gundahar/Gunther und der Seinen im Kampf mit diesen Hunnen bildete den geschichtlichen Kern des Nibelungenlieds. War auch die historische Katastrophe schlimm genug, war damit die bur-
20 gundische Geschichte anders als in der Sage nicht zu Ende. Im Jahre 443 veranlasste derselbe Aëtius die Übersiedlung der schwer geschlagenen Burgunder vom Rheinland ins Gebiet um den Genfer See. Das hier errichtete Burgunderreich hatte von 443 bis 534
25 Bestand und wurde dann Teil des merowingischen Frankenreichs.

Sprachwissenschaftliche Darstellungen selbst der jüngsten Zeit zählen die Burgunder zu den gotischen Völkern; wie diese war auch die burgundische Mehr-
30 heit lange Zeit homöisch. Aber dem Gallier Sidonius Apollinaris zufolge kamen die Burgunder aus dem Land östlich des Rheins und waren daher Germanen – eine Zuordnung, die kein spätantiker Ethnograph für gotische Völker vorgenommen hätte. Ihre geringe
35 Zahl bestimmte die Burgunder, als Alternative zu den gallischen Reichen der Franken und Goten, eine offene Gesellschaft zu bilden, in der Römer wie Fremde gleichberechtigt miteinander lebten. Nicht zuletzt aufgrund dieser Politik entfaltete das „schwache",
40 bald romanisierte Burgund eine starke Wirkungsgeschichte, die bis in die frühe Neuzeit reichte, ja noch die Gegenwart bestimmt. Mit dem prestigeträchtigen Namen „Burgund" verbanden sich verschiedene historische Entwicklungen, Ereignisse, Institutionen
45 und Überlieferungen.

Herwig Wolfram, Die 101 wichtigsten Fragen: Germanen, München: Beck 2008, S. 106 f.

7. Das Ostgotenreich in Italien

Die Anfänge der Ethnogenese der Ostgoten

Nach der Überquerung der Donau im Jahr 376 verschwinden in den Quellen die Bezeichnungen „Greutungen" und „Terwingen"; fortan werden die Goten als „Ostrogothae" (höchstwahrscheinlich mit „die durch Sonnenaufgang glänzenden Goten" zu übersetzen) und „Visi-"

M 1   *Theodrich der Große*
Der Ostgotenkönig Theoderich (in der Sage Dietrich von Bern) nach einer Zeichnung in der Handschrift von Cassiodors, 507/511

bzw. „Vesegothae" („die edlen Goten") bezeichnet. Bereits zeitgenössische Geschichtsschreiber wie Jordanes deuteten diese Namen – entgegen der Wortherkunft – geografisch: Aus den „Ostrogothen" wurden die „Ostgoten", aus den „Visigoten" die „Westgoten". Dessen ungeachtet bezeichneten sich die Goten selbst fast immer nur als „Goten".

Unter Alarich wanderten Goten in Richtung Westen. Ihr Weg führte sie 410 über Rom nach Gallien, wo das Reich der Westgoten entstand. Die in Pannonien im südlichen Ostmitteleuropa verbliebenen Goten lebten hingegen als römische Föderaten. Nach dem Tod Attilas 453 und dem Verfall des Hunnenreiches 454 gewannen die Goten in dieser Region an politischem Gewicht. Sie kontrollierten die Donau von Vindobona (Wien) bis Sirmium oberhalb von Belgrad und damit den Zugang ins römische Imperium. Dies führte zum einem zu Konflikten mit den benachbarten *gens*, zum anderen versuchten die Goten aber auch, ihren Einflussbereich nach Westen und Süden auszudehnen. Die Ostgoten wurden auf diese Weise zu einem wichtigen Akteur auf der politischen Bühne.

Theoderich als römischer Heermeister

Im Zuge der Auseinandersetzungen kam es 459 zu einer Erneuerung eines Foedus zwischen den Goten und dem Oströmischen Reich. Zu Bekräftigung des Foedus wurde der Sohn des Gotenführers Thiudimir, der etwa acht Jahre alte Theoderich (451/456 – 526), als Geisel nach Konstantinopel geschickt. Hier erhielt er am Hof von Kaiser Leo I. eine umfassende kulturelle und politische Ausbildung, zudem lernte er das Leben und die Intrigen im Umfeld des Herrschers kennen. So wurde er unter anderem Zeuge, wie der Heeresmeister Aspar, ein wichtiger und mächtiger Berater des Kaisers mit gotischer Herkunft, gestürzt und ermordet wurde.

Mit etwa 18 Jahren wurde Theoderich als Geisel entlassen und kehrte zu den Goten zurück. Sein Vater Thiudimir hatte inzwischen das gotische Oberkönigtum inne und setzte seinen

Sohn als König über einen gotischen Teilverband ein. Theoderich verfolgte große politische Ziele und strebte eine hohe Machtposition im römischen Imperium an. Mit den gut ausgebildeten gotischen Kämpfern, die im Krieg Ruhm und Güter zu gewinnen hofften, hatte er eine gewichtige Macht hinter sich. Überdies war Handlungsbedarf gegeben, da das arme Pannonien den Goten weder Nahrung noch sonstige lebenswichtige Güter in ausreichender Menge bieten konnte.

Die Goten machten sich auf den Weg: Ein Teil zog nach Italien und stieß in Gallien zu den Westgoten, der andere Teil zog mit Theoderich ins Ostreich. Nach dem Tod seines Vaters 474 trat Theoderich dessen Nachfolge in Makedonien an. In den folgenden Jahren baute er durch Geschick, Glück und Krieg seine Macht weiter aus, sodass er vom Nachfolger Leos, Kaiser Zeno, zum Heermeister und Patricius ernannt wurde. Überdies wurde er 484 sogar für ein Jahr Konsul in Konstantinopel.

Bald jedoch entstanden Spannungen zwischen Theoderich und Kaiser Zeno. Theoderich strebte als König der Goten ein hohes Amt am kaiserlichen Hof in Konstantinopel an, Kaiser Zeno wollte ihm diese Macht jedoch nicht zugestehen, da sie seine eigene Position gefährden konnte. Schließlich fand Kaiser Zeno einen Kompromiss, der für beide Seiten annehmbar war: Im Jahr 488 beauftragte er Theoderich, mit seinem gotischen Heer nach Italien zu ziehen, dort König Odoaker zu stürzen und die Regierung im Namen des Kaisers zu übernehmen. Mit diesem Plan setzte Zeno die bewährte Taktik römischer Kaiser fort, barbarische Herrscher zum Vorteil des römischen Imperiums gegeneinander auszuspielen. Theoderich nahm das Angebot des Kaisers an.

Die Eroberung Italiens und die Errichtung des Ostgotenreiches

Bereits im Spätsommer 488 brachen die Goten unter Theoderichs Führung auf. Zum Heer gehörte der größte Teil der gotischen Truppen, es schlossen sich aber auch Römer und Angehörige anderer *gens* wie Rugier an, die zuvor von Odoaker besiegt worden waren. Man nimmt an, dass der Zug etwa 25000 Krieger umfasste, die mit ihren Familien loszogen, sodass insgesamt etwa 100000 Menschen unterwegs gewesen sein müssen.

Im August 489 drangen die Goten in Italien ein, woraufhin ein dreijähriger Krieg entbrannte. Die Kämpfe endeten mit einem Kompromiss: Im März 493 einigten sich Theoderich und Odoaker in Ravenna darauf, gemeinsam über Italien zu herrschen. Nur wenige Tage nach dieser Einigung erschlug Theoderich jedoch eigenhändig Odoaker und ließ dessen Bruder samt Anhängern hinrichten – die Herrschaft Theoderichs in Italien begann mit Meineid, Mord und blutigen Säuberungen.

Das Herrschaftsverständnis Theoderichs

Theoderich regierte als König in Italien über Goten und Römer gleichermaßen. Auf eine Erhebung zum Kaiser verzichtete er jedoch aus guten Gründen: Die Beispiele der Heeresmeister Stilicho und Aspar hatten ihm gezeigt, dass das Streben nach zu viel Macht bzw. nach dem Kaisertum tödlich enden konnte. Auch musste Theoderich damit rechnen, dass die Widerstände gegen einen Kaiser, der zudem noch Arianer war, größer ausfallen würden als gegenüber einem König. Auch als König konnte Theoderich politisch Einfluss nehmen, wenn er die Loyalität des römischen Senats gewann.

Theoderich war bestrebt, die gotische Macht durch eine nachhaltige Politik zu sichern. Daher tastete er die bestehenden römischen Strukturen, insbesondere die Eigenständigkeit der zivilen Verwaltung, nicht an. Die römischen Behörden wie die Steuerverwaltung arbeiteten weiter, auch blieb die traditionelle republikanische Ämterlaufbahn erhalten. Auf diese Weise war Theoderichs Herrschaft von einem weiterhin römischen Charakter geprägt, der die Basis für ein harmonisches Zusammenleben zwischen Römern und Goten bildete. Unterstützung holte sich Theoderich von führenden Vertretern der senatorischen Aristokratie wie Liberius und Cassiodor. Cassiodor verfasste bedeutende Staatsbriefe für Theoderich und sogar eine königlich beauftragte Gotengeschichte, deren Text zwar nicht überliefert ist, der jedoch von Jordanes für seine „Getica" ausgewertet wurde.

Mit der wichtigen Aufgabe der Ansiedlung der gotischen Krieger und ihrer Familien betraute Theoderich Liberius, der schon für Odoaker in wichtigen Positionen tätig gewesen war. Libe-

Das Grabmal Theoderichs in Ravenna
Aktuelles Foto

zen. Die „soziale Scheidewand" sollte zwischen Eroberern und Einheimischen deutlich bestehen bleiben.

Die Ethnogenese der Ostgoten in Italien

Die Unterscheidung von Römern und Goten wirft die Frage auf, was einen Goten ausmachte und wer zu den Goten gehörte. Die aus Sicht der Römer andere Lebens- und Kampfesweise der gotischen Barbaren klassifizierte diese nur generell als „Skythen", ohne spezifische Aussagen über die in Italien lebenden Goten zu liefern. Die gotische Sprache bildete ebenfalls kein eindeutiges Abgrenzungsmerkmal, da Mehrsprachigkeit weit verbreitet war und auch viele Römer das Gotische beherrschten. Selbst die Religion kann nur bedingt als Unterscheidungskriterium gelten: Die Religionspolitik Theoderichs war tolerant, er tastete die Rechte der katholischen Kirche nicht an. Neben dem unter den Goten vorherrschenden arianischen bzw. homöischen Bekenntnis gab es auch katholische Goten. Ebenso konnten sich Römer zum arianischen Glauben bekennen.

In der Forschung ist umstritten, inwiefern es eine eindeutige gotische Identität in Italien gegeben hat: Der britische Historiker Peter J. Heather geht davon aus, dass sich die gotischen Freien von der übrigen Bevölkerung in Italien abgehoben haben. Der deutsche Historiker Reinhard Wenskus vertritt die Auffassung, dass die Dynastie der Amaler, zu der auch Theoderich gehörte, einen gotischen Traditionskern in ihrer Herkunftsgeschichte bewahrt und weitergegeben hat, der zugleich die gotische Identität ausgemacht habe. Patrick J. Amory hingegen bezeichnet eine gotische Identität als „Fiktion".

Es ist davon auszugehen, dass die Ansiedlung der Goten in Italien einen bedeutenden Einfluss auf das Selbstverständnis sowohl der Römer als auch der Goten selbst ausgeübt hat. Theoderich wird der folgende Satz zugeschrieben: „Ein reicher Gote imitiert die Römer, ein armer Römer die Goten." Diese Aussage deutet eine Dynamik an, die sich aus der Anwesenheit der Goten ergab – beide Gruppen wandelten sich. Aufgrund von Assimilationsprozessen erweist sich eine klare Unterscheidung von Römern und Goten als zunehmend problematisch.

rius meisterte diesen Auftrag, ohne dass die römischen Senatoren und Landbesitzer ihrer Rechte beraubt wurden. Des Weiteren förderte Theoderich die Städte, indem er Aquädukte und öffentliche Bauten instand setzen ließ. Mit seinem Mausoleum in Ravenna entstand das ungewöhnlichste Bauwerk des 6. Jahrhunderts.

Die Herrschaft Theoderichs beruhte auf der besonderen Rolle der Goten als bewaffnete Macht in Italien. Es entstand ein Dualismus von Römern, die für die zivile Politik und Verwaltung zuständig waren, und Goten, deren Aufgabenfeld das Militär darstellte. Allerdings war das gotische Heer keinesfalls durch eine einheitliche Herkunft geprägt – alle Soldaten in der Armee galten, unabhängig von ihrer tatsächlichen Herkunft, pauschal als „Goten".

Der Historiker Hans-Ulrich Wiemer bringt das politisches Konzept Theoderichs auf die Formel „Integration durch Separation". Theoderich herrschte über zwei Völker, über die Goten als Krieger und die Römer als Zivilisten. Theoderichs Herrschaftskonzept besaß nicht das Ziel, Goten und Römer zu einem Volk zu verschmel-

Das Ende des Ostgotischen Reiches

Theoderichs Herrschaft wirkte sich stabilisierend auf Italien aus. Im Jahr 497 wurde er vom Kaiser als König von Italien anerkannt. Eine außenpolitische Absicherung seines Königreiches suchte Theoderich durch eine geschickte Heiratspolitik zu erlangen. So heiratete er 493 die Tochter Childerichs I. und Schwester Chlodwigs, des Königs der Franken. Die Heiratspolitik konnte jedoch nicht verhindern, dass die Franken unter Chlodwig Krieg gegen die Westgoten führten und nach der Schlacht bei Vouillè 507 einen Großteil des Westgotischen Reiches eroberten.

Ab 511 herrschte Theoderich auch als König über die Westgoten. Sein Herrschaftsbereich erstreckte sich damit von Gibraltar bis zum Balkan, allerdings war dem Ostgotischen Reich keine lange Dauer beschieden. Bereits zu Leb-zeiten Theoderichs brachen Streitigkeiten zwischen Goten und Römern aus. Theoderich geriet in Konflikt mit dem Senat und ließ bedeutende Senatoren hinrichten. Als der König der Goten schließlich ohne einen Nachfolger starb, kam es zu inneren Konflikten, die dazu führten, dass der byzantinische Kaiser Justinian seinen Feldherrn Belisar mit der Rückeroberung für das Römische Reich beauftragte. Belisar, der bereits 533/534 das Reich der Vandalen erobert und zerschlagen hatte, kämpfte mit seinen Truppen ab 535 gegen die Goten. Sein Nachfolger Narses errang 552 den entscheidenden Sieg über die Goten und zog in Ravenna ein: Das Ostgotenreich existierte nicht mehr. Die Folgen des langen Krieges waren unübersehbar, weite Teile Italiens waren verwüstet. Aber auch Ostrom konnte keine dauerhafte Herrschaft in Italien mehr etablieren: 568 wanderten die Langobarden über die Alpen und übernahmen die Macht.

Zeittafel zum Reich der Ostgoten

378	Goten überqueren die Donau.
378	Sieg der Goten bei der Schlacht von Adrianopel über Kaiser Valens.
380	Ansiedlung der Goten in Pannonien
451/456 – 526	Theoderich der Große.
474	Theoderich wird in Makedonien König der Goten.
488	Entsendung der Goten Theoderichs nach Italien durch Kaiser Zeno
493	Ermordung Königs Odoakers durch Theoderich
497	Kaiserliche Anerkennung Theoderichs als König von Italien
511	Theoderich regiert auch als König der Westgoten.
535 – 552	Rückeroberung Italiens durch Ostrom unter Kaiser Justinian, Zerfall des Ostgotenreichs
568	Eroberung Italiens durch die Langobarden

1. ●●○ Stellen sie in einem Flussdiagramm die Geschichte des Ostgotenreichs dar.
→ Text

2. a) ●○○ Beschreiben Sie das Herrschaftsverständnis Theoderichs. Gehen Sie dabei auf sein Verhältnis zum Kaisertum ein und die Funktionen der Römer und Goten.
b) ●●○ Erläutern sie die sozialen und rechtlichen Beziehungen zwischen Goten und Römern.
c) ●●● Erklären und problematisieren Sie das politische Konzepts Theoderichs „Integration durch Separation".
→ Text

3. ●●○ Recherchieren Sie zu dem Grabmal Theoderichs in Ravenna und stellen Sie das Bauwerk in einem Referat vor.
→ Text, M2

4. a) ●●● Vergleichen Sie die Aussagen über die Ethnogenese der West- und Ostgoten mit der Darstellung der Gotenzüge auf der Karte (S. 45, M2). Beziehen Sie dazu die Darstellung Jordanes' zur Geschichte der West- und Ostgoten (S. 54, M3) mit ein.
b) ●●● Erläutern Sie, welche Vorstellungen der Geschichte der Goten auf der Karte vermittelt werden und setzen Sie sich mit der Karte kritisch auseinander.
→ Text, M2 (Seite 45), M3 (Seite 54)

Das Ostgotenreich in Italien

 3   Die Herkunftsgeschichte der Goten

In seiner Gotengeschichte „Getica" erläutert Jordanes (geb. in der 2. Hälfte des 5. Jahrhunderts) die göttliche Herkunft der Familie der Amaler, zu der Theoderich gehört. Jordanes, der wohl gotischer Herkunft ist, beendet seine Gotengeschichte um 552:

Als nach einem langen Zeitraum der Kaiser Domitian regierte [Regierungszeit 81–96 n Chr.] und sie [= die Goten] seine Habsucht fürchteten, lösten die Goten den Vertrag, den sie einst mit anderen Fürsten ge-
5 schlossen hatten, und verwüsteten das Ufer der Donau, das lange im Besitz des Römischen Reichs gewesen war, nachdem sie die Soldaten mit deren Führern aufgerieben hatten. Nach Agrippa stand dieser Provinz damals Oppius Sabinus [= römischer Statthalter
10 der Provinz Moesia] vor; für die Goten aber hatte Dorpaneus [= König der Daker] den Oberbefehl inne, als die Goten – nachdem der Krieg gewagt worden war – die Römer besiegt, den Kopf des Oppius Sabinus abgetrennt, viele Kastelle und Städte vom Anteil
15 des Kaisers erobert hatten und allgemein plünderten. Auf diese Notlage der Seinen hin eilte Domitian mit aller seiner Kraft nach Illyricum und zwang die Soldaten fast des ganzen Staates unter der Führung des Fuscus [= Feldherr unter Domitian] gemeinsam mit den
20 auserlesensten Männern, auf Schiffen, die nach Art einer Brücke zusammengebunden waren, den Fluss Donau gegen das Heer des Dorpaneus zu überschreiten. Darauf griffen die Goten, die man nicht träge vorfand, zu den Waffen und besiegten bald im ersten Zu-
25 sammentreffen die Römer ganz und gar; und nachdem der Führer Fuscus getötet worden war, raubten sie die Reichtümer aus den Lagern der Soldaten; und weil sie in der Gegend einen großen Sieg erfochten hatten, nannten sie ihre Vornehmen, durch deren Glück sie
30 gleichsam gesiegt hatten, nicht mehr einfach Menschen, sondern Halbgötter, das heißt „Ansen". Du, der du deren Stammbaum liest, wie ich ihn kurz durchgehen werde (beziehungsweise liest, wer von welchem Elternteil geboren worden ist oder woher er seinen
35 Ursprung, wo er sein Ende nahm), du höre ohne Neid denjenigen an, der Wahres berichtet.
Der erste ihrer Heroen also war, wie sie selbst in ihren Geschichten erzählen, Gapt, der Hulmul zeugte. Hulmul aber zeugte Augis: Augis aber zeugte den,
40 der Amal genannt wurde und von dem auch das Geschlecht der Amaler ausgeht: dieser Amal zeugte Hisarna: Hisarna aber zeugte Ostrogotha: Ostrogotha

aber zeugte Hunuil: Hunuil wiederum zeugte Athal: Athal zeugte Achiulf und Oduulf: Achiulf aber zeugte
45 Ansila und Ediulf, Vultuulf und Ermanarich [= Ermanarich herrschte um 370 über ein gotisches Reich, das 375 unter Angriffen der Hunnen zusammenbrach, er ist hier die erste historisch nachweisbare Person in dieser Aufzählung]: Vultuulf aber zeugte Valaravans:
50 Valaravans zeugte aber Vinithar, Vinithar zeugte auch Vandiliar: Vandalar zeugte Thiudimir und Valamir und Vidimir: Thiudimir zeugte Theoderich: Theoderich zeugte Amalasuntha: Amalasuntha zeugte Athalarich und Matasuntha von ihrem Mann Eu-
55 tharich, dessen Familienverwandtschaft mit jener folgendermaßen verbunden ist. Der obengenannte Ermanarich, der Sohn des Achiulf, zeugte nämlich Hunimund: Hunimund aber zeugte Thorismud: Thorismud aber zeugte Berimud: Berimud aber zeugte
60 Vidirich: Vidirich wiederum zeugte Eutharich, der der Amalasuntha ehelich verbunden war und Athalarich und Matasuntha zeugte; und nachdem Athalarich in jungen Jahren gestorben war, wurde Vitigis der Matasuntha zum Manne gegeben, von dem sie
65 kein Kind empfing. Sie wurden gleichzeitig von Belisar nach Konstantinopel mitgenommen: Und als Vitigis das Zeitliche segnete, nahm der Patricius Germanus, das Geschwisterkind des Kaisers Iustinian sie in die Ehe und machte sie zu einer ordentlichen Patri-
70 cia; mit ihr zeugte er einen Sohn, ebenfalls mit Namen Germanus. Nach dem Tod des Germanus beschloss sie selbst, Witwe zu bleiben. Wie aber und auf welche Weise das Reich der Amaler zerstört worden ist, das berichten wir, wenn Gott uns beistehen wird,
75 an entsprechendem Ort. Nun jedoch wollen wir zu dem zurückkehren, von dem wir abgeschweift sind, und wollen darlegen, wie die Reihe des Stammes, von dem wir handeln, das Ende ihres Laufes erreicht hat. Der Historiograph Ablabius [von dem Werk dieses
80 Autors ist keine Zeile überliefert] nämlich berichtet, dass dort über dem Saum des Schwarzen Meeres, da wo wir ihren Aufenthaltsort in Skythien angegeben haben, derjenige Teil von ihnen dort, der die östlichen Gebiete in Besitz hatte und dem Ostrogotha
85 vorstand – ungeachtet, ob nun von dessen Namen her oder nach dem Ort, also „die Östlichen" – „Ostrogoten" genannt worden sei, die übrigen aber Vesegoten, das heißt von der westlichen Lage her.

Jordanes, zit. nach: Hans-Werner Goetz, Steffen Patzold, Karl-Wilhelm Welwei (Hg./Übers.), Die Germanen in der Völkerwanderungszeit, Zweiter Teil. Auszüge aus den antiken Quellen über die Germanen von der Mitte des 3. Jahrhunderts bis zum Jahre 453 n. Chr., Darmstadt: WBG 2013 (2. Aufl.), S. 33f.

M 4 Das Scheitern einer gotischen Ethnogenese unter Theoderich

Gründe für das Scheitern einer ostgotischen Ethnogenese erläutert der Historiker Patrick J. Geary (2002):

Theoderich wollte aus seiner heterogenen, mobilen barbarischen Armee ein gefestigtes, in Italien sesshaftes gotisches Volk machen, das mit den Römern in friedlicher Koexistenz leben sollte. Seine gotische Ge-
5 folgschaft sollte in einer gesetzlich begründeten Ordnung, der *civilitas*, leben, und deshalb versuchte er sie dazu zu bewegen, die Grundsätze der römischen Rechtslehre sowie die zivilgesellschaftlichen Traditionen von Toleranz und Konsens anzuerkennen und
10 mit ihrer militärischen Tapferkeit für sie einzustehen. Dennoch sollten Goten und Römer weiterhin als getrennte Gruppen – eine militärische und eine zivile – leben und in wechselseitiger Abhängigkeit seiner obersten Autorität unterstellt sein. Man hat die Ideo-
15 logie, die Theoderich vertrat, als „ethnografisch" charakterisiert, weil sie zwischen Soldaten (Goten) und Zivilisten (Römern) unterschied oder – wie man fast sagen könnte – zwischen den Soldaten und den Steuerzahlern, die für den Lebensunterhalt dieser Krieger
20 aufkamen. [...]
Wenngleich sich Theoderich auf die loyale Unterstützung der römischen Verwaltungsbeamten und sogar der engen Berater Odoakers, etwa des Senators Cassiodorus, verlassen konnte, versuchte er – wie es analog
25 auch andere Barbarenkönige praktizierten –, das gotische Element seiner Herrschaft zu stärken, indem er zur Beaufsichtigung und Reglementierung der gesamten römischen Bürokratie seine persönlichen Agenten oder *comites* ernannte. Ebenso privilegierte er die aria-
30 nische Kirche als „Kirche des Gesetzes der Goten", achtete aber darauf, dass sie eine Minderheitenkirche blieb, indem er das Proselytenmachen [= eifriges Bekehren] unter der orthodoxen Mehrheit verbot.
Die Betonung des gotischen Elements seiner Herr-
35 schaft innerhalb wie außerhalb Italiens zeigt, dass Theoderich seiner Abstammung von der legendären amalischen Königsfamilie wachsende Bedeutung beimaß, auch wenn nicht feststeht, inwieweit sein Anspruch auf diese Herkunft berechtigt war. Ja, wir wis-
40 sen nicht einmal, ob die Familie der Amaler in der Vergangenheit tatsächlich jene herausragende Rolle gespielt hatte. Vor allem im Umgang mit externen Gentes wie den Burgundern, Westgoten, Franken und Thüringern betonte Theoderich nicht die *civili-*
45 *tas* oder *romanitas*, um Einheit zu stiften, sondern die gemeinsame, durch Abstammung, Heiratsbündnisse oder Adoptionen begründete Verwandtschaft der Königsfamilien. [...]

Theoderichs Versuch, gestützt auf den arianischen
50 Glauben und die amalische Abstammung eine neue gotische Ethnogenese zu begründen, scheiterte. Die Grenzen zwischen ostgotischen Kriegern und römischen Zivilisten verwischten sich, da immer mehr Barbaren Landbesitzer wurden und als solche natür-
55 lich auch die wirtschaftlichen und regionalen Interessen ihrer römischen Nachbarn teilten. Die nächste Generation der Goten, die bereits in den Traditionen der römischen Elite erzogen war, fühlte sich der ihnen bestimmten Kriegerkultur noch ferner. Gleich-
60 zeitig gab es einzelne Römer, die im Militär Karriere machten und sich die gotischen Traditionen aneigneten. Dies ging so weit, dass manche von ihnen die gotische Sprache erlernten und Gotinnen heirateten. [...] In Reaktion auf diese zunehmende Aufweichung
65 der gotischen Identität setzte unter Angehörigen des Militärs, denen die rasche Romanisierung ihrer Ränge Sorgen bereitete, eine antirömische Reaktion ein. Die Spannungen wuchsen nach Theoderichs Tod und gipfelten in der Ermordung seiner Tochter Amalasu-
70 intha im Jahre 535. Kaiser Justinian nahm diesen Mord zum Vorwand, um die Anerkennung der Legitimität des Gotenkönigs Theodehad, eines Neffen Theoderichs, zu verweigern und in Italien einzumarschieren. Anders als die Rückeroberung Afrikas aber,
75 die mit zwei Schlachten bewerkstelligt wurde, dauerte der Krieg über zwei Jahrzehnte. Er hat Italien gründlicher als sämtliche barbarischen Invasionen der vorangegangenen zwei Jahrhunderte verwüstet. Das Schicksal der Ostgoten in Italien allerdings glich
80 dem der Vandalen in Nordafrika: Ihr Reich ging unter, und als Volk wurden sie ausgelöscht.

Patrick J. Geary, Europäische Völker im frühen Mittelalter. Zur Legende vom Werden der Nationen (übers. v. Elisabeth Vorspohl), Frankfurt am Main: Fischer Taschenbuch-Verlag 2002, S. 127 ff.

● ●

1. a) ●●○ Arbeiten Sie den Traditionskern der Ethnogenese der Goten aus der Darstellung Jordanes heraus. Berücksichtigen Sie dabei die besondere Rolle der Familie der Amaler.
b) ●●○ Erläutern Sie die Funktion der Abstammungsgeschichte der Amaler für das Herrschaftsverständnis Theoderichs.
c) ●●● Beurteilen Sie, inwiefern die Herkunftsgeschichte der Goten von Jordanes identitätsstiftend wirken kann.
→ M3
2. ●●● Erörtern Sie das politische Konzept und die Herrschaft Theoderichs. Stellen Sie seine politischen Grundsätze dar und arbeiten Sie die Stärken und Schwächen heraus.
→ Text, M4

8. Das Merowingerreich unter Chlodwig

Die Ethnogenese der Franken

Im Unterschied zu den Goten war die Ethnogenese der Franken nicht mit weitreichenden Wanderungen verbunden. Von allen *gentes* auf dem Gebiet des römischen Imperiums waren es die Franken, die die dauerhafteste Herrschaft auszubilden vermochten. Ihren Höhepunkt erreichte die Herrschaft der Franken mit der Kaiserkrönung Karls des Großen im Jahr 800 in Rom. Die Ethnogenese der Franken begann indes durch eine Konfrontation verschiedener germanischer Gruppierungen mit den Römern, die dazu führte, dass sich ein Identitätswandel bei den Germanen vollzog.

Die erste Phase der Ethnogenese der Franken erstreckte sich von der Mitte des dritten bis zur Mitte des vierten nachchristlichen Jahrhunderts. In dieser Zeit taucht die Bezeichnung „Franci" („Franken") erstmals in römischen Quellen auf, und zwar in der Regel im Zusammenhang mit Berichten über Plünderungen, Raub und Piraterie in den Gebieten am niederrheinischen Limes. „Franci" war zunächst eine von den Römern verwendete Fremdbezeichnung für eine Vielzahl von Kleinstämmen und Stammesgruppen, die sich in dieser Region aufhielten: Friesen, Chamaven, Chattuarier, Amsivarier, Brukterer, Salier und möglicherweise auch Chatten. Diese Gruppierungen fielen auf der Suche nach Beute und Siedlungsraum immer wieder ins Römische Reich ein. Daneben hat es aber über den Rhein hinweg auch friedliche Handelsbeziehungen zwischen den Römern und diesen Gruppen gegeben.

Im Rückblick lassen sich drei Stammesgruppen unterscheiden: die von den Salfranken/ Saliern geführten Einheiten in Nordgallien, die sogenannten Rheinfranken in der Region um Köln und die östlich des unteren Niederrheins siedelnden Stämme. Wie intensiv diese „Franken" damals schon miteinander verbunden und vernetzt waren, ist umstritten. Fest steht jedoch, dass die Einzelstämme eigene Anführer besaßen, die in den antiken Quellen als „reges", „duces", „regales" oder „subreguli" bezeichnet werden.

Vieles deutet darauf hin, dass die Verbindungen zwischen den Stämmen eher lose waren. Da sich die Zusammensetzung dieser Verbindungen auch immer wieder veränderte, ist für diese Phase eher von einem „Stammesschwarm" (Reinhard Wenskus) als von einem „Stammesverbund" zu sprechen. Zugleich ist festzuhalten, dass sich das Bewusstsein, „Franke" zu sein, erst im Austausch und in der Auseinandersetzung mit einem Gegenüber, den Römern, ausbildete und schärfte.

Auch die Herkunftssagen der Franken orientierten sich an römischen Vorbildern. Dabei ist das Bemühen erkennbar, eine den Römern mindestens gleichwertige Abstammung der Franken nachzuweisen. Die sagenhaften Erzählungen führten die fränkischen Ursprünge teilweise bis nach Troja zurück; einen Höhepunkt der Stammesgeschichte bildete oftmals der – ebenfalls sagenhaft ausgeschmückte – Übergang über den Rhein als primordiale Tat und die anschließende Sesshaftwerdung. Es hat keinen Sinn, diese Mythen und Legenden nach einem „wahren" historischen Kern abzusuchen, wichtig ist vielmehr, ihre eigentliche Funktion zu erkennen: Die Stammesgeschichten waren eine Art „invention of tradition", eine Erfindung von Traditionen. Was eine *gens* wie die fränkische zusammenband und -hielt, war das subjektive Bewusstsein gemeinsamer Herkunft und Lebensform, und genau dazu trugen die Stammesgeschichten bei. Das Bewusstsein gemeinsamer Erinnerung stiftete Identität, einen Traditionskern. Die *Gens* war daher zuallererst eine „Abstammungsgemeinschaft aus Überlieferung" (Herwig Wolfram). Objektive Merkmale wie gemeinsame Sprache, Kultur oder Territorium waren bei der Ethnogenese der Franken – wie auch schon bei den Goten – nicht ausgeschlossen, aber sie waren nachrangig: Entscheidend war die Selbstzuordnung des einzelnen Stammesangehörigen.

Wie wichtig das Römische Reich für die weitere Entwicklung der Franken war, zeigt die zweite Phase ihrer Ethnogenese, die von der Mitte des vierten bis in die zweite Hälfte des fünften Jahrhunderts reicht. Der fränkische Stammesschwarm wuchs in dieser Zeit enger zusammen und begann, eine übergreifende Einheit auszubilden, weil Franken in wachsendem Maße in die römische Militärorganisation aufgenommen wurden.

Dem römischen Heer fehlten Soldaten, seit das Heer in der zweiten Hälfte des dritten Jahrhunderts n. Chr. grundlegend umgestaltet und in ein Grenzheer einerseits sowie ein mobiles Marsch- und Feldheer andererseits gegliedert worden war. Da zugleich der Druck auf die Grenzen des Reiches wuchs, warben die römischen Kaiser insbesondere seit Konstantin I. (306–337) mehr und mehr Barbaren als Soldaten an. Damit konnten nun auch Franken in die höchsten militärischen Ränge aufsteigen, die Rom zu vergeben hatte. Häufig traten Anführer mitsamt ihrer vielköpfigen Gefolgschaft in den römischen Dienst. Einige dieser Franken, wie Merobaudes, Richomer, Bauto, Arbogast und Richimer, wurden sogar römische Heermeister, also Oberbefehlshaber des 75000 Mann starken Heeres in Gallien, welches damals die heutigen Gebiete Frankreichs, der Beneluxstaaten, der deutschen Rheinlande und der Schweiz umfasste. In allen Gliederungen des römischen Heeres wurden Franken als gut ausgebildete und besoldete Hilfstruppen eingesetzt. Diese fränkischen Einheiten des römischen Heeres lebten meist mit ihren Familien zusammen. Nach dem Ende des Militärdiensts kehrte ein Teil von ihnen in die alte Heimat zurück, andere erwarben das römische Bürgerrecht und blieben im Reich. Darüber hinaus siedelten die Römer vor allem im nördlichen Gallien ganze Teilstämme der Franken zunächst als Unterworfene oder Kriegsgefangene, später als Föderaten an. Diese unterstanden weiter ihren eigenen Königen oder Anführern, hatten aber die Pflicht, für Rom Heeresdienste zu leisten.

Die Franken waren in Gallien bei Weitem in der Minderheit, sie stellten zunächst vermutlich allenfalls zwei Prozent der Gesamtbevölkerung von sechs bis sieben Millionen Einwohnern. Bis heute ist umstritten, wie man sich ihre Ansiedlung und den Kulturaustausch mit der gallo-römischen Bevölkerung und innerhalb der fränkischen Teilstämme vorstellen muss. Fraglich ist auch, ob sich anfangs nur eine schmale militärische Elite ansiedelte oder ob auch Bauern kamen, auf der Suche nach nutzbarem Land. Vermutlich vollzog sich die Landnahme weder gewaltsam noch lawinenartig. Es gab in dieser Phase also keine militärische Eroberung, viel-

M 1 Ein merowingischer Krieger
Rekonstruktion anhand der Beigaben eines gut erhaltenen Grab eines merowingischen Adligen in Planig bei Bad Kreuznach

mehr sickerten die Franken in die Wohngebiete der gallo-römischen Mehrheitsbevölkerung allmählich und langsam ein. Vor allem im Bereich der Wirtschaft übernahmen die Franken römische Techniken, etwa den Räderpflug, die Breitsaat, den Weinbau oder die Töpferscheibe. Hausbau und Siedlungsformen blieben dagegen fränkisch. Generell gilt wohl, dass sich in den westlichen Gebieten Galliens romanische Elemente stärker durchsetzten als in den rheinnahen, östlichen Regionen des Landes. Ein gutes Beispiel dafür ist die Tracht der Frauen: Die typischen Fibeln, mit denen die fränkischen Gewänder zusammengehalten wurden, traten überall zurück. An ihrer Stelle dominierten im Westen Galliens nun die römischen, breiten und sichtbar getragenen Gewandgürtel, im Osten dagegen schmale, unter dem Gewand verschwindende Gürtel. Ähnliche Ergebnisse liefert die Ortsnamenforschung: In den östlichen Regionen Galliens (den heutigen Niederlanden) hielten sich kaum romanische Ortsnamen.

Man darf diese West-Ost-Unterscheidung aber nicht überbetonen. Die alltägliche Begegnung

M 2   Childerich
*Rekonstruktions-
zeichnung der Klei-
dung und Waffen*

**M 3   Ein mero-
wingischer König.**
*Das Siegel zeigt ei-
nen Herrscher mit
langen Haaren –
dem Zeichen für das
Königsheil. An der
Verwendung von Sie-
geln kann man zu-
gleich erkennen, dass
die Schriftlichkeit bei
der Verwaltung des
Reiches immer wich-
tiger wurde.*

von Franken und Romanen förderte vor allem einen kulturellen Verschmelzungsprozess, was beispielsweise die zahlreichen Wortübernahmen in beide Richtungen beweisen. Sogar Wörter des Grundwortschatzes wurden übernommen, so stammen etwa die französischen Farbwörter „bleu", „blanc", „brun" und „gris" aus dem Fränkischen.

Auch Grabfunde helfen nachzuvollziehen, wie Fränkisches und Römisches zusammenwuchs. Da wir keine schriftlichen Aufzeichnungen der Franken aus jener Zeit besitzen, haben diese archäologischen Erkenntnisse einen ganz besonderen Wert. Weltbekannt ist die Inschrift eines in der Nähe von Budapest gefundenen Grabes aus dem dritten Jahrhundert: „Francus ego cives, miles Romanus in armis." („Franke bin ich im zivilen Leben, im Krieg diene ich als römischer Soldat.") Diese Inschrift verweist auf die doppelte Identität als Franke und Römer, welche die damals Handelnden offenkundig empfanden.

Auch das 1653 zufällig in Tournai entdeckte Grab des salfränkischen Königs Childerich spiegelt diese Einbindung der fränkischen Führer in die römische Militäraristokratie wider. Childerich war militärischer sowie ziviler Befehlshaber in der römischen Provinz Belgica II gewesen. Er hatte für Rom gegen Westgoten (463 und 469), Sachsen (470) und Alemannen (470) gekämpft. Obwohl er ein Heide war, galt er in seiner Provinz als Beschützer der katholischen Romanen; zu den gallo-römischen Bischöfen pflegte er beste Beziehungen. In Childerichs Grab fand man eine goldene Zwiebelknopffibel, mit welcher der Feldherrnmantel römischer Amtsträger geschlossen wurde. Zugleich enthielt das Grab aber auch einen Armreif aus massivem Gold, der als Zeichen königlich-fränkischer Abstammung galt, und einen Siegelring, ebenfalls aus Gold, der den Namen, den Titel und das Bild des Königs trug.

Die Errichtung des Frankenreichs

Als Childerich im Jahr 482 starb und sein Sohn Chlodwig (466 – 511) die Herrschaft antrat, hatte die dritte und letzte Phase der fränkischen Ethnogenese bereits eingesetzt: der Weg in die politische Selbstständigkeit. Diese Machtentfaltung war kein „germanischer" oder „frän-

kischer" Neubeginn, sondern die allmähliche Machtübernahme einer fränkischen Dynastie in einem bereits bestehenden staatlichen Rahmen. Childerich und Chlodwig verstanden sich als Franken im Dienste Roms. Da sie das römische Erbe nicht kappen, sondern bewahren wollten, stützten sie sich auf die gallo-römische Militärorganisation und Zivilverwaltung. Vermutlich übernahmen sie auch das Verwaltungspersonal der von ihnen kontrollierten Gebiete.

Im Unterschied zu seinem Vater betrieb Chlodwig von Beginn an eine dynamische Expansionspolitik, durch die er in gut zwei Jahrzehnten das fränkische Großreich schuf. Innerhalb Galliens eroberte er das Herrschaftsgebiet des römischen Heermeisters und Statthalters Syagrius zwischen Seine und Loire (486/87), anschließend besiegte er die Alemannen (496/97 und 507) und die Westgoten (507). Darüber hinaus gliederte Chlodwig, teils durch Thronfolge, teils durch Gewalt, die zahlreichen kleineren Herrschaftsgebiete des fränkischen Stammesschwarms in sein Reich ein.

Zur Bedeutung des Christentums für die Beziehungen von Franken und Gallo-Romanen

Ausschlaggebend für den Erfolg Chlodwigs waren nicht nur militärisches Geschick, eine überlegene politische Strategie und eine rücksichtslose Entschlossenheit – der wohl wichtigste Faktor war Chlodwigs Entscheidung, sich taufen zu lassen.

Auf dem Höhepunkt der Schlacht gegen die Alemannen, vermutlich also 496 oder 497, soll Chlodwig laut Gregor von Tours gelobt haben, sich zum Christengott zu bekennen, falls dieser ihm den Sieg schenken würde. Die auffällige Parallele dieser Erzählung zum Mythos vom Übertritt Kaiser Konstantins des Großen zum Christentum nach der Schlacht an der Milvischen Brücke im Jahr 312 deutet auf eine bewusste Motivwiederholung durch den Chronisten. Chlodwigs Übertritt zum christlich-katholischen Glauben war planmäßig vorbereitet und erfolgte keineswegs spontan. Seine an einem Weihnachtsfest, vermutlich im Jahr 498, feierlich vollzogene Taufe hatte Chlodwig gemeinsam mit Bischof Remigius von Reims arrangiert und sorgfältig inszeniert. Mit Chlodwig ließen sich laut Gregor von Tours zugleich auch 3000 seiner Soldaten taufen.

Nachdem die Franken katholisch geworden waren, war auch die religiöse Barriere zur gallo-römischen Bevölkerung gefallen. Diese Entwicklung ist in ihrer Bedeutsamkeit kaum zu überschätzen: In den anderen „germanischen" Reichen etwa der Alemannen und Westgoten war die katholische romanische Bevölkerung von den „Germanen" durch eine religiöse Kluft getrennt, da Letztere arianisch waren und blieben. Wie bedeutsam die Frage der Religion war, zeigt sich daran, dass die arianischen Reiche sämtlich untergingen. In Chlodwigs Frankenreich hingegen einte nun eine gemeinsame religiöse Basis die unterschiedlichen Bevölkerungsgruppen.

Hinzu kam ein elastisches Rechtssystem, das nach oben durchlässig war und allen Volksgruppen eigene Rechte einräumte. So konnte sowohl der einflussreiche gallo-romanische Senatsadel als auch der Klerus für das fränkische Reich gewonnen werden. Christianisierung und Romanisierung vollzogen sich parallel, wobei auch hier

gilt: Beide Vorgänge verliefen nicht einseitig, es setzte sich also nicht einfach nur das katholisch-gallo-romanische Element gegenüber dem fränkischen durch. Vielmehr glichen sich die Lebensformen allmählich aneinander an und bildeten eine für Jahrhunderte sehr erfolgreiche „Mischkultur" (H. W. Böhme).

Ausblick auf die Zeit der Karolinger

Mit dem Tod Chlodwigs 511 wurde eine Entwicklung in Gang gesetzt, die langfristig zum Ende des Merowingerreiches führte. Das Reich der Franken wurde unter den vier Königssöhnen Chlodwigs aufgeteilt – ein Vorgang, der sich im folgenden Jahrhundert mehrfach wiederholte und Streitigkeiten unter den Beteiligten nach sich zog. Die Teilungen und Konflikte führten zur Schwächung der Merowinger, die schließlich 751 von den Karolingern abgelöst wurden. Deren berühmtester Vertreter wurde Karl der Große (747/748–814), der 800 mit der Kaiserkrönung in Rom das Erbe der römischen Kaiser als Herrscher des Heiligen Römischen Reiches antrat.

M 4

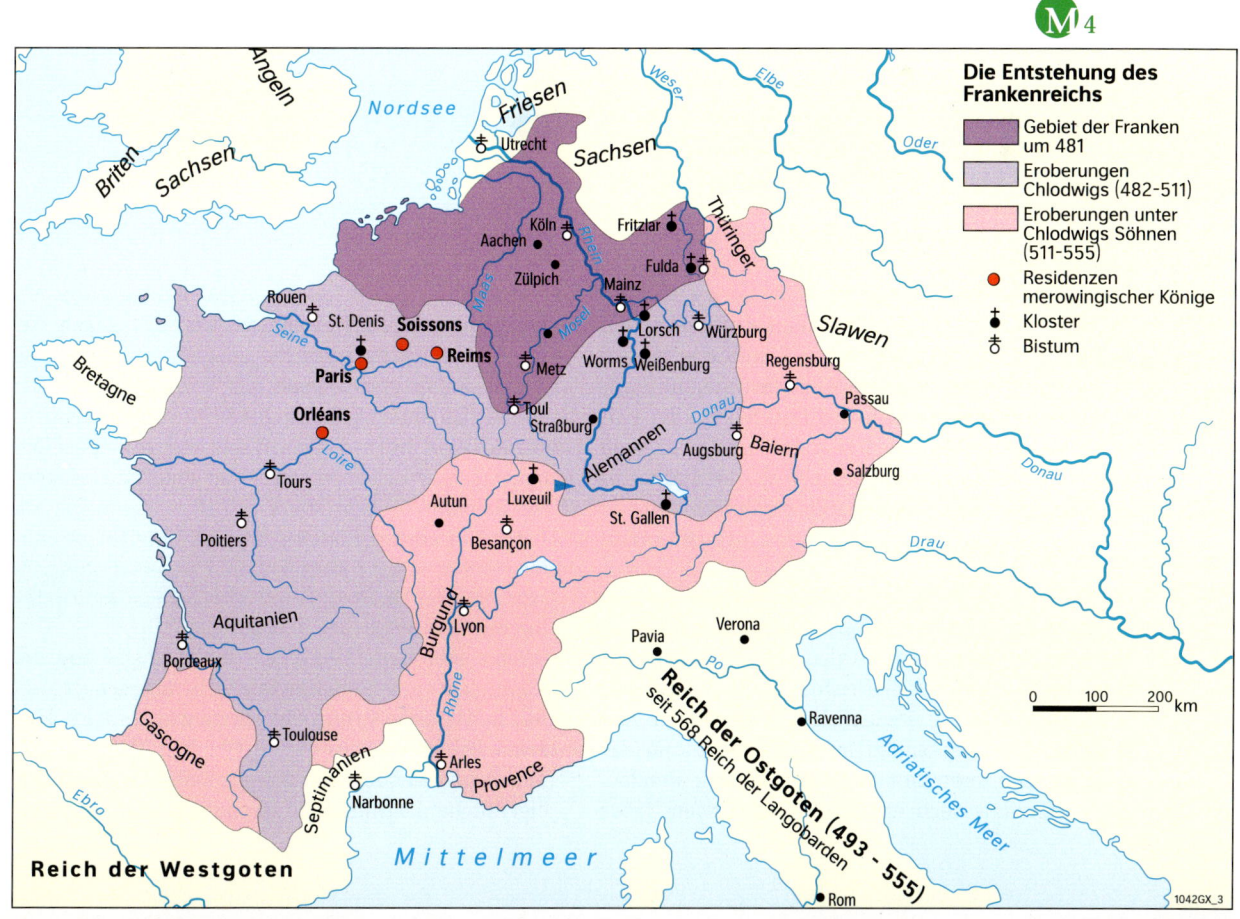

Die Entstehung des Frankenreichs

- Gebiet der Franken um 481
- Eroberungen Chlodwigs (482–511)
- Eroberungen unter Chlodwigs Söhnen (511–555)
- Residenzen merowingischer Könige
- Kloster
- Bistum

Das Merowingerreich unter Chlodwig

 5 Eine Quelle über Chlodwigs Taufe

Gregor von Tours (538/539 – 594) war Bischof von Tours und Geschichtsschreiber. In seinem Werk „Zehn Bücher Geschichten" schreibt er:

Die Königin aber ließ nicht ab in ihn zu dringen, dass er den wahren Gott erkenne und ablasse von den Götzen. Aber auf keine Weise konnte er zum Glauben bekehrt werden, bis er endlich einst mit den Alaman-
5 nen in einen Krieg geriet: Da zwang ihn die Not, zu bekennen, was sein Herz vordem verleugnet hatte. Als die beiden Heere zusammenstießen, kam es zu einem gewaltigen Blutbad, und Chlodovechs [= Chlodwigs] Heer war nahe daran, völlig vernichtet
10 zu werden. Als er das sah, erhob er seine Augen zum Himmel, sein Herz wurde gerührt, seine Augen füll-ten sich mit Tränen und er sprach: „Jesus Christ, Chrodichilde [Chlodwigs Ehefrau] verkündet, du sei-est der Sohn des lebendigen Gottes; Hilfe, sagt man,
15 gebest du den Bedrängten, Sieg denen, die auf dich hoffen – ich flehe dich demütig an um deinen mäch-tigen Beistand: Gewährst du mir jetzt den Sieg über diese meine Feinde und erfahre ich so jene Macht, die das Volk, das deinem Namen sich weiht, an dir er-
20 probt zu haben rühmt, so will ich an dich glauben und mich taufen lassen auf deinen Namen. Denn ich habe meine Götter angerufen, aber, wie ich erfahre, sind sie weit davon entfernt, mir zu helfen. Ich meine daher, ohnmächtig sind sie, da sie denen nicht helfen,
25 die ihnen dienen. Dich nun rufe ich an, und ich ver-lange, an dich zu glauben; nur entreiße mich aus der Hand meiner Widersacher." Und da er solches ge-sprochen hatte, wandten die Alamannen sich und fingen an zu fliehen. Als sie aber ihren König getötet
30 sahen, unterwarfen sie sich Chlodovech und spra-chen: „Lass, wir bitten dich, nicht noch mehr des Vol-kes umkommen; wir sind ja dein." Da tat er dem Kampfe Einhalt, ermahnte das Volk und kehrte in Frieden heim; der Königin aber erzählte er, wie er
35 Christi Namen angerufen und so den Sieg gewonnen habe. [...]
Darauf ließ die Königin heimlich den Bischof von Reims, den heiligen Remigius, rufen und bat ihn, er möchte das Wort des Heils dem Könige zu Herzen
40 führen. Der Bischof aber beschied ihn im Geheimen zu sich und fing an, ihm anzuliegen, er solle an den wahren Gott, den Schöpfer des Himmels und der Erde glauben und den Götzen den Rücken wenden, die weder ihm noch andern helfen können. Jener

45 aber sprach: „Gern würde ich, heiligster Vater, auf dich hören, aber eins macht mir noch Bedenken, das Volk, das mir anhängt, duldet nicht, dass ich seine Götter verlasse; doch ich gehe und spreche mit ihnen nach deinem Wort." Als er darauf mit den Seinigen
50 zusammentrat, rief alles Volk zur selben Zeit, noch ehe er den Mund auftat, denn die göttliche Macht kam ihm zuvor: „Wir tun die sterblichen Götter ab, gnädiger König, und sind bereit, dem unsterblichen Gott zu folgen, den Remigius verkündet." Solches
55 wurde dem Bischof gemeldet, und er befahl hocher-freut, das Taufbad vorzubereiten. [...] Zuerst verlang-te der König vom Bischof getauft zu werden. Er ging, ein neuer Constantin, zum Taufbade hin, sich rein zu waschen von dem alten Aussatz und sich von den
60 schmutzigen Flecken, die er von alters her gehabt, im frischen Wasser zu reinigen. [...] Also bekannte der König den allmächtigen Gott als den dreieinigen, und ließ sich taufen im Namen des Vaters, des Sohnes und des Heiligen Geistes, und wurde gesalbt mit dem hei-
65 ligen Öl unter dem Zeichen des Kreuzes Christi. Von seinem Heer aber wurden mehr als Dreitausend ge-tauft.

Gregor von Tours, Zehn Bücher Geschichten. Erster Band: Buch 1–5 (übers. v. Wilhelm Giesebrecht, bearb. v. Rudolf Buchner), Darmstadt: WBG 1986, S. 117 – 121.

 6 Wissenschaftliche Deutungen

a) Der Bonner Mittelalterhistoriker Matthias Becher schreibt (2009):

Festzuhalten bleibt, dass für die Zeitgenossen ein Wink Gottes selbst [...] Chlodwig zur Konversion be-stimmt hat. Die Parallelen zu Konstantin dem Großen sind auffällig und gewollt. [...] Wie Konstantin hat
5 vermutlich auch Chlodwig erkannt, dass die christli-che Religion ihm von Nutzen sein konnte. Schließlich bekannten sich die meisten seiner Untertanen zu die-ser Religion. Zudem stand er seit seiner frühesten Jugend in engem Kontakt mit katholischen Bischö-
10 fen. Daher dürfte dem Franken bewusst gewesen sein, dass der Übertritt zum katholischen Glauben für ihn und sein Volk vorteilhafter war. [...]
Womit aber hatte Chlodwig seine Krieger von der Richtigkeit des Religionswechsels überzeugt? [...]
15 Der militärische Erfolg Chlodwigs war es, der es ihm ermöglichte, sich vom alten Glauben ab- und dem neuen zuzuwenden. Das Kriegsglück war Chlodwigs eigentliche Legitimation zu herrschen und damit

auch die Religion zu wechseln, unabhängig von der
20 Frage, ob er sich während einer bestimmten Schlacht
dazu entschied. [...]

Insgesamt eignete sich das Christentum in seiner rö-
misch-imperialen Ausprägung ungleich besser für
die herrscherliche Selbstdarstellung als die alte heid-
25 nische Religion. Als Beispiel kann Chlodwigs Grable-
ge dienen. An seinem Regierungssitz Paris, seiner
cathedra regni, ließ er eine prachtvolle Kirche bauen,
die den Aposteln geweiht war. Auch Konstantin der
Große ruhte seit 337 in Konstantinopel in einer den
30 Aposteln geweihten Kirche. [...] [Chlodwig versuch-
te] also, das kaiserliche Vorbild nachzuahmen und
sich so in die Tradition des römischen Kaisertums zu
stellen.

*Matthias Becher, Merowinger und Karolinger, Darmstadt: WBG
2009, S. 6 f.*

*b) Der Wiener Germanenexperte Herwig Wolfram
schreibt (1998):*

Ein König, der das Bekenntnis wechselt, handelt
nicht als Privatperson. Daher fragt man zu Recht
nach den allgemeinen Voraussetzungen, gleichsam
nach den öffentlichen Gründen, für die Taufe Chlod-
5 wigs. [...] Der ganz persönliche Einfluss Chrotechil-
des muss Chlodwigs Bekehrung entscheidend bestimmt, wenn nicht bewirkt haben.

Die burgundische Prinzessin gehörte einer katholischen Seitenlinie des Königshauses an und war zwi-
10 schen 492 und 494 die Gemahlin Chlodwigs geworden. Zwei Generationen später zeichnete Gregor
von Tours ihre Geschichte auf. Der erstgeborene
Sohn des Paares hieß Ingomer. [...] Die Königin [...]
setzte gegen Chlodwig die Taufe des Sohnes durch.
15 Kurz darauf starb der Säugling. Zornig erkannte
Chlodwig die Ursache des Unglücks in der Schwäche des Christengottes. Das offenkundige Gottesur-
teil machte die Königin jedoch nicht irre, und sie
verlangte auch die Taufe des nächsten Sohnes. Und
20 Chlodwig ließ die Königin – all seinen Erfahrungen
zum Trotz – gewähren. Sehr bald trat genau das ein,
was Chlodwig befürchtet hatte: Der kleine Chlodo-
mer schien ebenfalls nicht am Leben zu bleiben, so
dass ihn der Vater bereits aufgab. Das Kind kam je-
25 doch durch; Chrotechilde schrieb seine Rettung ihren Gebeten zu. [...]

Ohne der Überlieferung kritiklos zu folgen, hat man
die Bekehrung Chlodwigs in erster Linie der Über-
zeugungskraft seiner Königin zuzuschreiben. Der
30 Sieg über die Alamannen mag dabei als auslösendes
Ereignis gewirkt haben.

*Herwig Wolfram, Das Reich und die Germanen. Zwischen Antike
und Mittelalter (Siedler Deutsche Geschichte), Berlin: btb 1998,
S. 301 f.*

7 *„Bischof Remigius von Reims tauft Chlod-
wig"*
*Ausschnitt aus einem Bildteppich, flämisch, um 1523/31.
Aus einer Serie von sechs Bildteppichen zur „Historie de
Saint Remi", Standort: Musée Saint-Rémi, Reims (Frank-
reich).*

1. a) ●●○ Stellen Sie dar, wie sich die Ethnogenese
der Franken vollzog.
b) ●●○ Erschließen Sie anhand der Karte, welche
heutigen europäischen Staaten sich auf dem Gebiet
des Frankenreichs der Merowinger befinden.
→ Text, M4

2. a) ●●○ Erläutern Sie, wie Gregor von Tours die
Bekehrung Chlodwigs darstellt und beurteilt.
b) ●●○ Informieren Sie sich über Gregor von Tours,
sein Leben und sein Geschichtswerk.
c) ●●● Arbeiten Sie aus seiner Schilderung die
Stellen heraus, an denen der Leser skeptisch sein
sollte, begründen Sie dieses und nehmen Sie Stellung zum Quellenwert des Textes.
→ M5, Lexikon

3. ●●● Vergleichen Sie die beiden wissenschaftlichen
Deutungen der Taufe Chlodwigs.
→ M6

Der nachrömische Westen – Eine Gesamtinterpretation

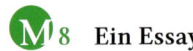 **8** **Ein Essay**

Der britische Historiker Peter Heather nimmt in seinem Essay die Zeit von 400 bis 800 in Blick (2018):

Das Römische Reich bestand bereits beinahe 500 Jahre [= gemeint ist die römische Kaiserzeit] und erstreckte sich von Schottland bis in den Irak, als seine Westhälfte im 5. Jh. kollabierte. Ein Teil der neueren
5 Geschichtsforschung sieht diesen Vorgang als grundsätzlich friedvollen politischen Prozess an. Demnach hätten sich die römischen Landbesitzer in den Provinzen freiwillig den verschiedenen eingewanderten Herrschern angeschlossen, als diese in weiten Teilen
10 des römischen Westens im 5. Jh. die Macht übernahmen. Tatsächlich gibt es Hinweise, dass römische Grundbesitzer sich ab 450 mit den neuen Machthabern den Westgoten in Spanien und Südwestgallien, den Burgundern in Südostgallien, den Franken in
15 Nord- und Zentralgallien, den Ostgoten in Italien und dem vandalisch-alanischen Bündnis in Nordafrika, arrangierten. [...] Zu den [...] bezeugten Übereinkünften kam es wohl nur deshalb, weil die zugewanderten Herrscher in der Mitte des 5. Jh.s so viel von
20 den weströmischen Steuereinnahmen abschöpften, dass die Zentralmacht nicht länger in der Lage war, ausreichend schlagkräftige Streitkräfte zu unterhalten, um den Staat zu verteidigen. Das brachte die römischen Landbesitzer in eine prekäre Lage, denn ihr
25 Status basierte auf Grundbesitz, der durch das Rechtssystem des Reiches legitimiert und geschützt wurde. Nachdem die staatliche Ordnung zusammengebrochen war, erloschen auch die damit verbundenen Besitzgarantien, sodass den Eignern gar nichts
30 anderes übrig blieb, als sich mit den neuen Machthabern zu arrangieren. Zwar kosteten sie diese Übereinkünfte in aller Regel einen Teil ihres Landbesitzes, aber in deren Selbstverständnis Schlüsselelemente der römischen Kultur eine wesentliche Rolle spielten.
35 In den folgenden 150 Jahren dominierte die Osthälfte des Reiches mit Konstantinopel als Zentrum die im Westen entstehenden Nachfolgestaaten. Sehr viel mächtiger als jeder einzelne von ihnen, übte das Oströmische Reich die kulturelle und bisweilen auch
40 politische Hegemonie zumindest über einzelne Regionen des westlichen Mittelmeerraums aus. Eine zweite wichtige Gruppe war die Schicht der bereits erwähnten römischen Landbesitzer, die außerhalb Britanniens und Nordwestgalliens in beachtlicher
45 Zahl weiterhin vorhanden waren. Eine klassische Er-

ziehung in lateinischer Sprache und Literatur war zentraler Bestandteil ihrer kulturellen Ausbildung und ihres Selbstverständnisses, das in den Anspruch mündete, Teil des göttlichen Weltplans zu sein. Die
50 dritte, im weitesten Sinne römische Interessengruppe war die christliche Kirche. Auch die neuere Forschung neigt noch dazu, sich auf die Christianisierung der römischen Welt in der späten Kaiserzeit und die Frage zu konzentrieren, wie die neue Staatsreli-
55 gion die klassischen Traditionen, Strukturen und Werte veränderte. Nicht weniger wichtig war jedoch die gleichzeitige Romanisierung des Christentums. Erst dieser Prozess machte aus einer kleinen Sekte eine Massen- und Staatsreligion. So haben Elemente der
60 griechischen Philosophie zur Entwicklung der christlichen Lehre beigetragen. Klassische Grammatiker halfen dabei, christliche Texte auf neue Weise auszulegen, und veränderten so die Art und Weise, zu predigen. Gleichzeitig führten jahrhundertealte ikono-
65 graphische Muster zu einer »neuen« christlichen Kunst.

Keine dieser drei Quellen der Romanitas [Lebensweise, Kultur der Römer] überstand den Fall des Weströ-
70 mischen Reiches unbeschadet. Die Grundbesitzerelite in den Provinzen hatte ihre Kinder üblicherweise von professionellen Lehrern in lateinischer Sprache und Literatur unterrichten lassen – von Grammatikern, wie sie auf jedem Marktplatz des Reiches zu
75 finden waren. Ein perfektes Latein zeigte nicht nur ihren Status als Elite an, sondern war in der Spätantike zugleich die *conditio sine qua non* für eine lukrative Ämterkarriere auf lokaler oder überregionaler Ebene. Die stark reduzierten institutionellen Struktu-
80 ren des nachrömischen Westens und seine Zersplitterung in häufig miteinander kriegführende Königreiche hatten zur Folge, dass dem Militärdienst eine immer größere Bedeutung zukam – mit dem Ergebnis, dass auch die römischstämmige Elite innerhalb
85 der Nachfolgereiche bis zur Mitte des 6. Jh.s mehrheitlich einer neuen Kriegeraristokratie angehörte. In dieser Situation verlor die aufwändige und teure literarische Erziehung ihren einstigen Stellenwert für das Selbstverständnis der Führungsschicht, und
90 Grammatiker – die seit dem 1. Jh. eine kulturelle Kontinuität garantiert hatten – waren im ehemals römischen Westen immer weniger gefragt. [...]

Auch für die Kirche brachte das Ende des Weströ-
95 schen Reiches erhebliche Veränderungen mit sich.

[...] Dennoch wurden einige wesentliche Merkmale der Romanitas fester Bestandteil der kulturellen Normen, die sich im frühmittelalterlichen Westen herausbildeten. Die offizielle Reichsversion des Chris-
100 tentums – wie sie auf den Konzilen von Nicäa (325) und Konstantinopel (381) festgelegt worden war – setzte sich schließlich als rechtgläubiger Standard im gesamten nachrömischen Westen durch. [...] Chlodwig schloss eine Allianz mit dem Oströmischen
105 Reich, die sich gegen die gotischen Herrscher in Italien, Spanien und Südgallien richtete. Später, während der Regierungszeit Justinians (527 – 565), besiegte die oströmische Armee die ostgotischen und vandalisch-alanischen Königreiche in Italien und Nordafrika.
110 Außerdem zerstörten Chlodwigs Söhne in den 530er-Jahren das Burgunderreich. Dadurch verschob sich das Gleichgewicht in so dramatischer Weise zugunsten des Nizäischen Glaubensbekenntnisses, dass die Westgoten während des Konzils von Toledo (589)
115 schließlich ebenfalls zum Katholizismus konvertierten. [...]

In gewisser Weise wurde der Einfluss des römischen Erbes im folgenden Jahrhundert sogar noch größer,
120 denn es gelang der karolingischen Dynastie, einen Großteil der nachrömischen lateinischen Christenheit unter ihre Kontrolle zu bringen (die angelsächsischen Königreiche blieben unabhängig und der Großteil Spaniens fiel in muslimische Hand). Die Kai-
125 serkrönung Karls des Großen am Weihnachtstag des Jahres 800 symbolisiert die Wiederbelebung einer dezidiert römischen Auffassung von Imperium und Kaisertum – und zwar nicht allein wegen des Titels, sondern auch substanziell. Der Kaiser leitete nämlich ein
130 großes, aus den Erlösen seiner Eroberungen finanziertes Reformprojekt (renovatio) ein, das der Fragmentierung des nach wie vor machtvollen römischen Erbes in Westeuropa entgegenwirkte. [...] Karl der Große herrschte praktisch über die gesamte lateini-
135 sche Christenheit, und eine Abfolge von Konzilen und Reforminitiativen (etwa zur Zusammenstellung von liturgischen Büchern) sorgte für eine sehr viel größere Einheitlichkeit in der religiösen Praxis des christlichen Westens. All das geschah nicht etwa
140 nach dem Willen der Päpste, sondern auf Anordnung der karolingischen Kaiser, was erneut ein bezeichnendes Licht auf die übergeordnete, in spätrömischen Traditionen wurzelnde religiöse Autorität des Kaisers wirft. Zugleich maßen Karl der Große und seine
145 Nachfolger dem geschriebenen Recht, das sie als Herzstück der Herrschaftsordnung verstanden, einen immer größeren Wert bei. Dadurch übte das spätrömische Erbe einen enormen Einfluss auf die Ausbildung des karolingischen Rechts aus. Dessen unge-
150 achtet hatte sich natürlich sehr viel verändert. Das klassische Latein wurde zwar wiederbelebt, aber im Wesentlichen nur vom Klerus gesprochen. Die weltlichen Eliten des Westens sprachen eine Vielzahl von Dialekten, und es sollte viele Jahrhunderte dauern,
155 bis es wieder üblich wurde, Latein lesen und schreiben zu lernen. Hinzu kam, dass die Wiederbelebung klassischer Lehrinhalte darauf abgestimmt war, religiösen Zwecken zu dienen. Es lässt sich nicht einmal erahnen, wie viele antike Texte in dieser Zeit für im-
160 mer verloren gingen, weil der karolingische Klerus keine Verwendung für sie hatte. Die große Wertschätzung für das geschriebene Recht hatte, zumindest im weltlichen Bereich, eher symbolische als praktische Bedeutung. Den Verfall des Karolinger-
165 reichs, dem die wirtschaftlichen und institutionellen Grundlagen fehlten, die das Römische Reich so außerordentlich langlebig gemacht hatten, überstand es nicht.

Peter Heather, Von Konstantin bis zu Karl dem Großen, in: LVR-Landesmuseum Bonn/Gabriele Uelsberg (Hg.)/David Abulafia (Mitarb.), Europa in Bewegung. Lebenswelten im frühen Mittelalter (übers. v. Karin Schuler u. Andreas Thomsen), Darmstadt: WBG Theiss 2018, S. 19 – 27.

• •

1. a) ●○○ Fassen die zentralen Erkenntnisse, die Peter Heather für die Jahre 400 bis 800 skizziert, zusammen.

b) ●●○ Peter Heather eröffnet mit seinem Essay den Katalog zur Ausstellung „Europa in Bewegung", die 2017 – 2019 in Amsterdam, Athen und Bonn gezeigt wurde. In seinen Ausführungen kommt er ohne den Begriff „Völkerwanderung" aus. Arbeiten Sie heraus, warum er auf diesen Begriff für seine Deutung des Zeitraums von 400 bis 800 verzichten kann. Berücksichtigen Sie dabei die mit dem Begriff „Völkerwanderung" verbundene Perspektive und die Perspektive, die Heather in seinem Essay einnimmt.

c) ●●● Diskutieren Sie die Vor- und Nachteile des Begriffs „Völkerwanderung" zur Bezeichnung für den Zeitraum zwischen 300 und 800 n. Chr.

→ M8

9. Die Rezeption der „Völkerwanderung"

Heldenlieder und Heldensagen

Die Zeit der „Völkerwanderung" hat nachdrücklich auf das kollektive Gedächtnis der nachfolgenden Jahrhunderte gewirkt. Die Anfänge der Überlieferung stellen rein mündlich tradierte Heldengeschichten dar. Das älteste und zugleich einzige erhaltene althochdeutsche Heldenlied ist das „Hildebrandslied". Es wurde um 830 niedergeschrieben und entstammt dem Sagenkreis um Theoderich, Odoaker und Attila.

Aus den Liedern entwickelten sich die Heldenepen. Das älteste bekannte Heldenepos, der altenglische „Beowulf", entstand um das Jahr 1000. Um 1200 sind die Epen „Kudrun" und das „Nibelungenlied" zu datieren. Es folgen zahlreiche Epen um Dietrich von Bern, hinter dem sich als historische Figur Theoderich der Große verbirgt.

Das „Nibelungenlied" verbindet mehrere Sagenkreise miteinander. Zum einen wird hier die Geschichte von Siegfried dem Drachentöter erzählt, insbesondere seine Hochzeit mit Kriemhild und seine Ermordung durch Hagen von Tronje, zum anderen schildert der unbekannte Autor Kriemhilds Rache an den Verrätern und den Untergang der Burgunden. Dass in dem Epos historische Figuren wie Attila als Etzel und Theoderich der Große als Dietrich von Bern auftreten, ist nicht ungewöhnlich. Dennoch darf man nicht erwarten, in derartigen Heldenepen verlässliche Informationen über historische Personen zu erhalten: So hat Etzel wenig mit dem historischen Attila gemein, und Dietrich von Bern muss sich in den Sagen zwar mit einem bösen König Ermenrich auseinandersetzen, allerdings starb der historische König Ermanarich bereits 375, also zu einem Zeitpunkt, zu dem Theoderich noch nicht geboren war.

Heldenepen über die Zeit der Völkerwanderung entstanden im gesamten germanischen Sprachraum. Nicht immer lassen sich in den Heldenepen alle historischen Hintergründe und Personen festmachen. So ist bis heute ungeklärt, um wen es sich bei dem „Nebelvolk" der Nibelungen handelt.

Moderne Rezeption der „Völkerwanderung"

Im 19. Jahrhundert avancierte das „Nibelungenlied" zum Nationalepos, das auf den Gymnasien im Deutschunterricht gelesen wurde. Die „Völkerwanderung" wurde zugleich Stoff für Bestseller: Felix Dahn verarbeitete die Zeit nach Theoderichs Tod in seinem historischen Roman „Ein Kampf um Rom" (1876), von dem bis 1939 insgesamt 600 000 Exemplare verkauft wurden. Richard Wagner vertonte die „Völkerwanderung" in seinem gigantischen, ca. 16-stündigen Opernzyklus „Der Ring des Nibelungen" (1848 – 1874). Auch Zeichner und Maler des 19. Jahrhunderts verewigten ihre Vorstellungen von der „Völkerwanderung" auf großformatigen Gemälden. Häufig zeigen diese Bilder Schlachten, die den scheinbar ewigen Kampf zwischen „Germanen" und „Romanen" darstel-

M 1 Kupferstich aus dem 17. Jahrhundert (Ausschnitt)
Dargestellt ist Dietrich von Bern, eine Gestalt der germanischen Sage, in der Theoderich, der König der Ostgoten, fortlebt.

len und damit zugleich an die „Erbfeindschaft" zwischen Deutschland und Frankreich erinnern sollten. Aus den Gemälden wurden zu Beginn des 20. Jahrhunderts schließlich auch bewegte Bilder: Fritz Lang schuf 1924 mit seinem opulenten Nibelungenspielfilm einen der größten Blockbuster der 1920er-Jahre.

Die Rezeption der „Völkerwanderung" war und ist immer auch politisch geprägt. Als Nationalepos nimmt das „Nibelungenlied" einen großen Raum im Selbstverständnis der Deutschen ein. Namen und Helden aus dem „Nibelungenlied" wurden in politischen wie auch militärischen Kontexten verwendet. Siegfried mit dem Schwert in der Hand galt als Mann der Tat, der lieber zuschlug, als nach friedlichen Alternativen zu suchen. Diese Metapher funktionierte sowohl in national-konservativen Kreisen, die Deutschland umringt von Feinden sahen, die zu schlagen waren, als auch bei den Sozialdemokraten, die darauf hofften, dass der „rote" Siegfried den „konservativen" Drachen tötete. Ungeachtet seines Mordes an Siegfried erkannte man sogar in Hagen einen vorbildlichen Helden. Der Historiker Herfried Münkler hält fest, dass im Kaiserreich beide Typen gleichwertig nebeneinander existierten. So wollte man beispielsweise in Bismarck mal einen Siegfried, mal einen Hagen erkennen: Siegfried stand für den „offenherzig-naiven, mitunter vorlauten, aber immer weltzugewandten Heldentyp", Hagen hingegen für den „erfahrenen und viel wissenden, aber verschlossenen, im Spiel der Macht versierten und doch zu fatalistischem Pessimismus neigenden Kämpfertyp" (Münkler).

Im Ersten Weltkrieg bezeichnete die „Siegfriedstellung" eine Verteidigungslinie der Deutschen. Die bereits im Kaiserreich und dann vor allem von den Nationalsozialisten beschworene „Nibelungentreue" war die Forderung nach einem unbedingten Befehlsgehorsam, der bis in den Tod zu gehen hatte.

Die kulturelle und politische Rezeption der „Völkerwanderung" ist bis heute ungebrochen. Im Kontext der Flüchtlingsbewegungen im August 2015 wurde auch die Frage nach einer „neuen Völkerwanderung" gestellt, häufig verbunden mit emotional aufgebauschten Schreckensszenarien und Vorstellungen einer krisenhaften Bedrohung der eigenen Identität.

Besonders wirksam ist die Rezeption der „Völkerwanderung" in der Fantasy-Literatur. So sind in Romanen wie „Der Herr der Ringe" von J. R. R. Tolkien und „Das Lied von Eis und Feuer" (verfilmt als „Game of Thrones") von George R. R. Martin nicht nur Wanderungen ein zentrales Thema; die Autoren greifen auch zahlreiche weitere Inhalte, Themen und Motive aus der Zeit der „Völkerwanderung" auf. Die dabei zwischen Tapferkeit, Treue, Ehre und Liebe einerseits sowie Verrat und Mord andererseits agierenden Helden und Antihelden beziehen sich häufig auf Akteure epischer Erzählungen, die in der Nachwirkung der „Völkerwanderung" entstanden sind.

M 2 *„Der rote Siegfried"* Postkarte nach der Reichstagswahl vom 12. Januar 1912, in der die Sozialdemokraten hohe Stimmengewinne erzielte.

Der rote Siegfried

nach der Wahlschlacht 1912.

Aus der Tiefe stieg das Volk empor und rechnete ab.
Die Sozialdemokratie erhielt:
1871 113 048 St. u. 2 Abg. – 1890 1 427 298 St. u. 35 Abg.
1898 2 113 536 St. u. 56 Abg. – 1903 3 010 756 St. u. 81 Abg.
1912 4 250 329 St. u. 110 Abg.

Wer hat im **Weltkrieg** dem deutschen Heere den Dolchstoß versetzt? Wer ist schuld daran, daß unser Volk und Vaterland so tief ins Unglück sinken mußte? Der Parteisekretär der Sozialdemokraten **Vater** sagt es nach der Revolution 1918 in Magdeburg:

„**Wir** haben unsere Leute, die an die Front gingen, zur Fahnenflucht veranlaßt. Die Fahnenflüchtigen haben wir organisiert, mit falschen Papieren ausgestattet, mit Geld und unterschriftslosen Flugblättern versehen. **Wir** haben diese Leute nach allen Himmelsrichtungen, hauptsächlich wieder an die Front geschickt, damit sie die Frontsoldaten bearbeiten und die Front zermürben sollten. Diese haben die Soldaten bestimmt, überzulaufen, und so hat sich der Verfall allmählich, aber sicher vollzogen."

Wer hat die Sozialdemokratie hierbei unterstützt? Die Demokraten und die Leute um Erzberger. Jetzt, am 7. Dezember, soll das Deutsche Volk den

zweiten Dolchstoß

erhalten. Sozialdemokraten in Gemeinschaft mit den Demokraten wollen uns

zu Sklaven der Entente machen,

wollen uns für immer zugrunde richten.

Wollt ihr das nicht,

dann

Wählt deutschnational!

M 3 *Verbreitung der Dolchstoßlegende nach dem Ersten Weltkrieg*
Wahlplakat der DNVP von 1924 (Ausschnitt). Der Soldat wird an derselben Stelle getötet wie Siegfried. Es ist seine einzige verwundbare Stelle.

4 Das Nibelungenlied als nationales Epos

Der Journalist Cay Rademacher skizziert die deutsche Rezeptionsgeschichte des Nibelungenlieds:

Im 18. Jahrhundert entdecken Gelehrte mittelalterliche Handschriften der fast vergessenen Sage wieder, 1782 wird sie erstmals vollständig gedruckt [...].

5 Ab etwa 1800 verstehen die Menschen in den deutschen Landen [...] das Nibelungenlied als Nationalepos: als urdeutsches, uraltes und kämpferisches Werk. [...] Niemand erzielt eine größere Wirkung als der Komponist Richard Wagner, der ab 1848 am „Ring
10 des Nibelungen" arbeitet. Wagner interessiert sich bald vor allem für die mythische, unhistorische Dimension der Geschichte, weshalb er weniger das um 1200 entstandene Nibelungenlied adaptiert als die älteren, nordischen Sagenversionen. So zelebriert seine
15 im Sommer 1876 uraufgeführte Opern-Tetralogie beispielsweise das Walten der Götter und Walküren. [...]

1909 erklärt Kanzler Bernhard von Bülow im Reichstag Deutschlands „Nibelungentreue" zu Österreich-
20 Ungarn; damit wird also ein politisches Bündnis zweier moderner Staaten mit einer mythischen Gefolgschaft gleichgesetzt – mit den Burgundern/Nibelungen nämlich, die in der brennenden Königshalle unbeirrt zusammenstehen [...].

25 Und 1914, da nun tatsächlich der Weltenbrand lodert, erhebt ein Reichstagsabgeordneter den „waffengewaltigen, stolzen, grimmen Hagen" gar zum „Sinnbild Preußen-Deutschlands". Heute ist es schwer verständlich, dass im deutschen Kaiserreich ausgerechnet
30 die dem Untergang geweihten Nibelungen zu Vorbildern erklärt werden – vor allem der Heldenmörder Hagen, der sein Leben ja als hilflos Gefesselter verliert. [...] Als das Beschworene allerdings in gewisser Weise tatsächlich eintritt, als mit dem verlorenen
35 Weltkrieg 1918 zumindest das Kaiserreich untergeht, ist der Nibelungenmythos keineswegs zerstört.

Im Gegenteil: Er wandelt sich nur – und Siegfried ersetzt Hagen. Die „Dolchstoßlegende" kommt auf, die
40 Mär, das im Feld eigentlich unbesiegte deutsche Heer sei in der Heimat von Sozialisten, Kommunisten und Juden entscheidend getroffen worden. [...]

Und im Januar 1943, da die eingeschlossene 6. Armee in Stalingrad verblutet, spricht Hermann Göring im
45 Radio: „Wir kennen ein gewaltiges, heroisches Lied von einem Kampf ohnegleichen, das hieß ‚Der Kampf der Nibelungen'. Auch sie standen in einer Halle von Feuer und Brand und löschten den Durst mit eige-
50 nem Blut – aber sie kämpften und kämpften bis zum Letzten. Ein solcher Kampf tobt heute dort." [...]

Cay Rademacher, Nibelungensage – Epos aus uralten Zeiten, in: Geo Epoche 34 (12/2008) „Die Germanen", Hamburg: Gruner + Jahr 2008, S. 150ff. Zit. nach: https://www.geo.de/magazine/geo-epoche/6756-rtkl-die-germanen-nibelungensage-epos-aus-uralten-zeiten [letzter Zugriff: 09.01.2019].

1. a) ●●○ Beschreiben Sie die Entwicklung der Rezeption der Völkerwanderung am Beispiel des Nibelungenlieds. Erläutern Sie dazu die Deutungen der Figuren Siegfried und Hagen.
b) ●●● Setzen Sie sich mit der politischen Verwendung von Motiven aus dem Nibelungenlied auseinander. Interpretieren Sie dazu die beiden Wahlkampfzeichnungen M2 und M3.
c) ●●● Informieren Sie sich über den Inhalt des Nibelungenlieds und seiner zentralen Figuren. Stellen Sie ihre Ergebnisse in einer Präsentation vor.
→ Text, M1–M4, Internet

Die Rezeption der „Völkerwanderung"

M 5   *Siegfrieds Kampf mit dem Drachen*
Szenenbild aus dem Stummfilm „Die Nibelungen" von Fritz Lang, 1925

6 **Fritz Langs Verfilmung der Nibelungen**

Über die Rekonstruktion von Fritz Langs Stummfilmklassiker „Die Nibelungen" schreibt Rüdiger Suchsland:

Der Kinozweiteiler von Fritz Lang und seiner Ehefrau Thea von Harbou ist eine ganz eigenständige, in manchem freie, oft raffende, im großen Ganzen aber am Text orientierte Bearbeitung des mittelhochdeut
5 schen Nibelungenlieds, des Nationalepos' der Deutschen.
Gedreht während des Höhepunkts der großen Inflation und Wirtschaftskrise von 1923, ins Kino gekommen 1924, war dies seinerzeit der größte Blockbuster
10 des deutschen Kinos. Ein Meisterwerk des Stummfilms, expressionistisch, zugleich hypermodern in seinen ungekannten Special-Effects: Etwa der 21 Meter lange Lindwurm, mit dem Siegfried kämpft, oder ein Flammenmeer vor Brunhilds Schloss, die Tarn
15 kappe, die Siegfried mehrfach zum Verschwinden bringt, oder am Ende der Showdown im brennenden Palast des Hunnenkönigs Etzel.
Der erste Teil: „Siegfried" ist vor allem Fantasy-Genre, gegen das der „Herr der Ringe" alt aussieht: mit
20 reiner Liebe, einem Held, der wie Supermann überall Erfolg hat, Monster besiegt und nur durch Verrat zur Strecke gebracht werden kann.
Der zweite Teil „Krimhilds Rache" ist dann ein durch und durch erwachsener Film, ein Rachedrama und
25 blutrünstiger Gothic-Horror.
Für Fritz Lang war das alles nach „Doktor Mabuse" der eigentliche Durchbruch. „Die Nibelungen" machten ihn berühmt, und gaben ihm die Voraussetzung, sein Herzensprojekt, den Science-Fiction-Film „Met
30 ropolis" in Angriff zu nehmen.
Trotz seines umfassenden künstlerischen und wirtschaftlichen Erfolges wurde der Film schon bald umgearbeitet und verstümmelt, aus zwei Teilen wurde einer, aus fünf Stunden wurden vier. Das Original
35 war verschollen. [...]
Erst in den letzten Jahren wurde das Original von der Friedrich-Wilhelm Murnau-Stiftung restauriert, so gut es ging aus diversen Filmfassungen, denn das Originalnegativ ist verloren. [...]
40 Und so entdeckt man völlig neu jenes alte deutsche Drama, über das der berühmte Siegfried Kracauer später schrieb, hier sei alles auf Nationalepos getrimmt worden und sehe sich an „wie eine Vorwegnahme Goebbels'scher Propaganda."
45 Tatsächlich erscheinen diese Bilder und Figuren nicht nur wie eine sehr trickreich geplante Arbeit am Mythos, sondern auch wie ein höchst fremdes Märchen aus uralten Zeiten.

Allein schon diese Figuren: Edle, sittsame Deutsche
50 und schmutzig-barbarische Hunnen aus dem Osten, die freilich insgeheim das Publikum am stärksten zu verzaubern vermögen. Siegfried, der gutgläubige, aber auch ein bisschen einfältige tumbe deutsche Held. Krimhild, die Rachequeen. Brunhilde Mann
55 weib mit Sado-Maso-Neigungen und Femme Fatale, die schließlich im Freitod endet, und nicht zuletzt Hagen, der Dark Knight des deutschen Geistes, treu bis in den Tod, ein Mörder aus Staatsraison, der der den Schmutz wegmacht für Gunther, den Zauderer
60 und Entscheidungslosen auf dem Königsthron, ein schwacher Herrscher, dessen Schwäche gewissermaßen an allem schuld ist – ein Inbegriff auch für die Politikverachtung der 20er-Jahre und des Regiegespanns Lang/Harbou.
65 Das Arsenal der deutschen Geistesgeschichte ist hier kondensiert: deutsche Archetypen im Denken, Fühlen, und einer der wenigen Momente, in denen es bei der [...] Uraufführung, dieses völlig humorfreien, bleischweren Mythendramas einmal unfreiwillige
70 Gelächter gab, war, als Dietrich von Bern dem fassungslosen Hunnenkönig, als er nicht versteht, warum alle freiwillig in den Tod gehen, erklärt „Du kennst die deutsche Seele nicht."

Rüdiger Suchsland, Sie kämpfen wieder. Fritz Langs Stummfilmklassiker „Die Nibelungen" wurde rekonstruiert (28.04.2010); zit. nach: https://www.deutschlandfunk.de/sie-kaempfen-wieder.691. de.html?dram:article_id=54116 [letzter Zugriff: 09.01.2019].

● ●

1. **a)** ●●○ Arbeiten Sie die zentralen Aussagen der Rezension über die Verfilmung der Nibelungen durch Fritz Lang heraus.
b) ●●● Interpretieren Sie das Szenenbild und überprüfen Sie, inwiefern die Kritik mit ihrer Deutung des Szenenbilds übereinstimmt.
c) ●●● Sehen Sie sich Ausschnitte der Fritz Lang Verfilmung der Nibelungen an und diskutieren Sie die Wirkung des Films.
d) ●●● Das Nibelungenlied gilt seit dem 19. Jahrhundert als das Nationalepos der Deutschen. Diskutieren Sie, ob das Werk verpflichtend im Deutschunterricht der Oberstufe gelesen und/oder Fritz Langs Verfilmung analysiert werden sollte.
→ Text, M5, M6

Die Rezeption der „Völkerwanderung"

 7   Tejas Todesgesang

Felix Dahn verfasste zu dem Roman „Ein Kampf um Rom" das Gedicht „Tejas Todesgesang", in dem Teja den Gotenkönig Theoderich/Dietrich, der zur Familie der Amaler (hier Amelungen) erwähnte. Teja, der letzte König der Ostgoten, singt nach Dahn dieses Lied unmittelbar vor Beginn der Schlacht am Milchberg, während der Teja getötet wird:

Erloschen ist der helle Stern
Der hohen Amalungen:
O Dietrich, teurer Held von Bern,
Dein Heerschild ist zersprungen.
Das Feige siegt, das Edle fällt,
Und Treu' und Mut verderben,
Die Schurken sind die Herrn der Welt: –
Auf, Goten, lasst uns sterben! –

O schöner Süd, o schlimmes Rom,
O süße Himmelsbläue,
O blutgetränkter Tiberstrom,
O falsche welsche Treue!
Noch hegt der Nord manch kühnen Sohn,
Als unsres Hasses Erben,
Der Rache Donner grollen schon: –
Auf, Goten, lasst uns sterben!

Vom Kaukasus bis vor Byzanz,
Welch stolzes Siegeswallen!
Der Goten Glück stieg auf in Glanz,
In Glanz auch soll es fallen.
Die Schwerter hoch, um letzten Ruhm
Mit letzter Kraft zu werben:
Fahr wohl, du freudig Heldentum: –
Auf, Goten, lasst uns sterben! –

Felix Dahn, Gesammelte Werke. Erzählende und poetische Schriften, Zweite Reihe, Band 5: Gedichte und Balladen (Auswahl), Leipzig: Breitkopf und Härtel 1912, S. 270 f.

 8   **Die Gotenschlacht am Vesuv**

Alexander Zick stellt 1890 in diesem Historiengemälde die Schlacht am Milchberg dar. Teja befindet im Zentrum.

(M) 9 Felix Dahns „Ein Kampf um Rom" – Eine Deutung

Über den Bestseller „Ein Kampf um Rom" von Felix Dahn schreibt der Historiker Herfried Münkler (2009):

Theoderichs zehnjähriger Enkel kann die Herrschaft noch nicht antreten; an seiner Stelle übernimmt seine Mutter die Regentschaft. Bei dem Versuch, die Macht-verteilung zwischen Römern und Goten wiederher-
5 zustellen, gerät sie zunehmend in Konflikt mit einer gotischen Partei, der die Herrschaft einer Frau zuwi-der ist. Dahn schildert die politischen Auseinander-setzungen als eine Abfolge von Intrigen und Verräte-reien, sodass der Leser regelrecht erleichtert ist, wenn
10 endlich der offene Krieg beginnt.
Offene Kriegführung, so die unterschwellige Bot-schaft, klärt nicht nur die Fronten, sondern sorgt auch dafür, dass die „weibischen Charaktere", die sich im Frieden in den Entscheidungszentren breitge-
15 macht haben, von dort verschwinden und aufrechten Männern Platz machen. Aber wie konnte es über-haupt dazu kommen, dass sich innerhalb der go-tischen Führungsschicht so viel Schwäche und Feigheit ausgebreitet hat? Dahn macht mehrere Deu-
20 tungsangebote: Eines davon ist der lange Friede unter der Herrschaft Theoderichs, während dessen es an der gehörigen Auslese gefehlt hat und die Schwachen aufgestiegen sind; ein anderes ist die allmähliche Verweichlichung der Goten im Süden, wo sie ihre ag-
25 rarische Lebensweise aufgegeben und sich der städti-schen Zivilisation angepasst hätten.
Zwei Grundelemente des Germanenmythos treten hier wieder hervor: der Krieg und die bäuerliche Le-bensweise als Grundkonstanten germanischen Le-
30 bens sowie städtische Zivilisation und politisches Ränkespiel als dessen Widerpart, an dem die hochge-wachsenen Germanen verderben. Zu urbaner Zivili-sation und politischem Ränkespiel gesellt sich das emanzipierte Weib, das nicht mehr als Hausfrau und
35 Mutter dem Manne dient, sondern mit List und Lau-nen seine eigenen Wege geht. Amalaswintha und Mataswintha, Tochter und Enkelin des Theoderich, die nach Dahn am Niedergang der gotischen Macht ein gerüttelt Maß Schuld haben, sind noch die harm-
40 loseren Beispiele dessen, während die byzantinische Kaiserin Theodora die teuflische Variante darstellt. Meidet die Städte und meidet den Süden, wendet euch ab von Rom, so die zentrale Botschaft von Dahns Roman: Dort schmilzt die Kraft germanischer
45 Männer wie Schnee in der Sonne; den Verführungen wie Verderbnissen des Südens ist der Germanendeut-sche auf Dauer nicht gewachsen, also sollte er sie meiden. Allenfalls eine zeitlich begrenzte Bildungs-reise, die auch Dahn wie viele seiner akademischen
50 Kollegen unternommen hat, ist zulässig; auf Dauer jedoch zersetzt das Leben im Süden Kraft und Ethos. Es sind eher klimatheoretische als rassekundliche Vorstellungen, die Dahn anleiten.
Dahns Distanz zu Rassevorstellungen, wie sie zu die-
55 ser Zeit die deutsche, aber auch die französische Weltanschauung beeinflussten, zeigt sich auch darin, dass er die beiden gotischen Protagonisten in der Schlussphase des Kampfs um Rom, die Könige Totila und Teja, als blonden und als schwarzhaarigen Typ
60 schildert, wobei gerade der blonde Totila ein über-zeugter Anhänger der ursprünglichen Politik Theo-derichs ist und auf einen produktiven Ausgleich zwi-schen Goten und Römern setzt, während der schwarzgelockte und blassgesichtige Teja - kein
65 strahlender Kriegsheld, aber der beste und tapferste Kämpfer der Goten – zwischen einem konsequenten Rückzug in den europäischen Norden und der Todes-erotik eines heroischen Endkampfes schwankt. Die „römische" Gegenfigur zu ihnen ist neben der byzan-
70 tinischen Kaiserin Theodora der armenische Ho-feunuch Narses, der in der Schlussphase das Ober-kommando auf dem italienischen Kriegsschauplatz hat: Er ist kein Krieger wie die germanischen Heer-führer, sondern ein kühl berechnender Stratege und
75 Logistiker, der sich in einer Sänfte auf den Feldherrn-hügel tragen lässt, um von dort aus das Geschehen zu beobachten und seine Anweisungen zu geben. Narses wird den Kampf um Rom, der in der Endphase zu ei-nem mit großer Erbitterung geführten Vernichtungs-
80 krieg ausartet, schließlich gewinnen, und ausschlag-gebend wird die erdrückende Masse seiner Söldner sein - darunter im Übrigen zahlreiche Germanen, die er mit Hilfe oströmischen Goldes anwerben konnte. So erliegen die Goten zuletzt der Übermacht von
85 Ränke und Reichtum, Gier und Gold. Es ist nicht mehr die militärische Macht Roms, die in den mythi-schen Erzählungen und Formeln die Germanen und Deutschen bedroht, sondern sein verborgener, schlei-chender, oft unmerklicher Einfluss.

Herfried Münkler, Die Deutschen und ihre Mythen, Berlin: Ro-wohlt 2009, S. 200 ff.

• •

1. a) ●○○ Fassen Sie die Aussagen von Münklers Deutung zu Dahns „Ein Kampf um Rom" zusammen.
b) ●●○ Analysieren Sie in dem Gedicht „Tejas Todesgesang" das Goten- und Römerbild.
c) ●●● Interpretieren Sie das Historiengemälde „Die Gotenschlacht am Vesuv".
d) ●●● Setzen Sie sich mit dem Goten- und Rö-merbild Dahns auseinander.
→ Text, M7–M9

Die Rezeption der „Völkerwanderung"

M 10   Wanderer in der Fantasy-Literatur

a) In dem mehrbändigen Roman „Das Lied von Eis und Feuer" von George R. R. Martin spielen Wanderungen von einzelnen Personen und Völkern eine große Rolle. Als besonders bedrohlich erweisen sich die Weißen Wanderer:

„Oh, mein süßes Sommerkind", sagte die Alte Nan leise, „was weißt du schon von der Angst? Die Angst gehört dem Winter, mein kleiner Lord, wenn der Schnee hundert Fuß hoch liegt und der Eiswind aus
5 dem Norden heult. Angst gehört der langen Nacht, wenn die Sonne über Jahre ihr Gesicht verbirgt und kleine Kinder in Finsternis geboren werden und leben und sterben, während die Schattenwölfe ausgezehrt und hungrig werden und die Weißen Wanderer
10 durch die Wälder streifen."
„Du meinst die Anderen", sagte Bran nörgelnd.
„Die Anderen", stimmte die Alte Nan ihm zu. „Vor Tausenden und Abertausenden von Jahren gab es einen Winter, der kälter und härter und länger war als
15 alles, was es seit Menschengedenken gegeben hat. Es kam eine Nacht, die eine Generation lang dauerte, und Könige zitterten und starben auf ihren Burgen ebenso wie die Schweinehirten in ihren Ställen. Mütter erstickten ihre Kinder lieber, als dass sie diese ver-
20 hungern ließen, und sie weinten und fühlten, wie die Tränen auf ihren Wangen gefroren." Ihre Stimme und die Nadeln schwiegen, und mit blassen, glänzenden Augen sah sie zu Bran auf und fragte: „Nun, Kind. Ist das die Art von Geschichte, die dir gefällt?"
25 „Nun", sagte Bran zögerlich, „ja, nur ..." Die Alte Nan nickte. „In dieser Finsternis kamen die Anderen zum ersten Mal", erzählte sie, während ihre Nadeln klick klick klick machten. „Sie waren kalte Dinger, tote Dinger, die Eisen und Feuer und die Sonne hassten,
30 und außerdem jedes Wesen mit warmem Blut in den Adern. Sie fielen über Burgen und Städte und Königreiche her, erschlugen zahllose Helden und Armeen, ritten ihre bleichen, toten Pferde und führten Heerscharen von Erschlagenen an. Alle Schwerter der
35 Menschen konnten ihrem Ansturm nicht standhalten, und selbst mit Jungfern und Säuglingen hatten sie kein Mitleid. Sie jagten die Jungfern durch erfrorene Wälder und fütterten ihre toten Diener mit dem Fleisch toter Kinder."
40 Ihre Stimme war ganz leise geworden, fast schon ein Flüstern, und Bran merkte, wie er sich vorbeugte, um sie verstehen zu können.

„Nun waren es die Zeiten, bevor die Andalen kamen, und lange bevor die Frauen aus den Städten der
45 Rhoyne über die Meerenge flohen, und die hundert Königreiche jener Zeit waren die Königreiche der Ersten Menschen, die den Kindern des Waldes das Land genommen hatten. Doch hier und da lebten die Kinder noch immer im Wald, verborgen in ihren höl-
50 zernen Städten und den hohlen Hügeln, und die Gesichter der Bäume hielten Wacht. Als nun Kälte und Tod die Erde erfüllten, beschloss der letzte Held, die Kinder aufzusuchen, in der Hoffnung, dass ihre uralten Zauberkünste zurückgewinnen könnten, was
55 die Armeen der Menschen verloren hatten. Er machte sich auf ins tote Land, mit einem Schwert, einem Pferd, einem Hund und einem Dutzend Gefährten. Jahrelang suchte er, bis er daran zweifelte, die Kinder des Waldes in ihren geheimen Städten je zu finden.
60 Einer nach dem anderen starben seine Freunde, dann sein Pferd und schließlich selbst sein Hund, und sein Schwert fror so hart, dass die Klinge brach, als er es benutzen wollte. Und die Anderen witterten sein warmes Blut und folgten schweigend seiner Spur,
65 pirschten sich mit Meuten blasser, weißer Spinnen, groß wie Jagdhunde, an ihn heran ..."
Mit einem Schlag flog die Tür auf, und Brans Herz machte einen Satz vor Schreck, doch war es nur Maester Luwin, und Hodor ragte auf der Treppe hinter
70 ihm auf. „Hodor!", verkündete der Stalljunge, wie es seine Gewohnheit war, und grinste jedermann breit an.

George R. R. Martin, Das Lied von Eis und Feuer 1. Die Herren von Winterfell (übers. v. Jörn Ingwersen u. Sigrun Zühlke, vollst. durchges. und überarb. v. Sigrun Zühlke u. Thomas Gießl), München: Penhaligon 2010, S. 304 ff.

b) In dem Roman „Herr der Ringe" von J. R. R. Tolkien ziehen neun Gefährten durch Mittelerde. Die Zusammensetzung der Gruppe stellt eine Völkerwanderung im Kleinen dar:

Elrond rief die Hobbits zu sich. Er sah Frodo ernst an. „Die Zeit ist gekommen", sagte er. „Soll der Ring den Weg antreten, so muss er es bald tun. Doch die mit ihm gehen, dürfen für ihre Fahrt nicht auf Waffenge-
5 walt oder kriegerischen Beistand zählen. Ins Reich des Feindes, fern jeder Hilfe, müssen sie sich begeben. Bleibst du bei deinem Wort, Frodo, dass du den Ring tragen wirst?"
„Ja", sagte Frodo. „Ich nehme Sam mit."

10 „So kann ich dir nicht mehr viel Hilfe oder auch nur Ratschläge geben", sagte Elrond. „Nur sehr wenig auf deinem Weg kann ich voraussehen; und wie dein Auftrag zu erfüllen ist, weiß ich nicht. Bis an den Fuß des Gebirges ist der Schatten nun gekrochen und
15 naht sich sogar schon den Ufern der Grauflut; und unter dem Schatten ist alles mir dunkel. Viele Feinde werden dir begegnen, manche verkleidet, manche nicht; aber auch Freunde wirst du am Wege finden, wo du sie am wenigsten erwartest. An diejenigen, die
20 ich in der weiten Welt kenne, will ich Post senden, wie ich es auf meine Weise bewerkstelligen kann; doch so gefährlich sind nun die Lande, dass manches fehlgeleitet werden mag oder nicht schneller ankommt als du selbst.
25 Und Gefährten will ich für dich auswählen, die so weit mit dir gehen, wie sie wollen oder das Glück ihnen gestattet. Ihre Zahl muss gering bleiben, denn deine Hoffnung heißt Eile und Heimlichkeit. Und hätte ich ein Elbenheer, gewappnet wie in den Ältes-
30 ten Tagen, so wäre wenig mehr damit zu erreichen, als Mordors Streitmacht herauszufordern.
Neun sollen es sein, die mit dem Ring auf die Fahrt gehen: der Bund der Neu Gefährten gegen die Neun Reiter, die des Bösen sind. Mit dir und deinem treue
35 Diener wird Gandalf gehen; denn dies soll sein großes Werk sein und vielleicht auch das Ende seiner Mühen.
Was die übrigen angeht, so sollen sie die anderen freien Völker der Welt vertreten: Elben, Zwerge und
40 Menschen. Legolas wird dich für die Elben begleiten und Gimli Glóinssohn für die Zwerge. Sie sind willens, mindestens bis zu den Gebirgspässen mit dir zu gehen, vielleicht auch weiter. Für die Menschen begleitet die Aragorn, Arathorns Sohn, denn Isildurs
45 Ring geht auch ihn an."
„Streicher!", sagte Frodo.
„Ja", sagte Aragorn lächelnd. „Abermals bitte ich darum, dich begleiten zu dürfen, Frodo."
„Ich hätte dich meinerseits gebeten mitzukommen",
50 sagte Frodo, „ich dachte nur, du wolltest mit Boromir nach Minas Tirith."
„In der Tat", sagte Aragorn. „Und das zerbrochene Schwert wird neu geschmiedet, ehe ich in den Krieg ziehe. Doch über viele hundert Meilen haben wir
55 denselben Weg. Darum wird auch Boromir einer der Gefährten sein. Er ist ein wackerer Mensch."
„Es fehlen also noch zwei", sagte Elrond. „Dies bleibt mir zu bedenken. In meinem Gefolge werd' ich manche finden, die mir geeignet scheinen."
60 „Aber dann bleibt ja kein Platz mehr für uns!" rief Pippin ganz verzweifelt. „Wir wollen nicht zurückbleiben. Wir wollen mit Frodo gehn."

„Nur, weil ihr nicht versteht und euch nicht vorstellen könnt, was sie erwartet", sagte Elrond.
65 „Das kann Frodo auch nicht", sagte Gandalf, von dem Pippin keine Fürsprache erhofft hatte. „Und keiner von uns sieht darin klar. Gewiss, hätten diese Hobbits die Gefahr begriffen, so würden sie nicht wagen zu gehen. Aber dann hätten sie immer noch den Wunsch
70 zu gehen oder den Wunsch, es zu wagen, und wären beschämt und unglücklich. Ich denke, Elrond, in diesem Falle wäre es besser, auf ihre Freundschaft als auf ihren Verstand zu vertrauen. Selbst ein Elbenfürst wie Glorfindel, wenn deine Wahl auf ihn fiele, könnte
75 den Dunklen Turm nicht erstürmen oder uns mit der Macht, die er in sich trägt, den Weg zum Feuer bahnen."
„Was du sagst, hat Gewicht", sagte Elrond, „doch ich bin im Zweifel. Das Auenland, so ahnt mir, ist jetzt
80 nicht sicher vor Gefahr, und diese beiden hatte ich als Boten zurückzusenden gedacht mit dem Auftrag, alles nach ihres Landes Sitte Mögliche zu tun, um ihr Volk zu warnen. Jedenfalls dünkt mich, dass der jüngere von diesen beiden, Peregrin Tuk, zurückbleiben
85 sollte. Mein Herz spricht dagegen, dass er mitgeht."
„Dann, Meister Elrond, musst du mich einsperren oder mich in einen Sack stecken und heimschicken", sagte Pippin. „Denn sonst folge ich dem Trupp."
„Sei es denn! Geh also mit!" sagte Elrond seufzend.
90 „Die Neun sind nun vollzählig. In sieben Tagen muss die Fahrt beginnen."

J. R. R. Tolkien, Der Herr der Ringe (übers. v. Wolfgang Krege), Stuttgart: Klett-Cotta 2002, S. 301 ff.

● ●

1. a) ●●○ Analysieren Sie die Darstellung von Wanderungen in den Auszügen der Fantasy-Romane. Erläutern Sie, wer wandert und die Gründe für die Wanderung.
   b) ●●● Arbeiten Sie die Anspielungen auf die historische „Völkerwanderung" heraus. Überprüfen Sie, auf welche Vorstellungen über die Völkerwanderung sich Martin in seiner Erzählung über die Wanderer bezieht und inwiefern die neun Gefährten in Tolkiens „Herr der Ringe" eine Völkerwanderung im Kleinen darstellen.
   → M10

2. a) ●●● Recherchieren Sie, wie der Begriff „Völkerwanderung" in Literatur, Film und Politik gegenwärtig genutzt wird. Stellen Sie ihre Ergebnisse in kurzen Referaten vor.
   b) ●●● Diskutieren Sie die Verwendung des Begriffs „Völkerwanderung".
   → Internet

M 1 „Die Landung des Kolumbus"
Gemälde von José Garnelo y Alda, 1892

M 2 Kolumbus in Handschellen
Foto, Honduras, 1998

M 3 Kolumbus-Denkmal in Mexiko-Stadt
Foto, 2011

Der spanische Kolonialismus

„Zwanzig Jahre später, nunmehr auf der Höhe seiner Macht und allgemein angesehen als einer der erfahrensten militärischen Befehlshaber des katholischen Königtums von Spanien, ging der Sieger von al-Hudayl [Dorf in der Nähe von Granada] von seinem Schlachtschiff an einem Strand tausende von Meilen von seinem Heimatland entfernt von Bord. [...] Seine zwei Adjutanten, nunmehr selbst Kapitäne, hatten ihn auf seiner Mission begleitet.

Das Expeditionsheer reiste mehrere Wochen lang durch Sümpfe und dichte Wälder. Als er sein Ziel erreichte, wurde der Kapitän von Botschaftern des lokalen Herrschers begrüßt, gekleidet in Gewänder in unerwarteter Farbenpracht. Geschenke wurden ausgetauscht. Dann wurde er zum Palast des Königs eskortiert.

Die Stadt war auf Wasser gebaut. Nicht einmal in seinen Träumen hatte der Kapitän sich irgendetwas in dieser Art vorgestellt. Boote beförderten Bewohner von einem Teil in einen anderen Teil der Stadt.

‚Weißt du, wie sie diesen bewundernswerten Ort nennen?' fragte er, um seinen Adjutanten zu prüfen, als das Boot [...] am Palast anlegte.

‚Tenochtitlán heißt die Stadt und Moctezuma ist der König.'

‚Viel Reichtum floss in ihren Bau', sagte der Kapitän.

‚Sie sind ein sehr reiches Volk, Kapitän Cortés', kam die Antwort. Der Kapitän lächelte."

Kaum eine Buchseite umfasst er, dieser unwesentlich gekürzte „Epilog" des historischen Romans von Tariq Ali: „Im Schatten des Granatapfelbaums" (1992). Auf den 239 Seiten zuvor breitet Ali die Geschichte der Reconquista seit dem Fall von Granada (1492) aus, um abschließend diesen Auftakt der Eroberung der „Neuen Welt" durch Hernán Cortés zu präsentieren. Ohne die Rückeroberung des Südens der Iberischen Halbinsel von den Arabern, u.a. auch verbunden mit Judenverfolgung und -vertreibung, ist die Geschichte der spanischen Eroberung und Kolonisation nicht zu verstehen. Die (Zwangs-) Bekehrung von Juden und Mauren war zu einem innenpolitischen Instrument der katholischen spanischen Krone geworden, die religiöse Einheit der Untertanen zu gewährleisten und sie an den Staat zu binden, der eng mit der katholischen Kirche verwoben war. Ähnlich erging es den indígenas in der „Neuen Welt".

Das Wahlmodul thematisiert Formen der Begegnung des altamerikanischen und europäischen Kulturkreises, Verlauf und Struktur, Anspruch und Realität der spanischen Herrschaftspraxis in der „Neuen Welt", um anschließend nach den Folgen zu fragen, demografische, ökologische und gesundheitliche Auswirkungen in den Kolonien und wirtschaftliche Folgen für Spanien in den Blick zu rücken. Die im Kernmodul dargestellten Theorien Bitterlis und Huntingtons zu Kulturkontakt und Kulturkonflikt können hier überprüft werden. Seine Relevanz gewinnt das Wahlmodul im Rahmen einer globalisierten Welt, die von friedlichem Kulturaustausch oder kulturellen und politischen Hegemonialbestrebungen geprägt war und ist.

Mögliche Leitfragen

- **In welchem Verhältnis stehen Anspruch und Realität der spanischen Herrschaftspraxis zueinander?**
- **Wie können die demografischen, sozialen, ökologischen und wirtschaftlichen Folgen für die Kolonien und Spanien beurteilt werden?**
- **Inwiefern lassen sich Bitterlis modellhafte Formen der Kulturbegegnung (vgl. Seite 6ff.) auf die Phasen der spanischen Eroberung, Kolonisation und Herrschaft in der „Neuen Welt" übertragen?**

Der spanische Kolonialismus

M 1 *Landung der Spanier auf der Insel Hispaniola*
Der Lütticher Kupferstecher Theodor de Bry (1528–1598), der aus Glaubensgründen seine Heimat verlassen musste und sich in Frankfurt niederließ, brachte ab 1590 eine Sammlung von Reiseberichten in lateinischer und deutscher Sprache heraus und versah diese mit zahlreichen Kupferstichen.

M 2 *Hernán Cortés (1485–1547) Anonymes Gemälde, 16. Jahrhundert*

Ende des 15. Jahrhunderts veränderte die europäische Expansion die Kenntnis von der Welt radikal. Innerhalb von nur drei Jahrzehnten folgte auf die unbeabsichtigte „Entdeckung" der „Neuen Welt" Amerika durch den Genuesen Christoph Kolumbus (1492) die erste Umsegelung der Welt durch den Portugiesen Fernão de Magalhães (1519–1522), beide in spanischen Diensten. Fast zur selben Zeit eroberte der Spanier Hernán Cortés das Aztekenreich in Mexiko, nur etwa ein Jahrzehnt später Francisco Pizarro das Inkareich in Peru (1531–1535). Das gerade entstandene Spanien war plötzlich eine Weltmacht. Und die Welt hatte ein völlig neues Gesicht. Das entdeckte Amerika, ja die ganze Welt stand vermeintlich zur Verfügung der Europäer.

Zielsetzungen und Rechtfertigung der iberischen Expansion

Die iberische Expansion bezeichnet somit den Beginn eines welthistorischen Prozesses, in dessen Verlauf vom ausgehenden Mittelalter bis zum Beginn des 20. Jahrhunderts Europa fast den gesamten Globus seinem direkten oder indirekten Einfluss unterwarf. Die spanische *conquista* (Eroberung) Amerikas vollzog sich dabei im Rahmen einer zielorientierten Politik unter der Kontrolle der Krone. Insgesamt hielten sich im 15. und 16. Jahrhundert in der Kolonialpolitik Spaniens ökonomisch-machtpolitische und missionarisch-zivilisatorische Zielsetzungen in etwa die Waage.

Die Kirche unterstützte die kolonialen Zielsetzungen, da sie auf Grund des Patronatskirchentums an die weltlichen Machtstrukturen gebunden war. Indem der Papst Portugal bereits 1455 und Spanien 1486 bzw. 1508 das Patronatsrecht über neu eroberte Gebiete zusprach, erhielten die iberischen Herrscher den Auftrag und das Recht zur Christianisierung dieser Gebiete. Unter der Vermittlung des Papstes lösten die beiden iberischen Mächte Kastilien und Portugal zudem im Jahre 1494 im Vertrag von Tordesillas

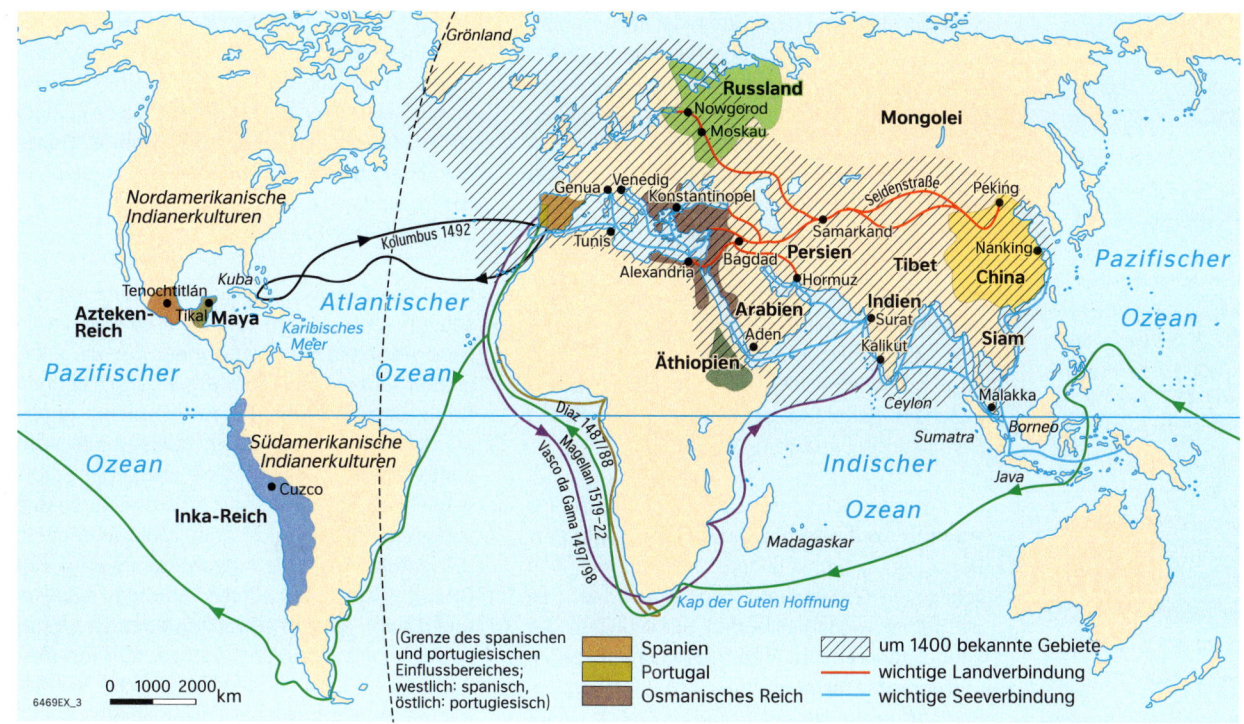

M3 Entdeckungsreisen im 15. und 16. Jahrhundert

den Streit um die Aufteilung der Neuen Welt: Sie teilten sich die außereuropäische Welt durch einen um 370 kastilische Meilen (*leguas*) westlich der Kapverden verlaufenden Längengrad in eine kastilische und eine portugiesische Hälfte. Dadurch fiel mit Ausnahme (des noch gar nicht entdeckten!) Brasiliens ganz Lateinamerika in die Interessensphäre Spaniens.

Das koloniale Herrschaftssystem der Spanier

Bei der Eroberung der Hochkulturen in Mexiko und Peru kamen den Konquistadoren innenpolitische Konflikte in den beiden Großreichen entgegen, die sie für ihre Zwecke nutzten, indem sie sich mit den von diesen jeweils unterworfenen Völkern verbanden. Im Falle der Eroberung Mexikos ermöglichte ein Bündnis mit den Totonaken und den Tlaxcalteken dem *conquistador* Hernán Cortés den Einmarsch in die Aztekenhauptstadt Tenochtitlán, das heutige Mexiko-Stadt. Die Gefangennahme des einheimischen Herrschers war ein weiteres Mittel, das ausreichte, um den gesamten Verwaltungsapparat lahm zu legen. Dies zeigte sich bei der endgültigen Eroberung Mexikos 1520, als der azteki-

sche Herrscher Moctezuma II. gefangen gesetzt werden konnte, sowie bei der Unterwerfung der Inka-Kultur in Peru, deren gottähnlich verehrter Kaiser Atahualpa 1532 in die Hände von Francisco Pizarro fiel.

Nach den Siegen der Konquistadoren ging es für die Krone darum, den Übergang zu einer dauerhaften Herrschaft zu vollziehen. Dies gelang durch zwei Institutionen, die in der Phase zwischen Inbesitznahme und Kolonisation die staatliche Ordnung der Kolonien prägten: die Gründung von Städten und das *encomienda*-System.

Zentral für die Verwaltung der von Spanien kolonisierten Gebiete wurde die Gründung von Städten. Sie dienten der Konzentration der wenigen Konquistadoren, als militärische Stützpunkte und als Basen für die Durchdringung des Hinterlandes. In ihrer schachbrettartigen Bauweise und in ihrer rechtlichen Ordnung entsprachen die Kolonialstädte dem kastilischen Vorbild. Tempel und Paläste der Inka und Azteken wurden dabei ebenso systematisch wie symbolträchtig mit Kirchen, Klöstern und Regierungsgebäuden überbaut.

Noch wichtiger war das System der *encomienda*. Es bestand darin, dass Gruppen von Eingeborenen einem Teilnehmer des *conquista*-Zuges „anvertraut", d.h. in *encomienda* übergeben wurden. Der Konquistador erhielt dadurch in Form von indigenen Naturalabgaben und Arbeit Anspruch auf Tributleistungen, die der Krone geschuldet wurden. Dafür verpflichtete er sich, militärisch einsatzbereit zu sein, sich dauernd in den eroberten Gebieten niederzulassen sowie die *indígenas* (Eingeborenen) zu christianisieren und zu beschützen. Dies hatte zur Folge, dass die *encomienda* sich kaum von der Sklaverei unterschied, obwohl sie den *indígenas* formell den Status freier Lohnarbeiter zuerkannte.

Die Krone betrieb konsequent den Aufbau eines staatlich kontrollierten Verwaltungsapparates. Den Ausgangspunkt bildete die Einrichtung von kollegialen Gerichtsbehörden (*audiencias*), die die immer wiederkehrenden Streitigkeiten der Konquistadoren um ihre Ansprüche regelten und deren Macht damit erste Schranken setzten. Bald trat neben die *audiencias* das Amt des Vizekönigs, der als unmittelbarer Vertreter der Krone die oberste Regierungsgewalt ausübte und die Monarchie nach außen vertrat. Im 16. Jahrhun-

dert entstanden zunächst zwei Vizekönigreiche: Neu-Spanien (1536) und Peru (1543). Aus ihnen gingen im 18. Jahrhundert zwei weitere hervor, nämlich Neu-Granada (1739) und Río de la Plata (1776). Diese Vizekönigreiche waren in Generalkapitanate und Gouvernements eingeteilt, in deren Händen die Verantwortung für die Militär-, Zivil- und Finanzverwaltung lag.

Der Vizekönig war zugleich Präsident der an seinem Amtssitz ansässigen *audiencia* sowie Generalkapitän und Gouverneur der dem Regierungssitz zugehörigen Provinz. Die übrigen Generalkapitanate und Gouvernements unterstanden nur in besonderen Fällen seiner Weisungsbefugnis. Sogar auf der Ebene der Stadtverwaltung war die spanische Krone durch den königlichen Bevollmächtigten (*corregidor*) direkt präsent. Ihm kam die Aufgabe zu, den aus den Grundbesitzern gebildeten Stadtrat (*cabildo*) und die von diesem gewählten Stadtrichter (*alcaldes ordinarios*) zu überwachen. Auf jeder Verwaltungsstufe bestanden militärische Verwaltungseinheiten sowie königliche Finanzkassen, die die Steuern sowie den kirchlichen Zehnten einzogen.

Neben die staatlichen traten mit den Erzbistümern, Bistümern und Diözesen kirchliche Verwaltungseinheiten sowie – unabhängig von diesen – ein von den Bettelorden (Franziskaner und Dominikaner) und später auch den Jesuiten bestrittener Apparat der Indianermissionen. Der gesamte Verwaltungsapparat unterstand zwei direkt der Krone unterstellten, gleichberechtigten, mit unterschiedlichen Verantwortungsbereichen ausgestatteten Zentralbehörden im Mutterland: der für den gesamten Handels-, Nachrichten-, Verwaltungs- und Personenverkehr zuständigen *Casa de Contratación* in Sevilla sowie dem ebenfalls direkt der Krone verantwortlichen *Consejo de Indias* (Indienrat) als oberster Verwaltungs- und Finanzbehörde, höchstem Gericht und Leitungsinstanz für die Kirche.

Die Eingeborenenpolitik Spaniens

Mit einer flammenden Adventspredigt gegen die Auswüchse der spanischen Kolonialherrschaft gab der Dominikaner Antonio de Montesinos 1511 in Santo Domingo den Anstoß zum Erlass der ersten Indianerschutzgesetze. In den 1512

Ⓜ 4 *Indígenas werden zum christlichen Glauben bekehrt*
Die Konquistadoren Francisco Pizarro und Diego de Almagro, der Mönch Vicente de Valverde und der Dolmetscher Felipillo (von links nach rechts) vor dem Inkaherrscher Atahualpa, aus der Bilderchronik des Felipe Guaman Poma de Ayala, um 1615 (Ausschnitt)

verabschiedeten Gesetzen von Burgos wurde das Zusammenleben von Spaniern und *indígenas* streng reglementiert. Die Krone erklärte die unter spanischer Herrschaft lebenden Eingeborenen zu freien Vasallen der Krone, die aber zum Zwecke der Christianisierung in möglichst enger Gemeinschaft mit den europäischen Siedlern leben sollten. Bischof Las Casas erwirkte 1542 bei Karl V. eine Revision der Indianerschutzgesetze, die auf eine drastische Einschränkung der Verfügungsgewalt der Kolonisten über die *indígenas* abzielten. In diesen „neuen Gesetzen" (*leyes nuevas*) wurde die Sklaverei endgültig verboten und die *encomienda* praktisch abgeschafft. Dies schlug sich in der Gesetzgebung der Rassentrennung und dem Aufbau einer zweigeteilten Gesellschaft nieder. Dieses Konzept fand seine vollkommenste Verwirklichung in den von Bischof Las Casas vorgeschlagenen Missionsreservaten, den so genannten Reduktionen, die vor allem im heutigen Nordost-Argentinien (*Misiones*) und Paraguay angelegt wurden.

Im 16. Jahrhundert kam es zu einem dramatischen Rückgang der indigenen Bevölkerung. Die Hauptursache für das Massensterben lag in den von den Europäern eingeschleppten Bakterien und Viren, gegen die das Immunsystem der *indígenas* nicht resistent war und die sich in viel rascherem Tempo als die Europäer selbst unter der autochthonen Bevölkerung ausbreiteten. In Zentralmexiko ging die Bevölkerung von 25,2 Millionen Einwohnern im Jahre 1519 auf 2,6 Millionen 1568 und auf eine Million im Jahre 1605 zurück, und in Peru war in der Zeit zwischen 1520 und 1620 ein Bevölkerungsrückgang von 93 % zu verzeichnen. Auf vielen westindischen Inseln starb die Bevölkerung gänzlich aus, und auf Haiti lebten 1520 nur noch 16 000 von rund einer Million indianischer Einwohner im Jahre 1492.

Schätzungen gehen davon aus, dass im 16. Jahrhundert nur etwa 300 000 Spanier nach Amerika auswanderten, wobei nicht alle auf Dauer blieben. Nichtspaniern wurde nur sehr selten eine Einreisebewilligung erteilt, da zum einen der Einfluss jüdischer oder protestantischer Ideen auf die Eingeborenen befürchtet wurde und zum zweiten der spanische König streng darüber wachte, dass nur Spanien von den Edelmetallen des neuen Kontinents profitierte. Die Besiedlung Iberoamerikas durch die Spanier war also keine freie Wanderungsbewegung einzelner Personen

Ⓜ 5 *„Arbeitsunfähige Sklaven auf Haiti werden von den spanischen Eroberern misshandelt."*
Kupferstich von Theodor de Bry, 1595

oder Gruppen zur Begründung einer neuen Heimat, jede Auswanderung bedurfte einer staatlichen Erlaubnis.

Aus drei Gründen setzte bereits im frühen 16. Jahrhundert die Einfuhr afrikanischer Sklaven ein: Zum ersten wegen des Massensterbens der *indígenas*, zum zweiten infolge des frühzeitigen (1500) königlichen Verbots der Indianersklaverei, zum dritten aufgrund der Arbeitsunwilligkeit der Einwanderer. Die Auffassung setzte sich durch, dass die Einfuhr afrikanischer Sklaven mit gutem Gewissen gefördert werden konnte. Sogar Geistliche wie Las Casas befürworteten zunächst deren Einfuhr, um die weniger robusten *indígenas* vor der Vernichtung zu schützen. Insgesamt wurden von 1492 bis 1870 etwa 1,5 Millionen schwarze Sklaven aus Afrika nach Hispanoamerika verschleppt. Die entsprechenden Zahlen für die Antillen und Brasilien liegen weit höher.

Sozialstruktur der Kolonien

Im Zuge der *conquista* bildete sich in Hispanoamerika eine streng hierarchische Gesellschaftsordnung nach spanischem Vorbild heraus. An der Spitze der kolonialen Gesellschaft

Ⓜ 6 *Bartolomé de Las Casas (1474–1566) Spanischer Geistlicher und Geschichtsschreiber, anonymes Gemälde, um 1690*

standen die leitenden Beamten der Krone und der hohe Klerus, die zumeist dem spanischen Geburts- oder Dienstadel entstammten. Wurden die höchsten kirchlichen und staatlichen Ämter in der Regel mit Spaniern besetzt, so waren auf den mittleren und unteren Stufen der Behördenpyramide auch Kreolen, d.h. in Amerika geborene Spanier, anzutreffen. Parallel zu dieser von beruflichen Kriterien geprägten sozialen Rangordnung entstand nach und nach eine soziale Stufenabfolge aufgrund ethnisch-rassischer Merkmale. Im Sinne dieser Rangordnung war es entscheidend, ob sich jemand zur kleinen Gruppe der Weißen zählen konnte oder nicht. Die unterste Stufe in der rassisch-sozialen Rangfolge wurde überall von den schwarzen Sklaven und ihren Nachkommen eingenommen.

Wirtschaftssystem der Kolonien

Das wirtschaftliche Interesse der Krone wie der Eroberer galt in erster Linie den Edelmetallen. Die Gesamtmenge der Edelmetallausfuhren von Amerika nach Spanien betrug zwischen 1503 und 1660 offiziell 181 Tonnen Gold und 16887 Tonnen Silber. Rechnet man die ge-

schmuggelten und veruntreuten Mengen hinzu, kommt man auf schätzungsweise 300 Tonnen Gold und 25000 Tonnen Silber, was zusammen 29000 Tonnen „Rechensilber" ergab. Für den Kolonialzeitraum 1500 bis 1800 dürfte Amerika insgesamt rund 85000 – 90000 Tonnen Rechensilber erzeugt haben, was ungefähr 80 – 85 % der damaligen Weltproduktion waren. Der größte Teil dieses Edelmetalls gelangte zunächst auf die Iberische Halbinsel, floss aber überwiegend wieder aus dem Lande ab und gelangte zu den Kreditgebern (im Norden Europas oder in Genua), die die spanische Großmachtpolitik (vor)finanzierten.

Erhebliche Umweltschäden entstanden durch den massiven Einsatz von Quecksilber bei der Gold- und Silbergewinnung im sogenannten Amalgamationsverfahren. (Gold und Silber wurden hierbei wegen des Brennstoffmangels im Andenraum durch Quecksilberbeigabe aus dem Gestein gelöst.) Die Quecksilberdämpfe schädigten die Gesundheit der Hüttenarbeiter, das ins Wasser gelangende Quecksilber die gesamte Biosphäre.

Der Bergbau war ebenso von großer Bedeutung für die Entwicklung der Landwirtschaft. Wo Edelmetalle entdeckt wurden und deshalb eine zahlreiche Bevölkerung zusammenströmte, entstand ein rasch ansteigender Bedarf an Lebensmitteln. Deshalb entwickelten sich zur selben Zeit wie die Silberminen aus der Zusammenlegung von *encomienda*-Landstücken die noch heute für Lateinamerika typischen agrarischen Großbetriebe, *haciendas* und Plantagen. Der Übergang von der *encomienda* zum agrarischen Großbetrieb hatte nachhaltige Folgen. Die *encomienda* war im Wesentlichen ein reines Personalverhältnis gewesen, das nur in geringem Maße mit einer Landzuteilung verbunden gewesen war. Mit dem Übergang zum Großbetrieb trat an die Stelle der Ausbeutung durch Zwangsarbeit die großflächige spanische Inbesitznahme des Landes. Dennoch erhielten sich auch jetzt noch indianische Dorfgemeinschaften mit ihrer Kultur und den indigenen Sprachen. Erst im 19. Jahrhundert gerieten diese durch die europäische Einwanderung (verbunden mit massiven Landenteignungen) in die Minderheit.

Die gesamte Wirtschaft war in das spanische Monopolhandelssystem eingebunden, das offiziell bis zum Ende der Kolonialzeit beibehalten

M 7   *Silberschürfen im Bergwerk von Potosí in Zentralbolivien*
Illustration, um 1590

wurde. Sevilla blieb Monopolhafen und Sitz der Monopolbehörde *Casa de Contratación*. Schon in den Zwanzigerjahren des 16. Jahrhunderts entstand im Zusammenwirken der europäischen Großmächte der atlantische Dreiecksverkehr, der auf jeder der Teilstrecken hohe Gewinne abwarf. Dieser Dreieckshandel war ein Handel von Europa aus mit europäischen Waren nach Westafrika, von dort mit der Ware „Sklave" in die Karibik (Westindien), von dort mit den amerikanischen Plantagenprodukten zurück nach Europa. Damit war Amerika früh in das damalige Weltwirtschaftssystem integriert. Mit der Einfuhr von amerikanischem Silber nach Europa stieg die Kaufkraft der Europäer, die in einer verstärkten Nachfrage nach asiatischen Gütern zum Ausdruck kam. Dadurch belebte das amerikanische Silber auch den Asienhandel und floss in die Taschen der portugiesischen Großkaufleute. Im 16. und 17. Jahrhundert entwickelte sich außerdem zwischen Mittelamerika und Ostasien ein bedeutender Fernhandel: Auf der Route Mexiko-Philippinen erwarben die Spanier für amerikanisches Silber vor allem chinesische Seide und orientalische Gewürze, die weiter nach Europa verschifft wurden.

Ausblick

Spaniens System der Kolonialverwaltung bestand auf dieser Basis fast drei Jahrhunderte, nicht konfliktfrei, aber erstaunlich stabil. Es zerbrach nicht an den sich auch in Amerika aufbauenden sozialen Spannungen, sondern in Folge der Besetzung Spaniens (1808) durch das Frankreich Napoleons I., was die amerikanischen Unabhängigkeitsbewegungen auslöste. Die großen Vizekönigreiche zerfielen in den Unabhängigkeitskriegen bis 1825 in viele überschaubare Republiken. Diese gaben sich, nach dem Vorbild der USA und des revolutionären Frankreichs, die damals modernsten Verfassungen. Doch die vormodernen sozialen Strukturen des nun bald „Lateinamerika" genannten Halbkontinents blieben weiterhin bestehen.

Ⓜ 8 *Eine Galeone auf dem Weg nach Portugal*
Anonyme Darstellung aus dem 16. Jahrhundert

Wichtige Daten

1492	Christoph Kolumbus „entdeckt" Amerika.
1494	Vertrag von Tordesillas.
1519–1521	Hernán Cortés erobert das Aztekenreich; seit 1535 Vizekönigreich Neu-Spanien mit Hauptstadt Mexiko
1519–1522	Erste Umsegelung der Welt durch den in spanischen Diensten stehenden Portugiesen Fernão de Magalhães
1531–1535	Francisco Pizarro erobert das Inkareich; seit 1542 Vizekönigreich Peru mit Hauptstadt Lima
1713	Spanien tritt das Recht zur Versorgung Hispanoamerikas mit Sklaven an England ab
1810–1825	Die spanischen Kolonien in Lateinamerika werden unabhängig.

Die präkolumbischen Kulturen in Amerika

Die *indígenas*

Als die Spanier 1492 auf der Insel Guanahani, den heutigen Bahamas, amerikanisches Land betraten, war dieses keineswegs herrenlos. Ganz im Gegenteil: Damals dürften über 50 Millionen Menschen auf dem amerikanischen Kontinent gelebt haben, 90 Prozent davon in dem später Lateinamerika genannten Teil. Da Kolumbus davon überzeugt war, „Indien" erreicht zu haben, nannte er die Menschen, auf die er traf, „*indios*" – eine Bezeichnung, die beibehalten wurde, selbst nachdem man Kolumbus' Irrtum erkannt hatte.

Die Bevölkerung des neu entdeckten Kontinents bot ethnisch, sprachlich und kulturell ein ausgesprochen heterogenes Bild. Die große Vielfalt der Kulturen manifestierte sich in ca. 125 Sprachfamilien; es gab Horden von Jägern und Sammlern ebenso wie Hochkulturvölker mit großartigen wissenschaftlichen und kulturellen Leistungen. Wahrscheinlich sind die ersten Menschen mehrere zehntausend Jahre vor unserer Zeitrechnung über eine eiszeitliche Landbrücke in der Beringsee von Asien über Alaska nach Nordamerika eingewandert. Von hier aus drangen sie dann bis nach Feuerland im äußersten Süden des heute Südamerika genannten Kontinents vor.

Hochkulturen

Die hochkulturellen Großreiche der Azteken und der Inka, auf die die Spanier in der ersten Hälfte

M 9 *Ansicht der Stadt Tenochtitlán*
Wandgemälde (Ausschnitt) von Diego Rivera im Palacio Nacional, dem Regierungssitz von Mexiko, 1945

des 16. Jahrhunderts stießen, waren zum damaligen Zeitpunkt allerdings erst wenige Hundert Jahre alt. Seit der Jahrtausendwende hatten sich in den Räumen, in denen es zuvor schon Stadtstaaten gab, neue staatliche Herrschaftsbereiche herausgebildet, die ethnisch unterschiedliche Bevölkerungsgruppen integrierten. Die meisten dieser zentralisierten Herrschaftsformen wiesen dabei feste administrative und rechtliche Strukturen auf.

In Zentralmexiko fehlte nach dem Untergang des mächtigen Stadtstaates Tollan – dem heutigen Tula – ein starkes Zentrum. Ab dem 13. Jahrhundert wanderte von Norden her das Volk der Mexica – das nach seinem mythischen Ursprungsort Aztlán auch Azteken genannt wurde – ein und gründete um 1325 im Texcoco-See die Stadt Tenochtitlán. Um die Mitte des 15. Jahrhunderts waren die Azteken die führende Macht in Zentralmexiko; sie machten sich große Gebiete und benachbarte Staaten tributpflichtig. Der von ihnen angeführte Drei-Städte-Bund (Tenochtitlán, Texcoco, Tlacopan) beherrschte das Hochtal von Mexiko. Die unterworfenen Völker mussten hohe Tribute entrichten. 1502 trat Moctezuma II. als vergöttlichter Monarch die Herrschaft dieses mächtigen Reiches an. Auf ihn traf 1519, von Kuba kommend, der spanische Hauptmann Hernán Cortés (1485–1547), der sich der Unterstützung unterdrückter Stämme (etwa der Tlaxcalteken) bediente und in nur zwei Jahren das gewaltige Aztekenreich eroberte.

Bald stießen die Spanier in den Süden des Festlandes vor: Die Konquistadoren Francisco Pizarro (1476/78–1541) und Diego de Almagro (1475–1538) hatten sich vorgenommen, das Inka-Reich zu erobern, das sich entlang der Pazifik-Küste und des Hochlandes vom heutigen Ecuador bis in den Norden Chiles und Argentiniens erstreckte. In Tahuantinsuyo („Reich der vier Teile") wurde die Inka-Sprache Quechua als Amtssprache verwendet; die Inka-Herrscher leiteten ihre Dynastie von der Sonne her. Zum Zeitpunkt des Auftauchens der Spanier war das Inka-Reich aufgrund eines Erbfolgekrieges allerdings geschwächt und gespalten. 1532 nahm Pizarro einen der Herrscher, Atahualpa, in Cajamarca gefangen und ließ ihn hinrichten. Ähnlich wie in Mexiko gelang es den Spaniern auch bei der Eroberung des Inka-Reiches, die Rivalitäten innerhalb der indigenen Elite auszunutzen.

M 10 Hochkulturen in Mittel- und Südamerika

Neben den beiden Großreichen der Azteken und der Inka gab es noch zahlreiche weitere Kulturen: Die Kultur der Maya im Süden des heutigen Mexiko und in Zentralamerika hatte ihren Höhepunkt Anfang des 16. Jahrhunderts jedoch längst überschritten. Das Reich war zerfallen und kleinere Herrschaftsgebiete bekriegten sich untereinander. In der Nähe der heutigen mexikanischen Stadt Oaxaca befand sich das Territorium der Zapoteken, später auch das der Mixteken. Die Chibcha-Kultur im nördlichen Südamerika, dem heutigen Kolumbien, war in zahlreiche Kleinstaaten zersplittert, zu denen auch die Muiscas gehörten. Die ersten „Indianer", auf die die Spanier stießen, waren die auf den Karibik-Inseln und an den Küstenzonen des nördlichen Südamerika ansässigen Tainos und Tupis. Zum Zeitpunkt der ersten Kontaktaufnahme zwischen Europäern und „Amerikanern" gab es in der „Neuen Welt" eine außerordentlich vielfältige, kaum zu überschauende Menge an Kulturen. Der vereinheitlichende Begriff „Indianer" wird dieser Vielfalt in keiner Weise gerecht; bei ihm handelt es sich zudem um eine aus europäischer Perspektive geprägte kolonialistische Kategorie.

M 11 Darstellung eines Gesichts
Goldschmiedearbeit der Inka, Chimu (Peru), Größe des Originals: 24 x 32 cm, 13./15. Jahrhundert

Motive der Conquista

 12 Requerimiento

Im Requerimiento wurde der spanische Anspruch, Bekehrung und Unterwerfung der Indígenas zu fordern, folgendermaßen begründet:

[...] Über alle diese Völker gab der Herr, unser Gott, einem, der St. Petrus genannt wurde, das Amt, der Herr und Vorgesetzte aller Menschen der Welt zu sein [...] und alle Völker zu richten und zu regieren,
5 Christen, Mauren, Juden und Heiden, und welchen Glaubens sie auch waren [...]. Einer der früheren Päpste, der an seiner Stelle in dieser Würde und auf dem genannten Thron als Herr der Welt nachfolgte, machte diese Inseln und dieses Festland des Welt-
10 meeres [...] dem König und der Königin und ihren Nachfolgern zum Geschenk [...], sodass also ihre Hoheiten Könige und Herren dieser Inseln und des Festlandes sind [...]. Deshalb bitte ich euch [...], die Kirche als Herrin anzuerkennen und [...] den [...] Papst
15 [...] in ihrem Namen und den König und die Königin [...] an seiner Statt [...] und Freiheit zu geben, dass diese Ordensleute euch das Gesagte erklären und predigen. Wenn ihr dies tut, [...] werden ihre Hoheiten und ich in ihrem Namen euch mit aller Zunei-
20 gung und Liebe aufnehmen und werden euch eure Frauen und Kinder und Güter lassen, frei von aller Knechtschaft [...], und man wird euch nicht zwingen, Christen zu werden, wenn ihr nicht, über die Wahrheit unterrichtet, selbst euch bekehren wollt [...].
25 Wenn ihr es aber nicht tut [...], so tue ich euch kund, dass ich mit der Hilfe Gottes [...] euch bekriegen [...] und euch unterwerfen werde unter das Joch und den Gehorsam der Kirche und ihrer Hoheiten. Und eure Personen und eure Frauen und Kinder werde ich ge-
30 fangennehmen und zu Sklaven machen und sie als solche verkaufen [...], und ich erkläre, dass die Tötungen und Schäden, die sich daraus ergeben werden, von euch verschuldet sind und nicht von seiner Hoheit, noch von den Herren, die mit mir gekommen
35 sind [...].

Juan López de Palacios Rubios, zit. nach: Wolfgang Reinhard, Geschichte der europäischen Expansion Bd. 2: Die Neue Welt, Stuttgart/Berlin/Köln: Kohlhammer 1985, S. 59.

13 Goldgier der Konquistadoren

Im Florentiner Kodex, der um 1585 auszugsweise vom Franziskaner Bernardino de Sahagún aus dem mexikanischen Nahuatl ins Spanische übersetzt wurde, wird die Goldgier der Konquistadoren aus der Sicht der Azteken beschrieben:

Sie schenkten den Spaniern Goldfahnen, Fahnen aus Quetzalfedern und goldene Halsketten. Nachdem sie ihnen das Geschenk überreicht hatten, wurde ihr [der Spanier] Gesicht heiter, sie freuten sich sehr und
5 waren vergnügt. Wie Affen hoben sie das Gold auf. Es war, als ob sie zufriedengestellt worden seien, als ob ihr Herz neu und erleuchtet würde. Wirklich, sie dürsten mächtig nach Gold, ihr Körper streckt sich, sie werden wie wild vor Hunger danach. Wie hungri-
10 ge Schweine waren sie gierig nach Gold. Sie entreißen die goldenen Fahnen, schwenken sie hin und her, betrachten sie auf der einen Seite und auf der anderen. Sie sind wie jemand, der eine wilde Sprache spricht. Alles, was sie sagen, ist ein Kauderwelsch.

Bernardino de Sahagún, zit. nach: Eberhard Schmitt (Hg.), Dokumente zur Geschichte der europäischen Expansion Bd. 2, München: Beck 1984, S. 323.

1. a) ●●○ Erläutern Sie mithilfe des Darstellungstextes die jeweilige Rolle der einzelnen Träger des spanischen Kolonialismus.
b) ●●○ Analysieren Sie die Konstellationen der zwei sich begegnenden Kulturen und überprüfen Sie die Tragweite der fünf Idealtypen Urs Bitterlis (vgl. Seite 6ff.).
→ Text, M12, Kernmodul Seite 6ff.

2. a) ●●○ Erklären Sie den Begriff „Requerimiento".
b) ●●○ Erläutern Sie, inwiefern dies die Herrschaft der spanischen Eroberer ermöglichte.
→ Text, M12

3. ●●○ Warum übte Gold auf die Spanier eine solche Faszination aus? Erklären Sie die Attraktivität des Goldes für die Spanier.
→ Text, M13

Kulturkontakte

 14 **Aus dem Bordtagebuch des Kolumbus**

Die wichtigste Quelle zur Entdeckung Amerikas ist das Schiffstagebuch von Christoph Kolumbus, in dem dieser die Stationen seiner Reise festgehalten hat. Allerdings ist das Original, das er nach seiner Rückkehr dem spanischen Königspaar überreichte, nicht mehr erhalten, sondern nur noch eine Abschrift des Bischofs Las Casas, der den Text teilweise umformulierte:

Freitag, den 12. Oktober. [...]
Um 2 Uhr morgens kam das Land in Sicht, von dem wir etwa 8 Seemeilen entfernt waren. Wir holten alle Segel ein und fuhren nur mit einem Großsegel, ohne
5 Nebensegel. Dann lagen wir bei und warteten bis zum Anbruch des Tages, der ein Freitag war, an welchem wir zu einer Insel gelangten, die in der Indianersprache „Guanahani" [San Salvador] hieß.
Dort erblickten wir allsogleich nackte Eingeborene.
10 Ich begab mich, begleitet von Martin Alonso Pinzón und dessen Bruder Vicente Ybanez, dem Kapitän der „Niña", an Bord eines mit Waffen versehenen Bootes an Land. Dort entfaltete ich die königliche Flagge, während die beiden Schiffskapitäne zwei Fahnen mit
15 einem grünen Kreuz im Felde schwangen, das an Bord aller Schiffe geführt wurde und welches rechts und links von den je mit einer Krone verzierten Buchstaben F und Y [Anfangsbuchstaben des Königs Fernando und der Königin Ysabel von Spanien] um-
20 geben war. Unseren Blicken bot sich eine Landschaft dar, die mit grün leuchtenden Bäumen bepflanzt und reich an Gewässer und allerhand Früchten war.
Ich rief die beiden Kapitäne und auch all die anderen, die an Land gegangen waren, ferner Rodrigo
25 d'Escobedo, den Notar der Armada, und Rodrigo Sánchez von Segovia zu mir und sagte ihnen, durch ihre persönliche Gegenwart als Augenzeugen davon Kenntnis zu nehmen, dass ich im Namen des Königs und der Königin, meiner Herren, von der genannten
30 Insel Besitz ergreife, und die rechtlichen Unterlagen zu schaffen, wie es sich aus den Urkunden ergibt, die dort schriftlich niedergelegt wurden.
Sofort sammelten sich an jener Stelle zahlreiche Eingeborene der Insel an. In der Erkenntnis, dass es sich
35 um Leute handle, die man weit besser durch Liebe als mit dem Schwerte retten und zu unserem heiligen Glauben bekehren könne, gedachte ich sie mir zu Freunden zu machen und schenkte also einigen unter ihnen rote Kappen und Halsketten aus Glas und noch
40 andere Kleinigkeiten von geringem Werte, worüber

sie sich ungemein erfreut zeigten. Sie wurden so gute Freunde, dass es eine helle Freude war. Sie erreichten schwimmend unsere Schiffe und brachten uns Papageien, Knäuel von Baumwollfaden, lange Wurfspieße
45 und viele andere Dinge noch, die sie mit dem eintauschten, was wir ihnen gaben, wie Glasperlen und Glöckchen. Sie gaben und nahmen alles von Herzen gern – allein mir schien es, als litten sie Mangel an allen Dingen.
50 Sie gehen nackend umher, so wie Gott sie erschaffen, Männer wie Frauen, von denen eine noch sehr jung war. Alle jene, die ich erblickte, waren jung an Jahren, denn ich sah niemand, der mehr als 30 Jahre alt war. Dabei sind sie alle sehr gut gewachsen, haben
55 einen schön geformten Körper und gewinnende Gesichtszüge. Sie haben dichtes, struppiges Haar, das fast Pferdeschweifen gleicht, das über der Stirn kurz geschnitten ist bis auf einige Haarsträhnen, die sie nach hinten werfen und in voller Länge tragen, ohne
60 sie jemals zu kürzen. Einige von ihnen bemalen sich mit grauer Farbe [sie gleichen den Bewohnern der Kanarischen Inseln, die weder eine schwarze noch eine weiße Hautfarbe haben], andere wiederum mit roter, weißer oder einer anderen Farbe; einige bestrei-
65 chen damit nur ihr Gesicht oder nur die Augengegend oder die Nase, noch andere bemalen ihren ganzen Körper.
Sie führen keine Waffe mit sich, die ihnen nicht einmal bekannt sind; ich zeigte ihnen die Schwerter, und
70 da sie sie aus Unkenntnis bei der Schneide anfassten, so schnitten sie sich. Sie besitzen keine Art Eisen. Ihre Spieße sind eine Art Stäbe ohne Eisen, die an der Spitze mit einem Fischzahn oder einem anderen harten Gegenstand versehen sind. Im Allgemeinen ha-
75 ben sie einen schönen Wuchs und anmutige Bewegungen.
Manche von ihnen hatten Wundmale an ihren Körpern. Als ich sie unter Zuhilfenahme der Gebärdensprache fragte, was diese zu bedeuten hätten, gaben
80 sie mir zu verstehen, dass ihr Land von den Bewohnern der umliegenden Inseln heimgesucht werde, die sie einfangen wollten und gegen die sie sich zur Wehr setzten. Ich war und bin auch heute noch der Ansicht, dass es Einwohner des Festlandes waren, die
85 herkamen, um sie in die Sklaverei zu verschleppen. Sie müssen gewiss treue und kluge Diener sein, da ich die Erfahrung machte, dass sie in Kürze alles, was ich sagte, zu wiederholen verstanden; überdies glaube ich, dass sie leicht zum Christentum übertreten
90 können, da sie allem Anschein nach keiner Sekte angehören. Wenn es dem Allmächtigen gefällt, werde

Kulturkontakte

ich bei meiner Rückfahrt sechs dieser Männer mit mir nehmen, um sie Euren Hoheiten vorzuführen, damit sie die Sprache [Kastiliens] erlernen. Auf dieser Insel traf ich keine Tiere an, bis auf Papageien.
95 Samstag, den 13. Oktober. [...]
Ich beachtete alles mit größter Aufmerksamkeit und trachtete herauszubekommen, ob in dieser Gegend Gold vorkomme. Dabei bemerkte ich, dass einige von
100 diesen Männern die Nase durchlöchert und durch die Öffnung ein Stück Gold geschoben hatten. Mit Hilfe der Zeichensprache erfuhr ich, dass man gegen Süden fahren müsse, um zu einem König zu gelangen, der große, goldene Gefäße und viele Goldstücke be-
105 saß. Ich versuchte nun, sie zu bewegen, mich dahin zu geleiten, doch musste ich späterhin einsehen, dass sie sich weigerten, dies zu tun.

Christoph Columbus, zit. nach: Friedemann Berger, Ernst Gerhard Jacob (Hg./Übers.), Christoph Columbus. Dokumente seines Lebens und seiner Reisen, Bd. 1: 1451–1493, Leipzig: Verlag Sammlung Dieterich 1991, S. 104–108.

 **15   Eine Deutung**

Der amerikanische Kulturwissenschaftler, Professor an der Universität Harvard und Pulitzerpreisträger Stephen Greenblatt (geb. 1943) versucht die Darstellung Kolumbus' über eine Begegnung mit einem Eingeborenen zu deuten:

So groß die Kluft zwischen den Europäern und den Einheimischen war, fast alle Entdeckungsreisenden glaubten, dass sie sich durch Geschenkgaben und die Zurschaustellung von Repräsentation überbrücken
5 ließ. Eine Eintragung in Kolumbus' Bordbuch soll uns einen ersten Eindruck von diesen Kommunikationsversuchen geben [...]. Am 18. Dezember 1492 wird Kolumbus auf seinem Schiff, das vor der Insel Tortuga vor Anker liegt, von einem jungen und be-
10 merkenswert würdevollen einheimischen „König" und mehreren seiner „Räte" besucht:
„Ich sah, dass eine Tapetenleinwand, die über meinem Bett hing, sein Wohlgefallen erregte; ich schenkte sie ihm und gab ihm ferner eine Kette mit sehr
15 schönen Bernsteinkugeln, die ich am Hals trug, rote Schuhe und ein Sprengfläschchen mit Orangenblütenwasser; er freute sich über diese Dinge so sehr, dass es ein Wunder war; er und sein Hofmeister und Ratgeber waren tief betrübt, weil sie mich nicht ver-
20 standen und ich sie auch nicht. Trotzdem begriff ich,

dass er mir sagte, wenn ich von hier irgendetwas brauchte, so stünde die ganze Insel zu meiner Verfügung. Ich ließ eine Kette von mir holen, ich habe daran als Erkennungszeichen einen Goldexzellenten
25 [Münze], auf dem das Bildnis Eurer Hoheiten eingraviert ist; das zeigte ich ihm und sagte wiederum, wie ich schon gestern getan hatte, dass Eure Hoheiten den größten und besten Teil von der Welt regierten und beherrschten und dass es keine mächtigeren
30 Fürsten gäbe; ich zeigte ihm die königliche Flagge und die andere mit dem Kreuz, die ihm sehr gefielen; welch mächtige Herrscher müssten Eure Hoheiten sein, sagte er zu seinen Ratgebern, dass sie mich von so weit her und vom Himmel ohne Furcht zu ihnen
35 geschickt hätten; und er sagte noch vieles andere, was ich nicht verstand, abgesehen davon, dass er sich, wie ich wohl merkte, über alles höchlichst verwunderte."
Mich fasziniert der Umschlag vom Eingeständnis,
40 nichts zu wissen („sie verstanden mich nicht und ich sie auch nicht"), zur Einbildung eines absoluten Besitzes („so stünde die ganze Insel zu meiner Verfügung"). Kolumbus hätte sich einfach auf sein Machtgefühl berufen können: Erst kurz zuvor hatte er
45 selbstgefällig (aber, wie sich später zeigte, irrtümlich) ins Bordbuch geschrieben, eine Handvoll Spanier könne leicht über die gesamte Inselbevölkerung gebieten. Stattdessen stellt er den Umschlag zum absoluten Besitz als das Ergebnis eines Akts der Interpre-
50 tation, einer Entzifferung der Worte und Gesten des einheimischen „Königs" dar: „Trotzdem begriff ich, dass er mir sagte ..." Kolumbus malt sich – und seinen Lesern, allen voran dem König und der Königin von Spanien – eine Szene legitimer Aneignung aus, einer
55 Aneignung, die auf einem sowohl institutionellen wie psychischen Mechanismus beruht. Möglich gemacht wird diese Aneignung durch die Übergabe von Geschenken und die Vorführung von Repräsentationen, die den Einheimischen völlig unverständlich
60 bleiben mussten: das in eine Goldmünze geprägte Bildnis des Königs, die königlichen Banner, das Kreuz. Die Absurdität dieser Vorführung wird umgehend durch eine offensichtliche Lüge unterdrückt – obschon Kolumbus soeben zugegeben hat, dass weder
65 er die Sprache des einheimischen „Königs" noch dieser seine Sprache verstand, berichtet er von einer Rede, die sowohl ihm selbst wie auch den spanischen Herrschern schmeicheln muss – und zugleich indirekt als „höchlichste Verwunderung" der Gäste fest-

70 gehalten. Verwunderung ist denn auch die zentrale Figur in den ersten europäischen Begegnungen mit der Neuen Welt, das entscheidende emotionale und geistige Erlebnis angesichts radikaler Verschiedenheit: Es ist durchaus möglich, dass die Leute, denen
75 Kolumbus begegnete, ebenfalls, wie er berichtet, verwundert waren, aber diese und alle anderen Darstellungen des Anderen verraten hauptsächlich etwas über den Autor selbst.

Nil admirari [nichts bewundern], so lehrte die Maxi-
80 me der Alten. Aber angesichts der Neuen Welt erschien das klassische Vorbild reifer und ausgewogener Unvoreingenommenheit ebenso unangemessen wie unmöglich. Kolumbus' Reise war der Beginn eines Jahrhunderts des Staunens. Die europäische Kul-
85 tur erlebte so etwas wie den „Überraschungsreflex".

Stephen Greenblatt, Wunderbare Besitztümer. Die Erfindung des Fremden: Reisende und Entdecker (übers. v. Robin Cackett), Berlin: Wagenbach 1998, S. 26f.

M 16   Eine Sicht der Inkas auf die Europäer
Der Eingeborene Felipe Guaman Poma de Ayala (geboren zwischen 1530 und 1550, gestorben um 1615) lernte bei katholischen Priestern Spanisch sowie Lesen und Schreiben und arbeitete als Übersetzer. In seinem 1200 Seiten umfassenden Werk „Die erste Chronik und gute Regierung" schildert er die vorspanische Geschichte der Völker der Anden und die durch die spanischen Eroberer verursachten Schäden an der Gesellschaft der Eingeborenen. Dieses Bild zeigt das erste Gespräch zwischen dem spanischen Conquistador Pedro de Candia mit dem Inkaherrscher Huayna Capac in Cuzco. Der Herrscher Huayna Capac fragt den Spanier: „Isst du dieses Gold?" Pedro de Candia: „Dieses Gold essen wir."

---

1. a) ●○○ Beschreiben Sie das Vorgehen des Christoph Kolumbus beim Betreten der Insel San Salvador.
b) ●●○ Erläutern Sie die Ziele seiner Handlungen und Anweisungen.
c) ●○○ Fassen Sie die Beschreibung der Eingeborenen durch Kolumbus zusammen.
d) ●●● Beurteilen Sie das Fremdbild, das Kolumbus von den Eingeborenen zeichnet. Gehen Sie anschließend auch auf sein Selbstbild als Europäer ein.
→ Text, M14

2. a) ●○○ Fassen Sie Greenblatts Deutung der Aussagen des Kolumbus zusammen.
b) ●●○ Arbeiten Sie aus der Darstellung das Selbst- und Fremdbild des Christoph Kolumbus heraus und vergleichen Sie mit den Ergebnissen aus der Quellenarbeit.
c) ●●● Analysieren Sie die Darstellung des Inkaherrschers und des Conquistadoren aus der Sicht von Felipe Guaman Poma de Ayala hinsichtlich der präsentierten Selbst- und Fremdbilder. Vergleichen Sie diese Sicht mit der Sicht des Kolumbus auf die Eingeborenen und die Europäer.
→ Text, M14 – M16

Die Behandlung der *indígenas* im Spiegel zeitgenössischer Quellen und Darstellungen

M 17   Zeitgenössische Quellen

a) Aus der Adventspredigt von 1511 des Dominikaners Antonio de Montesinos in der Kirche von Santo Domingo:

Ihr seid alle in Todsünde und lebt und sterbt in ihr wegen der Grausamkeit und Tyrannis, die ihr gegen diese unschuldigen Menschen gebraucht. Sagt, mit welchem Recht [...] haltet ihr jene Indianer in einer
5 so grausamen und schrecklichen Dienstbarkeit? [...] Wie bedrückt und plagt ihr sie, ohne ihnen Essen zu geben, noch sie in ihren Krankheiten zu pflegen, die sie sich durch die übermäßigen Arbeiten zuziehen, die ihr ihnen auferlegt, und die sterben oder, besser
10 gesagt, die ihr tötet, um jeden Tag Gold zu erraffen.

Antonio de Montesinos, zit. nach: Wolfgang Reinhard, Geschichte der europäischen Expansion Bd. 2: Die Neue Welt, Stuttgart/Berlin/Köln: Kohlhammer 1985, S. 61.

b) Der Dominikanermönch Bartolomé de Las Casas beschreibt im Jahr 1542 den grausamen Umgang der Spanier mit den Einheimischen:

Die Spanier hingegen, welche zu Pferde und mit Schwertern und Lanzen bewaffnet waren, richteten ein gräuliches Gemetzel und Blutbad unter ihnen an. Sie drangen unter das Volk, schonten weder Kind
5 noch Greis, weder Schwangere noch Entbundene, rissen ihnen die Leiber auf und hieben alles in Stücke, nicht anders, als überfielen sie eine Herde Schafe, die in den Hürden eingesperrt wäre. Sie wetteten miteinander, wer unter ihnen einen Menschen auf einen
10 Schwertstreich mitten voneinander hauen, ihm mit einer Pike den Kopf spalten oder das Eingeweide aus dem Leibe reißen könne. Neugeborene Geschöpfchen rissen sie bei den Füßen von den Brüsten ihrer Mütter und schleuderten sie mit den Köpfen wider die
15 Felsen. Andere schleppten sie bei den Schultern durch die Straßen, lachten und scherzten dazu, warfen sie endlich ins Wasser und sagten: Da zapple nun, du kleiner schurkischer Körper! Andere ließen Mutter und Kind zugleich über die Klinge springen und
20 stießen sie mit den Füßen vor sich hin. Sie machten auch breite Galgen, so, dass die Füße beinahe die Erde berührten, hingen zu Ehren und zur Verherrlichung des Erlösers und der zwölf Apostel je dreizehn und dreizehn Indianer an jedem derselben, legten
25 dann Holz und Feuer darunter und verbrannten sie

alle lebendig. [...] Andern, die sie bloß deswegen am Leben ließen, hieben sie beide Hände ab, banden sie ihnen an, jagten sie sodann fort und sagten: Gehet hin (wohl zu merken) mit diesem Sendschreiben, und
30 bringt euern Landsleuten, die sich ins Gebirge geflüchtet haben, etwas Neues! Große und Edle brachten sie gewöhnlich folgendermaßen um: Sie machten Roste von Stäben, die sie auf Gabeln legten, darauf banden sie die Unglücklichen fest und machten ein
35 gelindes [schwaches] Feuer darunter, bis sie nach und nach ein jämmerliches Geschrei erhoben und unter unsäglichen Schmerzen den Geist aufgaben.

Bartolomé de Las Casas, zit. nach: Joachim G. Piepke, Die prophetische Kirche Lateinamerikas von Las Casas bis Oscar Romero, in: Bernhard Mensen (Hg.), Fünfhundert Jahre Lateinamerika, Nettetal: Steyler Verlag Wort u. Werk 1989, S. 113–144.

c) Die Argumente des Humanisten Juan Ginés de Sepúlveda (um 1490–1573) zur Begründung der Inferiorität der Indianer lauten zusammengefasst:

Da [...] die Indianer ihrer Natur nach Sklaven, Barbaren, rohe und grausame Gestalten sind, lehnen sie die Herrschaft der Klugen, Mächtigen und Vortrefflichen ab, anstatt sie zu ihrem eigenen Besten anzunehmen,
5 wie es einer natürlichen Gerechtigkeit entspricht, wonach die Materie der Form, der Körper der Seele, die Begierde der Vernunft, die rohen Tiere den Menschen, das heißt also das Unvollkommene dem Vollkommenen, das Schlechtere dem Besseren unterwor-
10 fen sein müssen [...]. Als zweiten Grund hast du angeführt die Ausrottung des entsetzlichen Verbrechens, Menschenfleisch zu verzehren, was ganz besonders der Natur zuwider ist, und weiter die Vermeidung, dass anstelle Gottes Dämonen angebetet
15 werden [...], vor allem in Verbindung mit jenem ungeheuerlichen Ritus, Menschen als Opfer darzubringen, [...] alle Menschen [sind] durch göttliches Gesetz verpflichtet [...], jede Person vor derartigen Untaten zu schützen. An vierter Stelle hast du auf
20 den Umstand hingewiesen, dass die christliche Religion bestimmt ist, sich überall [...] mittels Predigt des Evangeliums zu verbreiten, [...] und dass diese Missionare in einer Weise geschützt werden, um mit Sicherheit ihrer Personen die Heilslehren verkündigen
25 zu können. Zugleich müssen die Barbaren von jeder Furcht vor ihren Fürsten und Priestern befreit werden, damit sie, einmal bekehrt, frei und unbestraft die christliche Religion annehmen können.

Juan Ginés de Sepúlveda, zit. nach: Richard Konetzke, Lateinamerika seit 1492, Stuttgart: Klett 1970, S. 8 f.

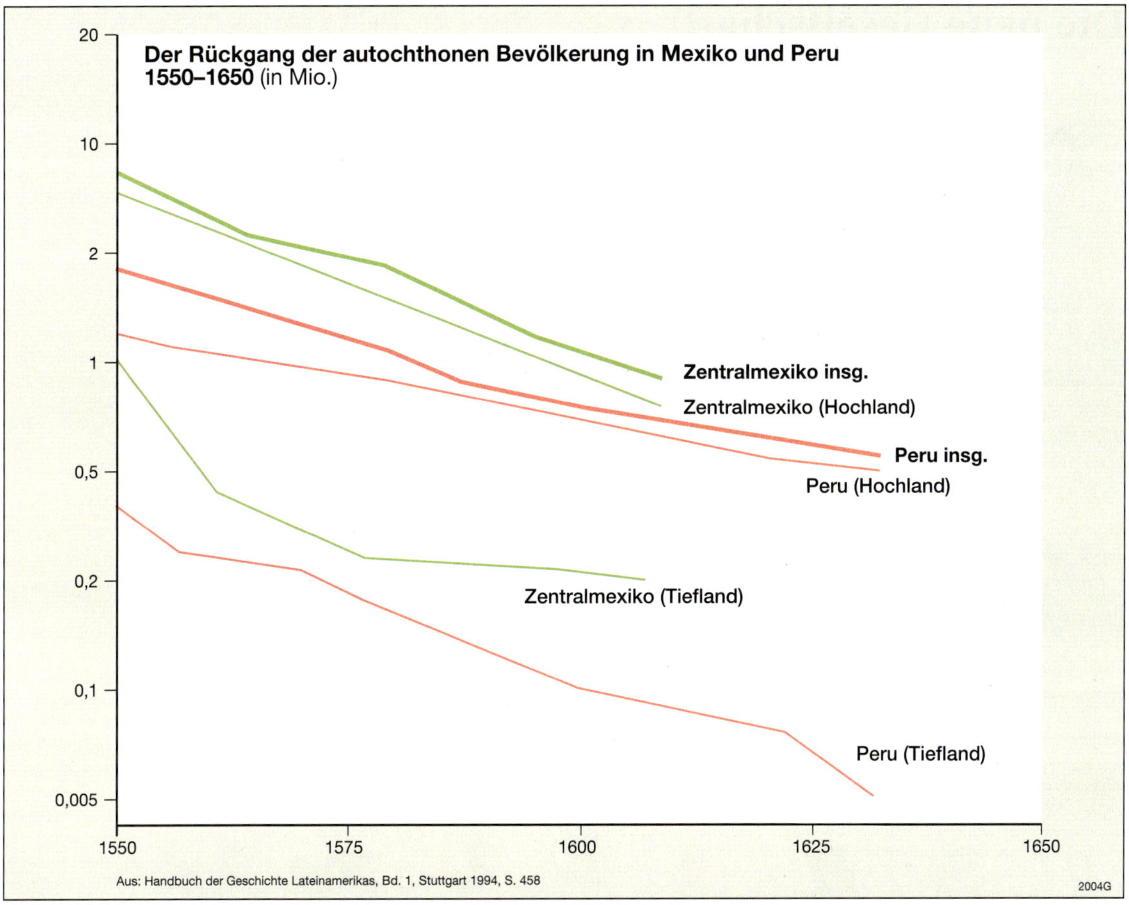

Der Rückgang der autochthonen Bevölkerung in Mexiko und Peru 1550–1650 (in Mio.)

Zentralmexiko insg.

Zentralmexiko (Hochland)

Peru insg.

Peru (Hochland)

Zentralmexiko (Tiefland)

Peru (Tiefland)

Aus: Handbuch der Geschichte Lateinamerikas, Bd. 1, Stuttgart 1994, S. 458

2004G

 18

 19   **Eine Darstellung**

Die Historikerin Renate Pieper fasst im „Handbuch der Geschichte Lateinamerikas" die Gründe für den „Bevölkerungsrückgang" in Lateinamerika zusammen (1994):

Zweifellos führten die Entdeckung und die Landnahme in der Neuen Welt durch die Europäer für die autochthone Bevölkerung zu einer demografischen Katastrophe in einem bis dahin unbekannten Ausmaß.
5 [...] Der Bevölkerungsrückgang, der mit der Ankunft der Europäer auf den Antillen einsetzte und in Peru und Chile den Eroberungen sogar vorausging, wird je nach Region auf 80–98 Prozent geschätzt. [...]
Die mit Abstand wichtigste Ursache des Massensterbens unter der autochthonen Bevölkerung lag in den
10 von Europäern und Afrikanern eingeschleppten Krankheiten. Während die Bewohner der Alten Welt gewisse Anpassungs- und Widerstandsmechanismen gegen einen Teil der Krankheiten ihrer näheren und
15 ferneren Nachbarn entwickelt hatten, war dies bei den Ameroindianern nicht der Fall. [...]

Für eine erhöhte Sterblichkeit unter der indianischen Bevölkerung sind neben den europäischen und afrikanischen Krankheiten weitere Ursachen zu nennen.
20 Zunächst ist auf die militärischen Auseinandersetzungen während der Conquista hingewiesen worden. Darüber hinaus dezimierte der Sklavenhandel [...] insbesondere Indianer der Karibik und Mittelamerikas. Schätzungen gehen davon aus, dass zwischen
25 1527 und 1536 etwa 450 000 indianische Sklaven aus Nicaragua vorwiegend nach Peru und Panama verschleppt wurden. Auch andere Formen der von den Europäern geforderten Zwangsarbeit [...], insbesondere im Bergbau, führten zu einer übermäßigen Be-
30 lastung der autochthonen Bevölkerung. [...] Hinzu kam, dass sich die Ernährungsbedingungen der Ureinwohner erheblich verschlechterten. Die von den Spaniern geforderten Arbeitsleistungen ließen den Ameroindianern weniger Zeit, die eigenen Felder zu
35 bestellen; folglich sanken die Erträge.

Renate Pieper, Die demographische Entwicklung, in: Walther L. Bernecker (Hg.), Handbuch der Geschichte Lateinamerikas Bd. 1: Mittel-, Südamerika und die Karibik bis 1760, Stuttgart: Klett-Cotta 1994, S. 317–320.

Die neue Gesellschaft

M 20   *Bildtafel zum Kastensystem in Lateinamerika*
18. Jahrhundert

M 21 Die neue Gesellschaft

a) *Der preußische Naturforscher Alexander von Humboldt (1769–1859) bereiste 1799 bis 1804 als junger Mann das spanische Kolonialreich. Er schreibt in seiner Schrift „Versuch über den politischen Zustand des Königreichs Neu-Spanien" über das Kastensystem Folgendes (1809):*

Die Bevölkerung besteht in Mexico aus denselben Elementen, wie in den übrigen spanischen Kolonien. Man unterscheidet daselbst folgende sieben Raçen: 1) Geborne Europäer, gewöhnlich Gachupines ge-
5 nannt; 2) spanische Kreolen, oder Weisse, von europäischer Raçe in America geboren; 3) Metis, (Mestizos) die von Weissen und von Indianern; 4) Mulatten, welche von Negern und Indianern; 5) Zambos, die von Negern und Weissen abstammen; 6) Indianer
10 selbst, oder die kupferfarbige Raçe der Ureinwohner; und 7) africanische Neger. Von den Unterabtheilungen abgesehen, ergeben sich daher vier Kasten: Weisse, unter dem allgemeinen Namen Spanier begriffen; Neger, Indianer, und die Menschen, welche aus der
15 Vermischung der Raçen von Europäern, Africanern, americanischen Indianern und Malaien entstanden sind; indem sich durch die häufige Verbindung zwischen Acapulco und den philippinischen Inseln manche ursprünglichen Asiaten, wie Chinesen und Ma-
20 laien, in Neu-Spanien niedergelassen haben.

b) *Weiter schreibt Alexander von Humboldt:*

Der in den spanischen Besitzungen allgemeine Mangel an Geselligkeit und der Hass, welcher die verwandtesten Kasten voneinander trennt und dessen Wirkungen das Leben der Kolonisten verbittern,
5 stammt einzig und allein aus den politischen Grundsätzen, nach welchen die Gegenden seit dem sechzehnten Jahrhundert beherrscht worden sind. […]
Bei ihrer Ansiedlung [der Kolonisten] unter ackerbauenden Völkern, welche unter so komplizierten
10 und despotischen Regierungen lebten, benutzten die Europäer alle Vorteile, die ihnen das Übergewicht ihrer Zivilisation, ihre List und das Ansehen, welches ihnen die Eroberung gab, gestattete. Aber diese besondere Lage und das Gemisch der Rassen, deren In-
15 teressen einander geradezu entgegen sind, wurden auch zu einer unerschöpflichen Quelle von Hass und Uneinigkeit. In dem Maß, wie die Abkömmlinge der Europäer zahlreicher wurden als die, welche das Mutterland unmittelbar schickte, teilte sich die weiße
20 Rasse in zwei Parteien, deren schmerzliche Nachgefühle nicht durch die Bande der Blutsverwandtschaft unterdrückt werden konnten. Aus einer falschen Po-
litik wähnte die Kolonialregierung, diese Uneinigkeiten benutzen zu können. Je größer eine Kolonie wird,
25 desto misstrauischer wird ihre Administration. Nach den Ideen, welche man unglücklicherweise seit Jahrhunderten befolgt hat, werden diese entfernten Gegenden als Europa tributär angesehen. Die gesetzliche Macht wird nicht nach dem Bedürfnis des
30 Gemeinwohls verteilt, sondern wie es die Furcht, dass das Glück der Bewohner zu schnell steigen könnte, eingibt. Der Mutterstaat sucht im Bürgerzwist, in dem Ungleichgewicht der Macht und des Ansehens und in der Verwicklung aller Triebfedern
35 einer großen politischen Maschine seine Sicherheit und arbeitet unaufhörlich daran, den Parteigeist zu nähren und den Hass zu vermehren, welchen die Kasten und die konstituierten Autoritäten von Natur aus gegeneinander hegen. Und aus solchem Stand der
40 Dinge entspringt eine Bitterkeit, welche die Genüsse des gesellschaftlichen Lebens stört.

Alexander von Humboldt, Versuch über den politischen Zustand des Königreichs Neu-Spanien (Bd. 1), Tübingen: Cotta 1809, S. 202–205.

• •

1. a) ●●● Vergleichen Sie die drei Ausführungen zur Behandlung der einheimischen Bevölkerung.
b) ●●● Beurteilen Sie die Schlüssigkeit der jeweiligen Argumentation aus damaliger und aus heutiger Sicht.
→ Text, M17

2. a) ●●○ Erläutern Sie anhand des Textes und der Grafik die „demografische Katastrophe".
b) ●●○ Vergleichen Sie mit den Ausführungen der Historikerin Renate Pieper.
→ Text, M18, M19

3. a) ●○○ Fassen Sie zusammen, wodurch die neue Gesellschaft gekennzeichnet war.
b) ●●○ Erläutern Sie die Bildtafel und die einzelnen Bezeichnungen und ordnen Sie diese Darstellung in die damalige gesellschaftliche Situation ein.
c) ●●● Erörtern Sie, ob eine solche Darstellung diskriminierend ist.
→ Text, M20

4. a) ●○○ Geben Sie wieder, wie Humboldt die neue Gesellschaft beschreibt.
b) ●●○ Arbeiten Sie die Probleme heraus, die Humboldt erkennt.
c) ●●● Überprüfen Sie, inwieweit seine Beobachtungen mit der heutigen Einschätzung übereinstimmen.
→ Text, M21

Die neue Gesellschaft

Kanada 1604 · Neufundland 1610 · Hudson Bai 1668 · Grönland · England · Niederlande · Frankreich · Portugal · Spanien · Moskau · Astrachan · Osmanisches Reich · Alexandria · Basra · Arabien · Mekka · Aden

Santa Fe 1610 · Neuspanien 1519/21 · Louisiana 1682 · Virginia 1607 · Neu-Amsterdam 1612 ndl., 1667 engl. · Azoren 1445 · Kanarische In. 1478/97

Mexiko · Bahamas 1694 · Kuba · Haiti · Acapulco · Panama · Guadeloupe 1635 · Martinique 1635 · Barbados 1625/27 · Guayana 1625 · Cayenne 1664 · Kapverdische Inseln 1460 · St. Louis · Ft. James · Elmina · Accra · Gr. Friedrichsbg. (brandbg.) · Niger · Kongo

Atlantischer Ozean · Silberflotten · Sklaven · Malindi 1520 · Sansiba · Angola 1574/1650 · Mocambique 1507 · Mada... · Ft...

nach Manila · Lima 1535 · Peru 1532/35 · Chile · Amazonas · Brasilien 1500/30 · Bahia 1549 · Paraná · Rio de Janeiro 1566 · Santiago 1541 · Buenos Aires 1535,1580 · Kapland 1602/52 · Kapstadt 1652

Pazifischer Ozean

Kolonialreiche und Überseehandel um 1700

Besitzungen

- Spanien
- Portugal
- Frankreich
- England
- Niederlande
- Russland
- Osmanisches Reich

1549 Jahr der Besitznahme, bei Orten Jahr der Gründung oder Erwerbung

Wichtiger Seehandelsweg

Wichtige Handelswaren

- Gewürze (Zimt, Nelken, Pfeffer, Muskat)
- Drogen
- Tee
- Kaffee
- Weihrauch
- Zucker
- Edelhölzer

Russland

Jakutsk

Lena

Jenissei

Amur

Mongolei

Peking

Kyoto   Japan

China   Ning-po

Macao
1551

Pazifischer

Ozean

Indus

nach Amerika

Indien   Kalkutta
1698

Daman

Diu

Bombay

Madras

Goa
1510

Pondicherry

Siam

Manila   Philippinen
1564

Kotschin
1663

Ceylon
1658

Malakka

Borneo

Neuguinea

Sumatra

Batavia
1619   Java

Indischer

Ozean

Mauritius
98

Australien

0   5000 km

520G_1

Bergbau

Baumwollwaren   Elfenbein   ◆ Gold   ◆ Diamanten

eppiche   Porzellan   ◆ Silber

elze, Häute   Lackwaren   ◆ Zinn

erlen   Duftstoffe   ◆ Salpeter   Sklaven

. . . .

1. a) ●○○ Beschreiben Sie anhand des Textes das Wirtschafts- und Handelssystem der Kolonien.
b) ●●○ Erläutern Sie, welche Spuren des damaligen Systems heute noch erkennbar sind.
→ Text

2. a) ●○○ Beschreiben Sie die Ströme des Überseehandels um 1700.
b) ●●○ Arbeiten Sie die Bedeutung heraus, die die Besitzungen in Amerika dabei hatten.
→ Text, M22

Umgang mit Bildquellen

Bildquellen

Viele Bilder, die von der Entdeckung und Eroberung Amerikas existieren und die die Vorstellungen der Menschen prägen, gehen auf die Publikationen des aus Lüttich stammenden Verlegers
Theodor de Bry (1528 – 1598) zurück. Er – später
seine Söhne – veröffentlichte eine Reihe von
Reiseberichten aus der Neuen Welt und illust-
rierte sie mit selbst angefertigten bildlichen Darstellungen, ohne je selbst in Amerika gewesen
zu sein. Sein aus insgesamt sechs Teilen beste-
hendes Werk „Grands Voyages" erschien 1590
bis 1597. De Bry musste als Anhänger des calvi-
nistischen Glaubens aus religiösen Gründen zunächst nach Straßburg und dann nach Frankfurt
auswandern. Aus diesem Grund wird ihm eine
anti-katholische Einstellung zugesprochen, die
sich auch in seinen Bildern und seiner Verleger-
tätigkeit niedergeschlagen habe.

Die vorliegende Abbildung stammt aus dem
fünften Teil des Werks „Grands Voyages" und
nimmt Bezug auf das 1565 erschienene Buch
„Historia del Mondo Nuovo" von Girolamo Ben-
zoni (1519 – 1570). Dieser hielt sich in den Jahren 1541 bis 1556 in Amerika auf und nahm an
diversen Eroberungszügen teil, worüber er in
seinem Werk berichtet, welches die Vorlage für
die bildlichen Darstellungen aus der Werkstatt
de Brys war.

Arbeitsschritte und Fragestellungen zur Inter-pretation von Bildquellen

1. **Die Bildquellen auf sich wirken lassen und erste Eindrücke formulieren**
   a) Welche Stimmung vermittelt die Bildquelle?
   b) Worauf fällt der Blick jeweils zuerst?
   c) Was erregt das Interesse des Betrachters? Was irritiert ihn möglicherweise?

2. **Entstehung und Überlieferung der Bildquellen klären**
   a) Wann und wie ist die Bildquelle entstanden?
   b) Wer hat die Bildquelle angefertigt?
   c) Wie wurde sie publiziert und wie überliefert?

3. **Die einzelnen Elemente der Bildquellen beschreiben**
   a) Beschreiben Sie, was im Einzelnen zu sehen ist.
   b) Wie ist es dargestellt?
   c) Was befindet sich an welcher Stelle?

4. **Die einzelnen Elemente der Bildquellen entschlüsseln**
   a) Wer sind die abgebildeten Figuren?
   b) Welche Bedeutung haben die Farben?
   c) Welche Bedeutung hat der Bildaufbau?

5. **Den Kontext und die historischen Bezüge der Bildquelle erläutern**
   a) In welchem Zusammenhang wurde die Abbildung veröffentlicht?
   b) In welchem zeitlichen Abstand zum Ereignis entstand die Quelle?
   c) Ist die Darstellung durch einen Augenzeugen verbürgt?

6. **Die Bildquellen zusammenfassend interpretieren**
   a) Welches Bild der Spanier und der indigenen Bevölkerung wird vermittelt?
   b) Wie deutet die Kunsthistorikerin Anna Greve die Abbildung?
   c) Handelt es sich um antikatholische Propaganda, eine politische Anklage oder eine moralische Aufforderung?
   d) Wie glaubwürdig ist die Bildquelle insgesamt?

 23 *„In Abwesenheit von Cortés überfällt und plündert der spanische Statthalter Pedro Alvarado einen indianischen Festzug in Mexiko"*
Kolorierter Kupferstich von Theodor de Bry, aus: Theodor de Bry, Americae, Teil V, 1595

 24   **Eine Deutung**

*Die Kunsthistorikerin Anna Greve (*1973) deutet die Darstellungen de Brys folgendermaßen:*

Die in der Forschung vorherrschende Interpretation der Bildtafeln der Teile vier bis sechs der Grands Voyages ließe sich unter der Überschrift „anti-katholische beziehungswei-
5 se anti-spanische Programmatik" subsumieren. Ohne Zweifel ist die exzessive Darstellung von Misshandlungen der Indigenen seitens der Spanier ein wesentliches Charakteristikum dieser Kupferstiche, im Gegensatz
10 zu denjenigen der ersten drei Teile der Serienedition. Benzonis kritische Position gegenüber dem Verhalten der katholischen Spanier in Amerika wird durch die zum Text neu angefertigten Kupferstiche der Werkstatt de Bry
15 bekräftigt. Dennoch ist dies nicht ihre einzige zu konstatierende (politische) Tendenz. Im vorherigen Unterkapitel wurde bereits festgestellt, dass die Mahnung der Leser beziehungsweise Bildbetrachter zu einem tugend-
20 haften Verhalten spezifisch für die Teile vier bis sechs ist. Das in ihnen beschriebene und dargestellte lasterhafte Verhalten der Spanier fungiert als Beispiel ex negativo. Damit handelt es sich bei den Kupferstichen der Teile
25 vier bis sechs nicht um bloßes anklagendes Bildmaterial, wie es beispielsweise viele der zeitgleichen Flugblätter zur Reformation sind.

Anna Greve, Die Konstruktion Amerikas. Bilderpolitik in den Grands Voyages aus der Werkstatt de Bry, Köln/Weimar/Wien: Böhlau 2004, S. 193.

M 1   Ansiedlung deutscher Bauern aus Ostpolen
in den 1939 ins Deutsche Reich eingegliederten Gebieten; die polnischen Besitzer wurden vorher vertrieben, Fotografie, Mai 1940

M 2   Ausweisung von Polen aus dem von der deutschen Wehrmacht besetzten Westpolen
Fotografie, 1940

Flucht, Vertreibung und Umsiedlung im Umfeld des Zweiten Weltkrieges

Die Bilder von Menschen in Booten auf dem Mittelmeer und in Notunterkünften in verschiedenen Ländern der Welt gehen durch die Medien und prägen unsere Vorstellungen von Flüchtlingen im Alltag. Sie orientieren sich an der Betroffenheit der deutschen Gesellschaft und ihres europäischen Umfeldes. In Vergessenheit oder nur aus dem Blick geraten dadurch ähnliche Bilder in anderen Gegenden der Welt wie etwa dem Tschad, dem Kongo oder dem Grenzgebiet der USA zu Mexiko.

Sporadisch drängen sich gerade in Deutschland auch Bilder vergangener Zeiten in den Vordergrund und erinnern so an das Schicksal von vielen Millionen Menschen, hauptsächlich Frauen und Kindern und älteren Personen, die am Ende des Zweiten Weltkrieges (1939–1945) vor der heranrückenden Front im Osten nach Westen flohen oder später aus ihrer Heimat dort ausgewiesen und vertrieben wurden.

Wer weiß heute noch, dass in der Nachkriegszeit fast 25 % der Bevölkerung in Niedersachsen von diesem Schicksal betroffen waren? Wer staunt nicht, wenn er hören muss, dass auch heute wieder fast ein Viertel unserer Schülerinnen und Schüler einen sogenannten Migrationshintergrund besitzen?

Die Beschäftigung mit dem Thema Flucht, Vertreibung und Umsiedlung im Umfeld des Zweiten Weltkrieges wird deswegen in der Folge einerseits eingebettet in die oben skizzierte aktuelle Problematik und andererseits in die Vorgeschichte, denn das 20. Jahrhundert war ein Jahrhundert der Vertreibungen. Vertreibungen sind eine spezielle Form der Migration, da Menschen ihre Heimat verlassen; sie tun dies aber nicht freiwillig, sondern unter Zwang. Daher ist zuerst dieser Begriff näher zu erläutern, bevor ein Überblick zur Vertreibungsgeschichte im 20. Jahrhundert gegeben wird. Bei diesem Überblick erfolgt nach einem Auftakt zur Veränderung der ethnischen Landkarte des „Alten Europa" nach dem Ersten Weltkrieg eine bewusste Konzentration auf drei Schwerpunkte:

1. Die Vertreibungspolitik der Nationalsozialisten vor dem Zweiten Weltkrieg gegenüber den deutschen Juden.
2. Die Vertreibungspolitik der Nationalsozialisten im Zweiten Weltkrieg gegenüber den Polen.
3. Flucht und Vertreibung von Deutschen am Ende des Zweiten Weltkrieges und danach.

Mögliche Leitfragen

- **Welche Rolle spielten expansionistische Bestrebungen, Krieg und Ideologie im Zusammenhang von Vertreibung, Flucht und Umsiedlung von Juden, Deutschen und Polen im „kurzen 20. Jahrhundert" (Eric Hobsbawm)?**
- **Welche Folgen hatten Zwangsmigrationen für Betroffene, insbesondere Frauen?**
- **Wie kann die Auseinandersetzung mit Flucht, Vertreibung und Umsiedlung beurteilt und bewertet werden?**

Flucht, Vertreibung und Umsiedlung im Umfeld des Zweiten Weltkriegs

Flucht und Vertreibung sind allgegenwärtige Erfahrungen, die in verschiedenen Erdteilen tagtäglich vorkommen. Insbesondere seit dem 20. Jahrhundert trifft dieses Schicksal Millionen von Menschen. Einen traurigen Höhepunkt dieser Entwicklung stellten die Ereignisse im Umfeld des Zweiten Weltkriegs dar. Ein regionaler Brennpunkt, der beispielhaft untersucht werden soll, war Polen. Dabei ist zu unterscheiden zwischen

- der systematischen Vertreibung von Polen und Juden durch die Nationalsozialisten seit Beginn des Krieges,

- den Fluchtbewegungen vor allem gegen Ende des Krieges sowie

- den Vertreibungen von Deutschen nach Kriegsende.

Die Gründe, der Ablauf und die Folgen sollen im Folgenden untersucht werden.

Die Vertreibungspolitik der Nationalsozialisten

Die Expansion und der nachfolgende Untergang des nationalsozialistischen Regimes hatten die größten Umsiedlungs- und Vertreibungswellen zur Folge, die die europäische Geschichte im 20. Jahrhundert kennt. Im geheimen Zusatzprotokoll zum deutsch-sowjetischen Nichtangriffspakt vom August 1939 hatten Hitler und Stalin Osteuropa in ihre jeweiligen Interessensphären aufgeteilt. Nach dem deutschen Angriff auf Polen am 1. September 1939 und der Aufteilung des Landes in einen deutsch und einen sowjetisch besetzten Teil wurden Hunderttausende der sogenannten „Volksdeutschen" aus ihren bisherigen Siedlungsgebieten in Osteuropa „heim ins Reich" geholt. Hier sollten sie zur Germanisierung der ehemals polnischen Gebiete beitragen, die vom Deutschen Reich Ende 1939 annektiert, d.h. ins deutsche Staatsgebiet eingegliedert worden waren. Etwa 450000 Polen mussten ihre Heimat in den neuen „Reichsgau-

en" Wartheland und Danzig-Westpreußen verlassen und in das von Deutschen beherrschte Generalgouvernement in Zentralpolen übersiedeln. Im Oktober 1939 befahl der von Hitler zum „Reichskommissar für die Festigung deutschen Volkstums" ernannte „Reichsführer-SS" Heinrich Himmler die Durchführung des Umsiedlungsprogramms. Neben den polnischen wurden auch die jüdischen Bewohner aus den annektierten Gebieten in das Generalgouvernement abgeschoben.

Ziel der nationalsozialistischen „Volkstumspolitik" war die „Schaffung einer rassisch und völkisch-politisch einheitlichen deutschen Bevölkerung", wie einer Denkschrift des „Rassenpolitischen Amtes der NSDAP" vom 25. November 1939 zu entnehmen ist: „Hieraus ergibt sich, dass alle nicht eindeutschbaren Elemente rücksichtslos beseitigt werden müssen."

M 1 Massenexekution 1942
Ein SS-Mann erschießt einen Zivilisten am Rand eines Massengrabs bei Winnitza (Ukraine), Foto von 1942

Der Polenfeldzug wurde zum Auftakt eines Vernichtungskrieges und Polen zum „Laboratorium der Rassenpolitik" Hitlers. Das polnische Territorium geriet kurzfristig zum Operationsfeld zweier totalitärer Systeme: „Nach einem schnellen Schlag gegen Polen, zuerst vom deutschen Heer und dann von der Roten Armee, blieb von diesem hässlichen Ergebnis des Versailler Vertrages nichts mehr übrig", erklärte der sowjetische Außenkommissar Molotow am 31. Oktober 1939 in einer Rede vor dem obersten Sowjet der UdSSR. Beide Aggressoren verfolgten expansionistische Zielsetzungen ebenso wie die Entpolonisierung ihrer Interessensphären. Beide griffen zu Terrormaßnahmen gegenüber unerwünschten und resistenten Bevölkerungsgruppen. Sie unterschieden sich aber in den langfristigen Zielen ihrer Besatzungspolitik: „Germanisierung" einerseits, „Sowjetisierung" andererseits.

Die Grundlinie der deutschen „Germanisierungspolitik", die Hitler bereits in seinem Buch „Mein Kampf" angekündigt hatte, bestand darin, die Bevölkerung im Osten in möglichst viele Teile zu zersplittern und die gemäß nationalsozialistischer Definition „rassisch Minderwertigen" physisch bis zum Genozid, also bis zur Vernichtung zu unterdrücken, um der „germanisch-arischen Herrenrasse" neuen „Lebensraum" zu sichern. Der deutsche Angriff auf die Sowjetunion 1941 mit dem Ziel, neuen „Lebensraum im Osten" zu erobern, scheiterte trotz militärischer Anfangserfolge am aufopferungsvollen Widerstand der Roten Armee.

Kriegswende: Beginn der Fluchtbewegungen

Die Gegenoffensiven der Sowjetarmee führten seit 1943 sukzessive zum Zusammenbruch der deutschen Ostfront und veränderten die Lage grundsätzlich. Der Vormarsch der sowjetischen Truppen bis nach Ostpreußen (Ende 1944) hatte panikartige Fluchtbewegungen der deutschen Bevölkerung zur Folge. Die Angst vor Racheakten trieb mehr als eine Million Menschen nach Westen. Der Terror, den das nationalsozialistische Regime in den besetzten Gebieten entfesselt hatte, schlug nun auf die deutsche Bevölkerung zurück und entlud sich in Plünderung, Vergewaltigung, Verschleppung oder Mord durch sowjetische Soldaten.

M 2 Flucht über das vereiste Haff (Frisches Haff) aus dem eingeschlossenen Ostpreußen
Standbild, vermutlich zweite Hälfte Februar 1945. Das Bild fand Verwendung in der „Deutschen Wochenschau" Nr. 754 vom 16.3.1945

Vertreibung nach Kriegsende

Der Beschluss der Alliierten, die deutschen Gebiete jenseits von Oder und Neiße polnischer Verwaltung zu unterstellen, löste weitere große Flüchtlingsströme aus. Bei der dann folgenden Vertreibung der Deutschen sind drei Etappen zu unterscheiden:

- Im Juni 1945 setzen die ersten „wilden Vertreibungen" unter dem Vorwand der Sicherung der künftigen polnischen Westgrenze ein.
- Auf der Potsdamer Konferenz (Juli/August 1945) beschlossen die Siegermächte des Zweiten Weltkriegs, dass die Ausweisung und Überführung der Deutschen, die in Polen „zurückgeblieben" waren, „in ordnungsgemäßer und humaner Weise" erfolgen sollte. Dieser Anspruch wurde jedoch nicht erfüllt; Vorschrift und Wirklichkeit klafften unübersehbar auseinander. Ständige Plünderungen, brutale Bewachung und katastrophale Versorgungsbedingungen kennzeichneten die Vertreibungsmärsche und die Massentransporte. Angesichts zahlloser Todesopfer kritisierten selbst sowjetische und britische Beobachter das inhumane Vorge-

hen der polnischen Militär- und Zivilbehörden.

- Schließlich folgten organisierte Zwangsausweisungen gemäß polnisch-britischen und polnisch-sowjetischen Vereinbarungen. Insgesamt wurden bis 1950 über 12 Millionen Deutsche vertrieben oder umgesiedelt.

Die Integration von Flüchtlingen und Vertriebenen

Der unaufhaltsame Strom der Heimatvertriebenen, der aus den abgetrennten Ostgebieten in das vierfach geteilte Deutschland mündete, und die Integration dieser Flüchtlinge gehörten zu den größten sozialen Herausforderungen im besetzten Nachkriegsdeutschland. Ende 1946 wurden in den vier Besatzungszonen über 9,5 Millionen Heimatvertriebene gezählt.

Flüchtlinge und Vertriebene verteilten sich sehr ungleichmäßig über die vier Zonen. Ländlich-agrarisch geprägte Gebiete mussten deutlich mehr Menschen aufnehmen als die durch Luftangriffe im Zweiten Weltkrieg schwer zerstörten städtisch-industriellen Ballungsräume wie zum Beispiel Bremen oder Hamburg. Auf dem Land waren aus Sicht der zuständigen Stellen die Unterbringung der Flüchtlinge und die Versorgung mit Lebensmitteln eher zu gewährleisten.

Wohnraum stand aber auch dort kaum zur Verfügung, weil zuvor bereits die im Bombenkrieg aus den Städten Evakuierten auf dem Land Schutz gesucht hatten. Neuesten Forschungen zufolge lag Ende 1947 der Anteil der Flüchtlinge und Vertriebenen an der Gesamtbevölkerung in der sowjetischen Zone bei 24 %, in der amerikanischen Zone bei 17 % und in der britischen Zone bei 14 %. In der französischen Zone lag er aufgrund der anfänglichen Weigerung der Besatzungsbehörden, Flüchtlinge und Vertriebene aufzunehmen, bei nur 1 %.

Die Ansiedlung der Flüchtlinge und Vertriebenen veränderte die soziale Zusammensetzung der Bevölkerung grundlegend. Protestanten siedelten sich in katholischen Gegenden an und umgekehrt. Die Mischung der Konfessionen schritt voran. Sitten und Gebräuche von Alteingesessenen und Neuankömmlingen stießen aufeinander. Nach anfänglichen Konflikten kam es aber zumeist zu einer schnellen Integration. Wegen der vielen Kriegstoten änderte sich auch der Altersaufbau der Gesellschaft deutlich: Während Männer, vor allem im Alter von 20 bis 40 Jahren, kriegsbedingt fehlten, waren Frauen in der Überzahl. Die alten Führungsschichten – Adel und Militär – hatten ihren traditionellen Einfluss verloren. Sie waren, wenn sie mit den Nationalsozialisten zusammengearbeitet hatten, kompromittiert und teilweise enteignet wor-

M 3 Besatzungszonen und ehemalige deutsche Gebiete im Osten (1945–1949)

den. Die Unterschiede zwischen Stadt und Land wurden geringer. Angesichts der weit verbreiteten Not wandelten sich auch die herkömmlichen Moralvorstellungen: Diebstahl und Mundraub galten zeitweise nicht mehr als verwerflich; das Zusammenleben ohne Trauschein erschien hinnehmbar.

Aus dieser „Zusammenbruchsgesellschaft" entstanden die Grundlagen für eine neue gesellschaftliche Ordnung im Nachkriegsdeutschland.

Displaced Persons
Bei Kriegsende befanden sich 8–10 Millionen „Displaced Persons" in Deutschland. Das waren Ausländer, die aus Kriegsgründen nicht nach Hause zurückkehren konnten: ehemalige KZ-Häftlinge, Kriegsgefangene, Zwangsarbeiter und Flüchtlinge.

Ausblick

Die Zwangsumsiedlungen im 20. Jahrhundert begannen Ende 1939 mit der Vertreibung von Polen aus dem Raum Danzig-Westpreußen durch die Deutschen sowie der gleichzeitigen Deportation von Teilen der ostpolnischen Bevölkerung nach Sibirien und Kasachstan durch die Sowjetarmee.

Die Themen „Flucht und Vertreibung" wurden nach dem Zweiten Weltkrieg und vor dem Hintergrund des Kalten Krieges politisch instrumentalisiert, zum Teil tabuisiert und ihres historischen Zusammenhangs beraubt. In Westdeutschland wurde der Zusammenhang zwischen den von Deutschen verübten Verbrechen und den Vertreibungen verdrängt. Das Schicksal der polnischen Bevölkerung unter sowjetischer Herrschaft in Ostpolen blieb weitgehend unbekannt. In der polnischen Öffentlichkeit wurde dagegen das Schicksal der deutschen Vertriebenen bagatellisiert oder als gerechte Strafe für begangene Verbrechen der Nationalsozialisten aufgefasst.

Seit den 1960er-Jahren zeichnete sich in der westdeutschen Öffentlichkeit eine allmähliche Öffnung gegenüber Polen ab, die vornehmlich von akademischen, publizistischen und kirchlichen Kreisen getragen wurde. Besonders die Verlautbarungen der beiden großen christlichen Kirchen in Deutschland beeinflussten die öffentliche Meinung. Im Oktober 1965 gab die Evangelische Kirche Deutschlands eine so genannte Ostdenkschrift über „Die Lage der Vertriebenen und das Verhältnis des deutschen Volkes zu seinen östlichen Nachbarn" heraus, in der um Verständnis für ein Polen in sicheren Grenzen geworben wurde. Der Briefwechsel zwischen den polnischen und deutschen Bischöfen von Oktober und November 1965 war ein großes Zeichen des Versöhnungswillens (vgl. M17). Ein grenzüberschreitender und ideologiefreier Dialog konnte aber erst nach dem Zusammenbruch der kommunistischen Herrschaft mit ihren politisch-ideologisch motivierten „Erinnerungsverboten" zustande kommen.

Zeitleiste

01.09.1939	Beginn des deutschen Angriffs auf Polen
17.09.1939	Sowjetische Heeresgruppen marschieren in Ostpolen ein.
22.06.1941	Deutscher Angriff auf die UdSSR
08.12.1941	Bei einem Besuch des britischen Außenministers Eden in Moskau fordert Stalin die Curzon-Linie als Grundlage für eine sowjetisch-polnische Grenzregelung sowie die Abtretung Ostpreußens an Polen.
16.10.1944	Sowjetische Truppen erreichen Ostpreußen und am 30.01.1945 die Oder.
08.05. 1945	Kapitulation der deutschen Wehrmacht
Juni 1945	Erste polnische Sonderbefehle zu „wilden Vertreibungen" der Deutschen.
17.07.–02.08.1945	Potsdamer Konferenz
August 1950	Charta der deutschen Heimatvertriebenen
07.12.1970	Warschauer Vertrag zwischen der Bundesrepublik Deutschland und der Volksrepublik Polen.
17.06.1991	Deutsch-polnischer Vertrag über gute Nachbarschaft und freundschaftliche Zusammenarbeit.

Zur Geschichte Polens von 1918 bis 1945

Zweite Polnische Republik

In der polnischen Geschichte sind im Gegensatz zur deutschen das Ende des Ersten Weltkrieges und der Versailler Vertrag äußerst positiv besetzt: Nachdem Polen als Staat seit fast 125 Jahren nicht mehr existiert hatte, wurde am 3.11.1918 die Zweite Polnische Republik ausgerufen. Erster Staatschef wurde am 11. November Józef Piłsudski.

Die im Versailler Vertrag festgelegte Neugründung verfeindete Polen allerdings mit fast allen davon betroffenen Staaten, insbesondere mit Deutschland. Dieses drängte seit 1919 auf eine Revision des Versailler Vertrages, entsprechende „Volkstums- und Grenzfragen" zogen sich durch die gesamte Zwischenkriegszeit. Im Osten gab es Grenzkonflikte mit dem postrevolutionären Sowjetrussland, die in einen Polnisch-Sowjetischen Krieg mündeten. Nach dem polnischen Sieg („Wunder an der Weichsel") musste Sowjetrussland im Frieden von Riga Polen weitreichende territoriale Zugeständnisse machen. Damit etablierte sich Polen zwar als Mittelmacht mit einer Fläche von etwa 390 000 Quadratkilometern und ca. 27 Millionen Einwohnern, sah sich aber nun auf beiden Seiten einem starken, auf Revanche orientierten Nachbarn gegenüber (Deutschland, Sowjetunion).

Polen brauchte lange Zeit, um sich innenpolitisch zu festigen, nicht zuletzt bedingt durch die Schwierigkeit, die drei unterschiedlich entwickelten ehemaligen Teilungsgebiete zusammenzuführen. Die Nichtangriffspakte mit der Sowjetunion (1932) und mit Deutschland (1934) boten Polen außenpolitisch nur kurzfristig Sicherheit, da diese Verträge beiden Ländern vor allem zur Vorbereitung der Revision der Versailler Verträge dienten.

Polen im Zweiten Weltkrieg

Das Ziel der auf Rassismus, Antisemitismus und antislawischen Ressentiments basierenden NS-Politik blieb es immer, Polen militärisch zu besiegen und zu einem „Vasallenstaat" zu machen. Der Deutsch-Sowjetische Nichtan-

Ⓜ 4   *Ribbentrop in Moskau*
Der deutsche Außenminister unterzeichnet am 23. August 1939 den Deutsch-Sowjetischen Nichtangriffspakt. Hinten rechts Stalin, links davon (mit Bart) der sowjetische Außenminister Molotow.

griffspakt („Hitler-Stalin-Pakt") vom 23. August 1939 legte bereits die Grenze der neuen Teilung Polens fest, die nach dem deutschen Angriff auf Polen am 1. September 1939 und der Besetzung Ostpolens durch die Sowjetunion am 17. September erfolgte. Das nationalsozialistische Regime beabsichtigte, große Teile Polens „einzudeutschen" (Zwangsaussiedlungen, Umsiedlungen), das übrige Land als Kolonie auszuplündern und die polnische Bevölkerung als Arbeitssklaven auszubeuten. Zugleich machten die Nationalsozialisten das Land zum Zentrum ihres Völkermordes an Juden, Sinti und Roma, sowjetischen Kriegsgefangenen, Polen sowie anderen Bevölkerungsgruppen.

Angesichts der deutschen Besatzungspolitik baute sich ein massiver Widerstand in Polen auf, zum einen auf kultureller Ebene (Untergrundschulen, Universitäten, Verbreitung von Literatur und Musik) mit dem Ziel, die polnische Identität und Kultur trotz der Gefahr der physischen Vernichtung zu tradieren (ca. 5,7 Millionen Polen fanden zwischen 1939 und 1940 den Tod, das waren 17 Prozent der Bevölkerung Vorkriegspolens); zum anderen

M 5 *Krieg in Polen*
Erschießung von polnischen Zivilisten durch deutsche Soldaten, Foto, September 1939

führte die gnadenlose deutsche Besatzung auch zu einem militärischen Widerstand, konkret zur Bildung einer polnischen „Heimatarmee". Ihr Ziel war dasselbe wie bei anderen politisch motivierten Widerstandsgruppierungen im besetzten Europa: ein Ende der deutschen Besatzung.

Auch von sowjetischer Seite gab es eine grausame Unterdrückung insbesondere der oberen Schichten der polnischen Bevölkerung (Juristen, Lehrer, Ärzte, Offiziere, Geistliche). Im Mai 1940 wurde ein großer Teil des polnischen Offizierskorps (ca. 5000 Menschen) vom sowjetischen Geheimdienst NKWD in Katyn ermordet.

Am 22. Juni 1941 überfiel Deutschland die Sowjetunion und überrannte dabei die sowjetisch besetzten, zuvor polnischen Gebiete. Analog zum Aufstand der Warschauer Juden im April 1943 versuchte die polnische Heimatarmee im August 1944, Warschau zu befreien und die Besatzer zu vertreiben. Sie hoffte dabei auch auf die Rote Armee, die bereits die Weichsel erreicht hatte, jedoch in die Kämpfe nicht eingriff. Die Deutschen schlugen den Aufstand blutig nieder und machten Warschau dem Erdboden gleich. Der Warschauer Aufstand, der über 150 000 Polen das Leben kostete, gilt als heroisches Symbol des polnischen Widerstandes und Lebenswillens.

Polen nach dem Zweiten Weltkrieg

Parallel zur seit Kriegsende bestehenden polnischen Exilregierung in London hatte sich im Juli 1944 ein kommunistisches „Polnisches Komitee der nationalen Befreiung" gebildet, das sich mit Unterstützung Moskaus auf eine Machtübernahme nach dem Ende des Krieges vorbereitete. Am 28. Juni 1945 wurde eine „Provisorische Regierung der nationalen Einheit" unter kommunistischer Führung gebildet. Gegen den Willen einer Mehrheit der polnischen Bevölkerung wurde dem Land damit eine Regierung aufgezwungen, die das sowjetische Gesellschaftsmodell in Polen durchzusetzen begann.

Zugleich musste das Land eine „Westverschiebung" hinnehmen: Für die an die Sowjetunion fallenden Teile Ostpolens wurde das Land durch deutsche Ostgebiete „entschädigt". Auf die millionenfache Ermordung polnischer Bürger durch Deutsche folgte die Vertreibung der deutschen Bevölkerung nach Kriegsende – wie auch die Vertreibung der polnischen Bewohner aus den von der Sowjetunion annektierten Gebieten.

Die historischen Ereignisse im und nach dem Zweiten Weltkrieg bildeten über Jahrzehnte hinweg eine schwere Bürde für die Beziehungen zwischen Polen und der Bundesrepublik Deutschland.

Polen im Spiegel von Geschichtskarten

 6

Polen nach dem Ersten Weltkrieg

— Republik Polen nach 1921

vormals deutsche Gebiete

vormals russische/sowjetische Gebiete

vormals österreich-ungarische Gebiete

Deutsches Reich 1921

Abstimmungsgebiete 1920/21: zum Deutschen Reich

Abstimmungsgebiete 1920/21: zu Polen

Sowjetunion (gegründet 1922)

— andere Staatsgrenzen

 7

Die Teilung Polens 1939

Deutsches Reich

Generalgouvernement

Sowjetunion und annektierte Gebiete

— Staatsgrenzen

— Polen vor dem Zweiten Weltkrieg

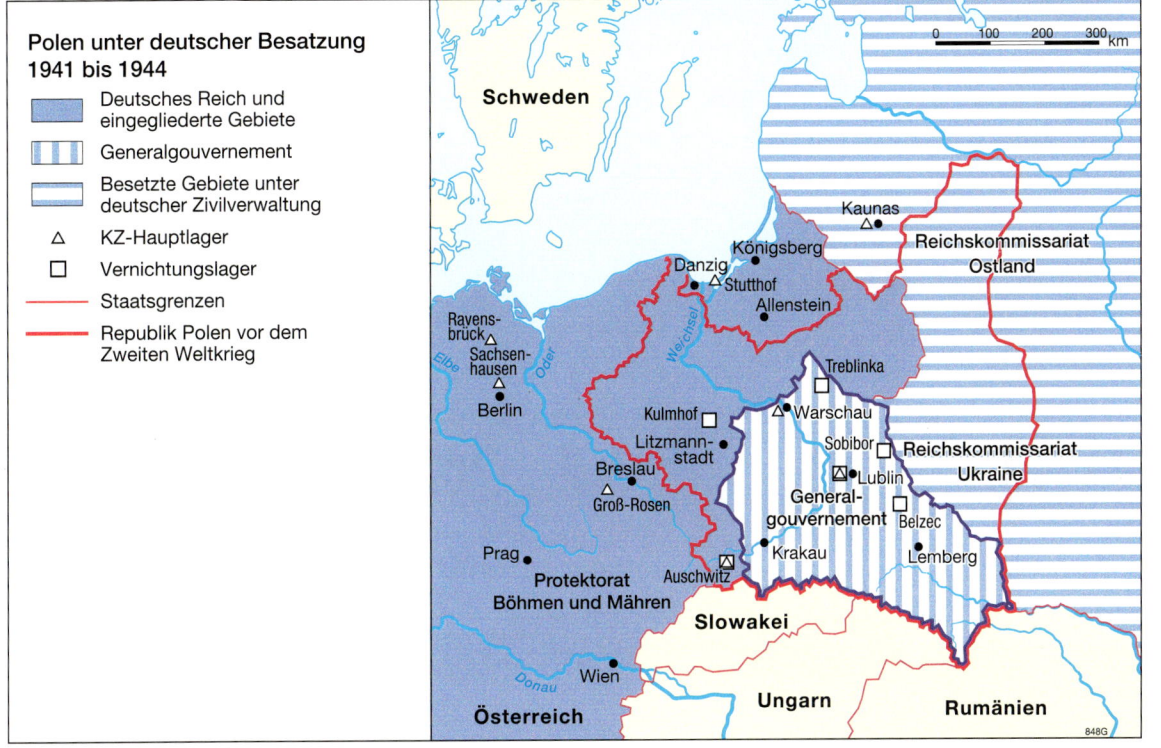

Polen unter deutscher Besatzung 1941 bis 1944

- Deutsches Reich und eingegliederte Gebiete
- Generalgouvernement
- Besetzte Gebiete unter deutscher Zivilverwaltung
- △ KZ-Hauptlager
- □ Vernichtungslager
- Staatsgrenzen
- Republik Polen vor dem Zweiten Weltkrieg

M8

Schweden

Kaunas
Königsberg
Reichskommissariat Ostland
Danzig
Stutthof
Allenstein
Ravens-brück
Sachsen-hausen
Berlin
Kulmhof
Litzmann-stadt
Breslau
Groß-Rosen
Prag
Protektorat Böhmen und Mähren
Auschwitz
Treblinka
Warschau
Sobibor
Reichskommissariat Ukraine
Lublin
General-gouvernement
Belzec
Krakau
Lemberg
Slowakei
Wien
Österreich
Ungarn
Rumänien
Elbe
Oder
Weichsel
Donau

848G

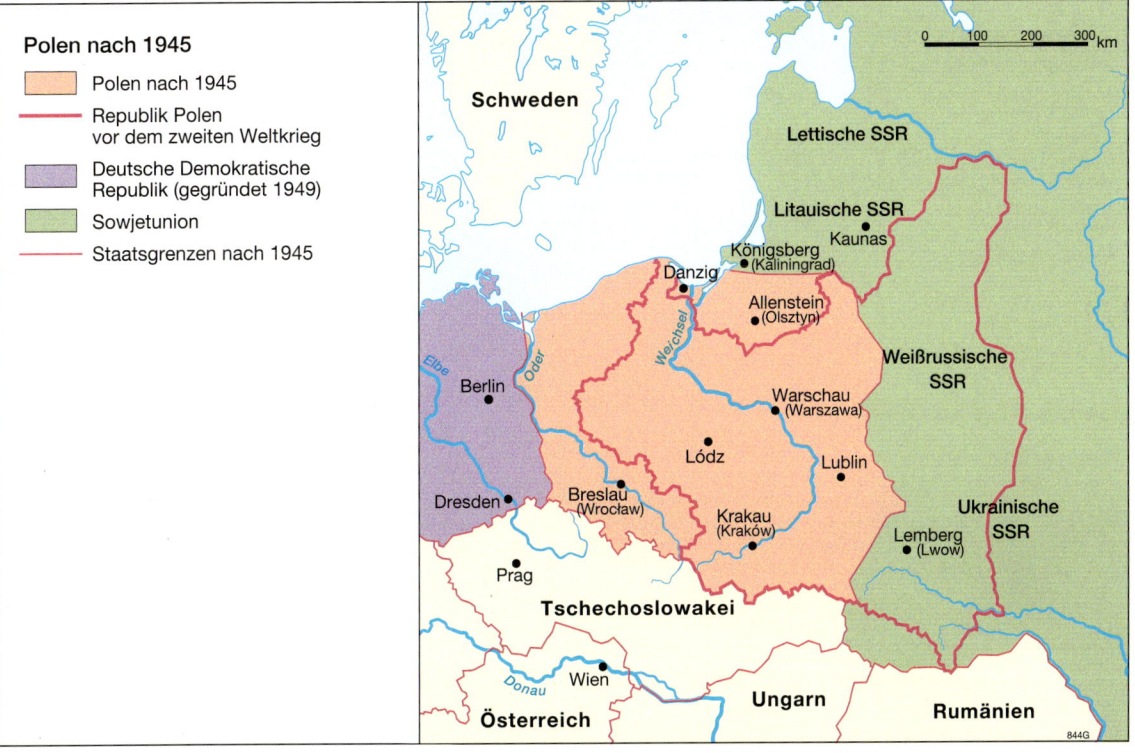

Polen nach 1945

- Polen nach 1945
- Republik Polen vor dem zweiten Weltkrieg
- Deutsche Demokratische Republik (gegründet 1949)
- Sowjetunion
- Staatsgrenzen nach 1945

M9

Schweden

Lettische SSR
Litauische SSR
Kaunas
Königsberg (Kaliningrad)
Danzig
Allenstein (Olsztyn)
Weißrussische SSR
Berlin
Warschau (Warszawa)
Lódz
Lublin
Dresden
Breslau (Wrocław)
Krakau (Kraków)
Ukrainische SSR
Prag
Lemberg (Lwow)
Tschechoslowakei
Wien
Österreich
Ungarn
Rumänien
Elbe
Oder
Weichsel
Donau

844G

Der Zweite Weltkrieg 1939 bis 1945

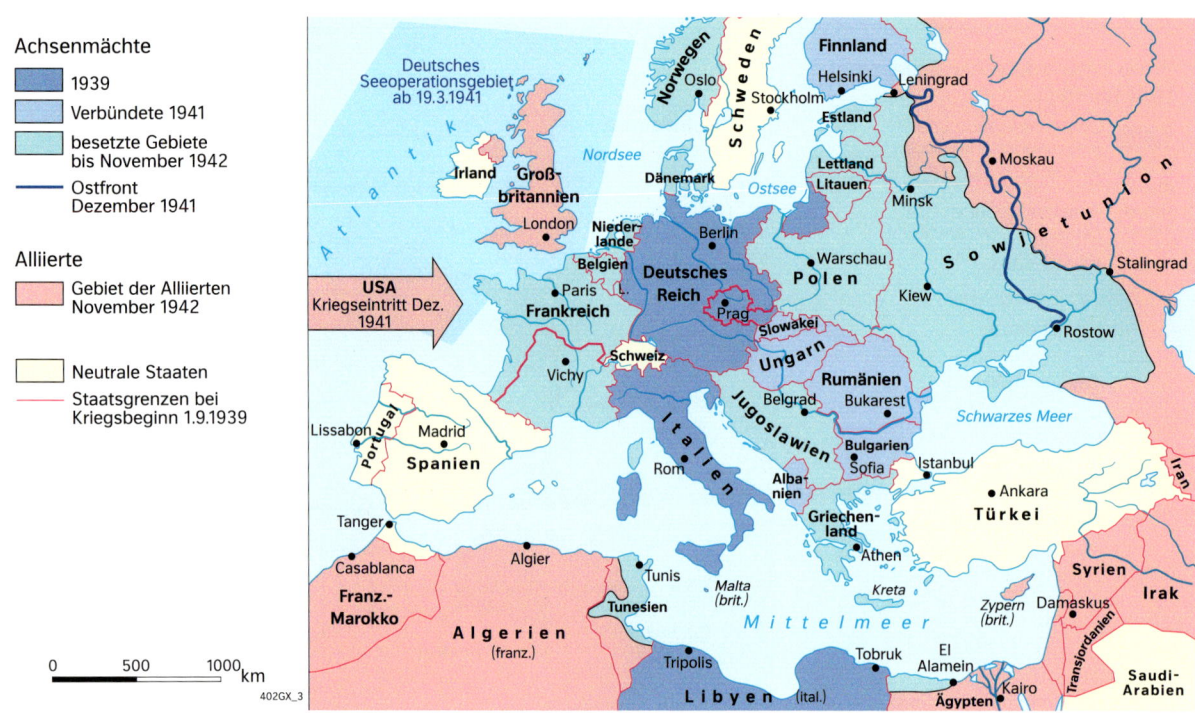

Achsenmächte

- 1939
- Verbündete 1941
- besetzte Gebiete bis November 1942
- Ostfront Dezember 1941

Alliierte

- Gebiet der Alliierten November 1942
- Neutrale Staaten
- Staatsgrenzen bei Kriegsbeginn 1.9.1939

M 10   Der Zweite Weltkrieg in Europa 1939 – 1942

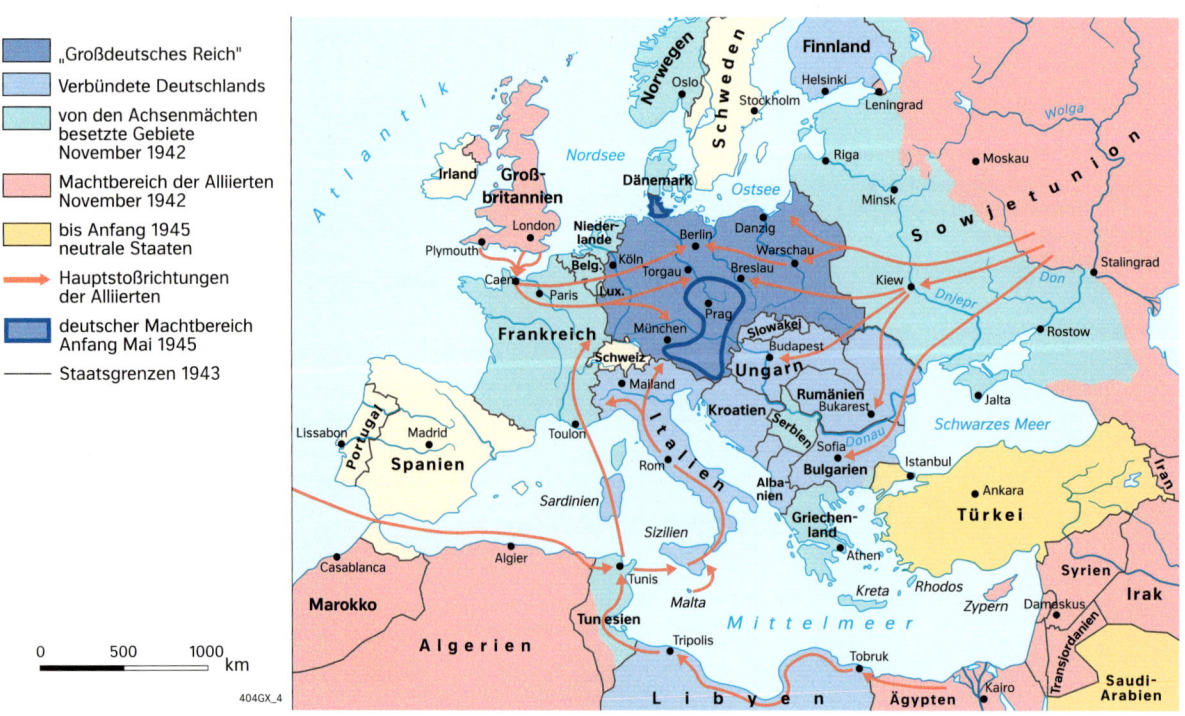

- „Großdeutsches Reich"
- Verbündete Deutschlands
- von den Achsenmächten besetzte Gebiete November 1942
- Machtbereich der Alliierten November 1942
- bis Anfang 1945 neutrale Staaten
- Hauptstoßrichtungen der Alliierten
- deutscher Machtbereich Anfang Mai 1945
- Staatsgrenzen 1943

M 11   Der Zweite Weltkrieg in Europa 1942 – 1945

Chronologie: Der Zweite Weltkrieg

1939

1.9.	Beginn des deutschen Angriffs auf Polen
1.10.	Ende des Polenfeldzuges nach der Kapitulation von Warschau und der Übergabe von Modlin

1940

9.4. – 30.4.	Besetzung Dänemarks und Norwegens durch deutsche Truppen
10.5. – 22.6.	Unter Verletzung der Neutralität der Niederlande, Belgiens und Luxemburgs Einmarsch deutscher Truppen in Frankreich; 14. Juni Besetzung von Paris; 22. Juni Kapitulation Frankreichs und Waffenstillstandsabkommen im Wald von Compiègne

1941

12.2. – 13.5.43	Eine deutsche Division wird unter Führung von Generalleutnant Rommel zum Angriff gegen britische Stellungen nach Libyen entsandt. Vorstoß bis zur libysch-ägyptischen Grenze; der Feldzug endet am 13. Mai 1943 nach einer britischen Großoffensive unter Leitung des Generals Montgomery durchKapitulation der Reste der Heeresgruppe Afrika.
6.4. – 1.6.	Feldzüge gegen Jugoslawien und Griechenland
22.6.	Deutscher Angriff auf die UdSSR in breiter Front zwischen Ostsee und Karpaten mit insgesamt 3 050 000 Soldaten (= 75 Prozent des Feldheeres); in den folgenden anderthalb Jahren deutscher Vormarsch bis zur Linie Leningrad – Moskau – Stalingrad – Kaukasus; nach Stalingrad: Kriegswende; danach werden sowjetische Truppen im Gegenangriff unter immer größeren deutschen Verlusten bis in die Mitte Deutschlands vordringen.
22.11.	Sowjetische Truppen schließen die deutsche 6. Armee mit ca. 250 000 Soldaten im Raum zwischen Don und Wolga bei Stalingrad ein. Hitler verweigert den Ausbruch aus dem Kessel. Ende Januar 1942 Kapitulation: 91 000 deutsche Soldaten gehen in Kriegsgefangenschaft
7.12.	Japanischer Überfall auf Pearl Harbor: Die Japaner vernichten fast die gesamte amerikanische Pazifikflotte. Vier Tage später erklären auch Deutschland und Italien den USA den Krieg.

1942 – 1945

	Luftkrieg: Ständig zunehmende Bombardierung deutscher Städte

1943

10.7. – 13.10.	22. Juli Eroberung von Palermo durch die 7. US-Armee; Luftangriffe auf Rom; Mussolini wird zum Rücktritt gezwungen und verhaftet, aber durch deutsche Fallschirmjäger wieder befreit. Italien unterzeichnet am 3. September 1943 einen Waffenstillstand und erklärt Deutschland den Krieg.

1944

6.6.	Alliierte Landung in der Normandie

1945

4.2. – 12.2	Konferenz von Jalta: Stalin, Roosevelt und Churchill verhandeln über die Koordinierung der militärischen Operationen in der Schlussphase des Krieges und über die Teilung Deutschlands nach Kriegsende.
30.4.	Selbstmord Hitlers in Berlin
8.5.	Ende des Zweiten Weltkrieges in Deutschland; Gesamtkapitulation der Deutschen Wehrmacht im Hauptquartier General Eisenhowers in Reims und im sowjetischen Hauptquartier in Berlin (Karlshorst) am 9. Mai
6.8.	Abwurf der ersten Atombombe auf Hiroshima; vier Wochen später: Unterzeichnung der bedingungslosen Kapitulation Japans

Polen unter deutscher Besatzung im Zweiten Weltkrieg

 **12   Vertreibung 1939**

Im geheimen Zusatzprotokoll zum deutsch-sowjetischen Nichtangriffspakt vom 23./24. August 1939 hatten Hitler und Stalin Osteuropa in ihre jeweiligen Interessensphären aufgeteilt. Nach dem deutschen Angriff auf Polen am 1. September 1939 und der Aufteilung des Landes in einen deutsch und einen sowjetisch besetzten Teil wurden Hunderttausende der sogenannten Volksdeutschen aus ihren bisherigen Wohngebieten in Ost- und Südosteuropa umgesiedelt, „heim ins Reich geholt", gemäß NS-Terminologie. Sie sollten zur „Germanisierung" der ehemals polnischen Gebiete beitragen, die vom Deutschen Reich Ende 1939 annektiert, das heißt ins deutsche Staatsgebiet eingegliedert worden waren. Etwa 450 000 Polen mussten ihre Heimat in den neuen „Reichsgauen" Danzig-Westpreußen und Wartheland verlassen und in das deutsch beherrschte Generalgouvernement in Zentralpolen übersiedeln. Helena Szwichtenberg berichtet nach 1945 von ihrer Vertreibung aus Gdynia/ Gdingen (bei Danzig) 1939:

Ich lebe seit meiner Kindheit in Gdynia/Gdingen. [...] Meine Eltern lebten [...] in der Drzymała-Straße 12. Sie hatten sich ein Haus erarbeitet, sechs Wohnungen, die wir teilweise vermietet haben. Ich besuchte
5 die Allgemeine Schule Nr. 7 [...]. Ich erinnere mich an das sorglose Leben bis zu den Bombardierungen am 1. September 1939. Ich erinnere mich an die Panik und die Angst [...]. Ich erinnere mich an die ständigen, erschütternden Aushänge über die Aussiedlung
10 der Bevölkerung und Zwangsräumungen [...]. Die Aussiedlungen dauerten ungefähr zwei Monate. Einige konnten ein bisschen Gepäck bis 25 kg mitnehmen, andere nichts – so wie sie waren. Ich wurde dagegen mit meiner Mutter und meiner Großmutter
15 sehr drastisch rausgeschmissen, und zwar so: In unserem Haus lebte bei dem Mieter Herrn Wisniewski eine Deutsche namens Emma, die nach dem Einmarsch der Deutschen auf unserem Haus eine deutsche Hakenkreuzflagge und an den Türen die An-
20 kündigung der sofortigen Zwangsräumung und Aussiedlung anbrachte. Später, am 25.10.1939, drang besagte Bewohnerin am frühen Morgen, als wir schliefen, mit zwei Gestapomännern ein. Mit Raus-Rufen wurden wir hinausgezerrt und aus dem Haus
25 geworfen (man erlaubte uns gerade noch, sich anzuziehen). Man führte uns zur Kolonne der Vertriebenen in der Morska-Straße und brachte uns, von Karabinerschützen bewacht, zum Bahnhof in Gdynia. Der Schlüssel musste in der Tür stecken bleiben. Wir wa-

30 ren ganz ohne Gepäck, weil wir nichts mitnehmen durften. Wir waren durchgefroren und hungrig. Es war Ende Oktober. Meine Eltern ließen alles zurück, was sie in ihrem Leben erworben hatten: das Grundstück, das Haus und alles, was sich darin befand.
35 Dann wurden wir mit Gewalt in dreckige, fensterlose Viehwaggons gestopft, so viele, wie die Deutschen mit Gewalt hineinzwängen konnten.
Wir wurden ständig von der Gestapo in Verschlägen an der Seite des Waggons bewacht. Wir wussten
40 nicht, wohin sie uns bringen, wurden häufig auf ein Nebengleis gestellt und bewacht. Man öffnete die Türen nicht. Die Fahrt dauerte ungefähr sieben bis zehn Tage. Es war sehr kalt, wir waren sehr hungrig. Weinen, Panik. Es gab Leichen, vor allem Säuglinge und
45 Alte. Es war schon November 1939. Schließlich ließ man uns in Lublin hinaus. Dort wussten wir nicht, was wir mit uns machen sollten, wie weiter, wohin gehen – Hunger. Wir hatten nichts, um uns umzuziehen. Wir lagerten auf dem Bahnhof und in Tunneln,
50 bettelten um Essen und etwas zum Zudecken. Dieses Bild habe ich immer lebendig vor Augen, und es wird niemals aus meiner Erinnerung verschwinden.

Helena Szwichtenberg, Fragmenty wspomnien z wysiedlenia z Gdyni, in: Association of Displaced Gdynia Inhabitants (Hg.), Wysiedlenia Polaków z Gdyni, Gdynia 2003, S. 53ff. (Auszüge übersetzt von Andreas Warneck, Berlin).

 **13   Deportation 1941**

Aus den Erinnerungen von Jósef Szczupak aus Lwów (heutige Ukraine), das nach dem Hitler-Stalin-Pakt 1939 zunächst in die ukrainische Sowjetrepublik eingegliedert wurde, dann 1941 nach dem deutschen Überfall auf die Sowjetunion unter dem Namen Lemberg zum deutschen Generalgouvernement gehörte:

Ich hatte von den deutschen Behörden eine Aufforderung bekommen, mich beim Arbeitsamt in Lwów zu melden. Ich muss anmerken, dass unter der städtischen Bevölkerung Hunger herrschte, die Menschen
5 machten schlapp und starben. Von Lwów wurde ich zusammen mit anderen mit dem Zug nach Wien gebracht. In Wien wurde eine Selektion vorgenommen, wir wurden in Gruppen eingeteilt. Ich wurde einer Gruppe von Arbeitern zugeteilt, die zur Arbeit in ei-
10 ner Rüstungsfabrik bei Wien vorgesehen war. [...] Nachdem ich zur Arbeit eingeteilt war, bekam ich einen Passierschein, der damals das einzige Dokument zur Feststellung der Identität und der Arbeitserlaubnis war. [...] Ich wohnte in einem Lager, das zum Be-
15 trieb gehörte. In jedem Lagergebäude gab es sechs

Säle. In jedem Saal wohnten vierzehn Zwangsarbeiter. Das ganze Lager war umzäunt, am Tor stand eine Wache. Wir schliefen auf Etagenfeldbetten. In der Fabrik habe ich drei Schichten zu acht Stunden gear-
20 beitet, sechs Tage in der Woche. Während der Arbeitszeit wurden wir von der Werkspolizei beobachtet. Oft wurde ich von diesen Polizisten zur Arbeit gezwungen, sie schlugen uns mit Knüppeln. Für die Arbeit bekam ich ein paar Mark, die für ein Bier, Sei-
25 fe und Nähgarn reichten. [...]
Verpflegt wurden wir bescheiden, dreimal täglich in der Werkskantine. Die Köchinnen waren sehr gut, sie gaben uns nach dem Essen einen Nachschlag [...].
Zur Arbeit gingen wir querfeldein zu Fuß über die
30 Felder der einheimischen Bauern. Oft habe ich auf den Feldern Kartoffeln geklaut, die wir in der Fabrik in der Asche bei den Hüttenöfen gebacken haben. Die Kartoffeln haben wir gegessen, um unseren Hunger zu stillen. Es kam vor, dass wir abends sogar vier Ki-
35 lometer auf Seitenstraßen und Wegen auf die Felder der Bauern gingen und Kartoffeln klauten, oder wir schlichen uns nachts an die Gebäude heran und wenn die Bauern schliefen, klauten wir Kartoffeln aus dem Keller. Die Kartoffeln haben wir mit elektri-
40 schem Strom gekocht. Wir haben Tauchsieder aus Draht gemacht, den wir in ein Gefäß mit Wasser getaucht haben. [...]
Ich habe nicht versucht, aus Österreich nach Hause zu fliehen, weil ich dort niemanden hatte. Vater, Mut-
45 ter, auch mein Bruder waren von den Sowjets nach Sibirien deportiert worden.

Jósef Szczupak, in: Grzegorz Hryciuk (Hg.), Umsiedlungen, Vertreibungen und Fluchtbewegungen 1939–1959. Atlas zur Geschichte Ostmitteleuropas, Bonn: Bundeszentrale für politische Bildung 2012, S. 77 f.

 14   Grundsätze der Besatzungspolitik

Aus dem Diensttagebuch des Generalgouverneurs in Polen, Hans Frank (31. Oktober 1939 und 19. Januar 1940):

Ganz klar müsse der Unterschied zwischen dem deutschen Herrenvolk und den Polen herausgestellt werden. [...]
Den Polen dürfen nur solche Bildungsmöglichkeiten
5 zur Verfügung gestellt werden, die ihnen die Aussichtslosigkeit ihres völkischen Schicksals zeigten. Es könnten daher höchstens schlechte Filme oder solche, die die Größe und Stärke des Deutschen Reiches vor Augen führen, in Frage kommen. Es werde not-
10 wendig sein, dass große Lautsprecheranlagen einen gewissen Nachrichtendienst für die Polen vermitteln. Reichsminister Dr. Goebbels führt aus, dass das gesamte Nachrichtenvermittlungswesen der Polen zer-

schlagen werden müsse. Die Polen dürften keine
15 Rundfunkapparate und nur reine Nachrichtenzeitungen, keinesfalls eine Meinungspresse behalten. Grundsätzlich dürfen sie auch keine Theater, Kinos und Kabaretts bekommen, damit ihnen nicht immer wieder vor Augen geführt werden würde, was ihnen
20 verloren gegangen sei. [...]
Am 15. September 1939 erhielt ich den Antrag, die Verwaltung der eroberten Ostgebiete aufzunehmen, mit dem Sonderbefehl, diesen Bereich als Kriegsgebiet und Beuteland rücksichtslos auszupowern, es in
25 seiner wirtschaftlichen, sozialen, kulturellen, politischen Struktur sozusagen zu einem Trümmerhaufen zu machen. [...]
Entscheidend wichtig ist nunmehr auch der Neuaufbau der Produktion im Generalgouvernement. [...]
30 Den Polen, die in die Betriebe eingestellt werden, muss Hören und Sehen vergehen, sodass sie vor lauter Arbeit – disziplinierter Arbeit! – zu Sabotageakten gar nicht mehr kommen. [...] Mein Verhältnis zu den Polen ist dabei das Verhältnis zwischen Ameise und
35 Blattlaus. Wenn ich den Polen förderlich behandele, ihn sozusagen freundlich kitzele, so tue ich das in der Erwartung, dass mir seine Arbeitsleistung zugute kommt. Hier handelt es sich nicht um ein politisches, sondern um ein rein taktisch-technisches Problem.

Hans Frank, zit. nach: Imanuel Geiss, Die deutsche Politik im Generalgouvernement Polen 1939–1945, in: ApuZ Nr. 34/1978, Bonn: Bundeszentrale für politische Bildung 1978, S. 16ff.

• •

1. a) ●●○ Erläutern Sie die Umsiedlungsmaßnahmen im besetzten Polen mit Bezug auf M12 und M13.
b) ●●○ Setzen Sie Umsiedlungsmaßnahmen und Umgang mit den betroffenen Polen in Beziehung zur nationalsozialistischen Ideologie.
c) ●●○ Identifizieren Sie aus den Schilderungen Helena Szwichtenbergs die Beteiligten an der Vertreibung aus Gdynia und beschreiben Sie deren Verhalten der polnischen Bevölkerung gegenüber.
d) ●●● Nehmen Sie Stellung zum Verhalten Emmas, einer deutschstämmigen Bewohnerin Gdynias.
e) ●●○ Ordnen Sie die Schilderungen Jósef Szczupaks (M13) in den Kontext deutscher und sowjetischer Deportationsmaßnahmen ein.
f) ●●○ Beurteilen Sie auf Basis der Schilderungen Szwichtenbergs (M12) und Szczupaks (M13) und Ihrer Kenntnisse über die Umsiedlungsmaßnahmen Problematik und Konsequenzen von Vertreibung und Deportation.
g) ●●● Arbeiten Sie aus dem Tagebuch Hans Franks den geplanten Umgang mit Polen im Generalgouvernement heraus und beurteilen Sie die Konsequenzen für die polnische Bevölkerung.
→ Text, M12, M13, M14

Flucht und Vertreibung von Deutschen nach 1945

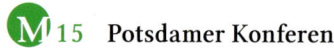 15 **Potsdamer Konferenz**

Aus dem Abkommen der Potsdamer Konferenz, die vom 17. Juli bis zum 2. August 1945 abgehalten wurde:

XIII. Ordnungsmäßige Überführung deutscher Bevölkerungsteile:
Die Konferenz erzielte folgendes Abkommen über die Ausweisung Deutscher aus Polen, der Tschechoslo-
5 wakei und Ungarn:
Die drei Regierungen haben die Frage unter allen Gesichtspunkten beraten und erkennen an, dass die Überführung der deutschen Bevölkerung oder Bestandteile derselben, die in Polen, der Tschechoslo-
10 wakei und Ungarn zurückgeblieben sind, nach Deutschland durchgeführt werden muss. Sie stimmen darin überein, dass jede derartige Überführung, die stattfinden wird, in ordnungsgemäßer und humaner Weise erfolgen soll [...].

Helmuth K. G. Rönnefarth (Hg.), Konferenzen und Verträge: Vertrags-Ploetz. Ein Handbuch geschichtlich bedeutsamer Zusammenkünfte und Vereinbarungen Teil II 1914–1959, Würzburg: Ploetz 1959, S. 276.

 17 **Ein Bericht**

Aus dem Bericht des Chefs der britischen Militärmission in Kalawst (Kohlfurt) vom 27. Mai 1946 über die Repatriierung der Deutschen:

Die Bedingungen des englisch-polnischen Abkommens bestimmen, dass die Evakuierung der Deutschen humanär und ordentlich [sic] verläuft. Während ich gerade am Schreiben dieses Briefes bin, ist
5 die Bahnstation zu Kalawsk von ca. 1500 Menschen überfüllt. Sie fallen vor Hunger und Müdigkeit in Ohnmacht. [...] Dem entsprechend wird die Bedingung des humanitären und ordentlichen Verlaufs der Evakuierung nach Auffassung der Offiziere der Briti-
10 schen Mission nicht eingehalten. Es ist meine unangenehme Pflicht zu informieren, dass, wenn sich diese Situation im Laufe von 24 Stunden nicht ändert, ich mich gezwungen sehen werde, die britischen Behörden davon zu benachrichtigen, dass sich Polen
15 keine Mühe gab, den Vereinbarungen des Abkommens gerecht zu werden. Wir fordern mit Nachdruck, dass unverzüglich Schritte unternommen und diese Personen mit Verpflegung und Unterkunft versorgt werden.

Bericht der britischen Militärmission (1946), in: Karol Jonca (Hg.), Wysiedlenia niemcówi i osadnictwo ludności polskiej na obszarze Krzyżowa-Świdnica (Kreisau-Schweidnitz) w latach 1945-1948: wybór dokumentów / Die Aussiedlung der Deutschen und die Ansiedlung der polnischen Bevölkerung im Raum Krzyzowa-Swidnica (Kreisau-Schweidnitz) 1945–1948. Dokumentenauswahl (dt./ poln.), Wroclaw: Wydawn Leopoldinum 1987, S. 187.

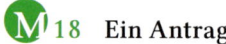 18 **Ein Antrag**

Antrag der SPD-Fraktion vom 7. Januar 1947 im Niedersächsischen Landtag:

Der Landtag möge beschließen:
Aus Veröffentlichungen der Presse geht hervor, dass in jüngster Zeit von den verantwortlichen Instanzen in Polen vorgenommenen Deportierungen Deutscher
5 zu erschütternden Folgen für die Flüchtlinge geführt haben, weil alle menschenwürdigen Voraussetzungen sowohl in den Sammellagern, insbesondere aber für den tage- und wochenlangen Transport, der bei 20 Grad Kälte erfolgte, gefehlt haben. Dazu kam dann
10 noch häufig die restlose Beraubung der schwerbetroffenen Flüchtlinge.
Erfrierungen aller Grade, die große Zahl [sic] von 35 Toten auf einem Transport, eine Zahl, die sich in den

Konferenz von Potsdam
Churchill, Truman und Stalin, August 1945

Krankenhäusern noch erheblich erhöhte, Erkrankun-
15 gen und Verletzungen schwerster Art, die Zahl von
fünf Geburten unter diesen unglaublichen Verhält-
nissen, insgesamt ein unbeschreibliches Elend sind
das Ergebnis solcher Maßnahmen gewesen.
Der Niedersächsische Landtag lenkt die Aufmerk-
20 samkeit der Weltöffentlichkeit auf die allen Gesetzen
der Menschlichkeit widersprechenden Anordnungen
der polnischen Stellen, die getroffen wurden, obwohl
dieser Krieg von den Alliierten für die Wiederherstellung humaner Gesetze und Ideen geführt und gewon-
25 nen wurde.
Das deutsche Volk hat dem gerechten Urteil der Welt
zugestimmt, dass in zahlreichen Prozessen die Verbrechen gegen die Menschlichkeit – soweit sie von
Deutschen begangen wurden – mit dem Tode oder
30 mit hohen Freiheitsstrafen gesühnt werden. Da es
keine andere Instanz gibt, die diese Aufgabe erfüllen
könnte, so erwartet der Landtag, dass der Alliierte
Kontrollrat die Pflicht übernimmt, die Bestrafung der
Schuldiggewordenen zu fordern und dass er Maßnah-
35 men ergreift, die Unmenschlichkeit wie diese, ganz
gleich, wer von ihnen betroffen wird und wer sie be-
geht, für alle Zukunft unterbinden. Der Landtag erwartet von der Landesregierung, dass sie dem Landtag alle Berichte zugänglich macht, die von jedem
40 Flüchtlingstransport, der auf britisch besetztem Boden ankommt, angefertigt werden.
Hannover, den 7. Januar 1947

*Niedersächsischer Landtag, 1. Wahlperiode, Drucksache Nr. 78,
Hannover, 07.01.1947.*

Ⓜ 19 Die Alliierten und die Vertreibung – Eine Deutung

*Der Historiker Klaus-Dietmar Henke (*1947) schreibt
(1995):*

Seit der Krim-Konferenz mussten die maßgeblichen
Politiker der Sowjetunion und der osteuropäischen
Länder das sichere Gefühl gewonnen haben, dass
ihre Partner in Washington und London kaum in der
5 Lage, aber auch nicht wirklich willens waren, ihren
durchaus ernst gemeinten Ermahnungen zu einer ge-
ordneten Durchführung des Bevölkerungstransfers
Nachdruck zu verleihen. Wo die russischen Truppen
standen, begann die Vertreibung deshalb als eine, von
10 den betroffenen Staaten beinahe wie eine rein innere
Angelegenheit gehandhabe, pauschale Abrechnung
mit den Deutschen. [...]
Es war das tragische Schicksal der Vertriebenen, dass
sie als Gruppe Objekt von Großmachtentscheidun-
15 gen waren und zugleich als Einzelne in ihrer ost- und
südosteuropäischen Heimat für die menschenverach-

tende Politik und Kriegführung des Deutschen Reiches persönlich haftbar gemacht wurden. Mit dem
Ende des Krieges rückten dort zunehmend Revanche
20 für nationale Demütigungen und Vergeltung für in
deutschem Namen verübte Verbrechen als Movens
und Rechtfertigung der Austreibung in den Vordergrund. Auch deshalb, weil viele von denen, die jetzt
verjagt wurden, dem Nationalsozialismus fernge-
25 standen hatten, und die wenigsten von ihnen eine
persönliche Schuld an den deutschen Untaten im Osten traf, vollzog sich mit ihrer Entwurzelung, wie
Winston Churchill am 16. August 1945 in seiner ersten Rede als Oppositionsführer vor dem britischen
30 Unterhaus sagte, in der Tat eine „Tragödie ungeheue-
ren Ausmaßes“.

*Klaus-Dietmar Henke, in: Wolfgang Benz (Hg.), Die Vertreibung
der Deutschen aus dem Osten. Ursachen, Ereignisse, Folgen;
Frankfurt a. M.: Fischer-Taschenbuch-Verlag 1995, S. 77 – 82.*

---

1. a) ●●● Definieren Sie die Begriffe „Flucht“, „Vertreibung“ und „Umsiedlung“.
   b) ●●○ Analysieren Sie die Probleme, die bei der
Durchführung der Beschlüsse von Potsdam aufge-
treten sind.
   → Text, M15 – M18
2. ●●● Erläutern Sie mit eigenen Worten, was der Historiker Klaus-Dietmar Henke mit dem „tragische(n)
Schicksal der Vertriebenen“ (Zeile 13) meint.
   → M19

Umgang mit Zeitzeugenberichten

Quellen sind die Grundlage für das, was wir über Vergangenheit wissen. Neben der schriftlichen, bildlichen und gegenständlichen Überlieferung spielt die mündliche eine besondere Rolle. Im Alltag ist sie selbstverständlich, auch wenn uns das nicht immer bewusst ist, z. B. wenn Großeltern ihren Enkeln von früher erzählen, als sie selbst noch jung waren. Allerdings reißt die mündliche Überlieferung mit dem Tod eines Zeitzeugen ab: Das Wissen um Ereignisse schwindet mit der aussterbenden Generation.

Um das zu verhindern, bemühen sich Historiker, Menschen nach ihren Erlebnissen und Erfahrungen zu befragen. Solche Zeitzeugen sind in der Lage, viele Dinge mitzuteilen, die in anderen Quellen nicht enthalten sind. Politiker können zum Beispiel darüber Auskunft geben, wie eine bestimmte Entscheidung zustande gekommen ist. Vielleicht war ein Telefongespräch, über das es keine Aufzeichnungen gibt, entscheidend. Wie Menschen bestimmte historische Ereignisse, zum Beispiel den Kriegsalltag, erlebt haben, ist oft nur durch eine gezielte Befragung zu erfahren.

Dabei ist zu bedenken, dass es sich um die Meinungen Einzelner handelt, die nicht unbedingt allgemeingültig sind. Auch die Tücken der Erinnerung sind nicht zu unterschätzen. Vor allem wenn das Ereignis schon länger zurückliegt, kann es sein, dass manches vergessen wurde, manches sich mit Erzählungen anderer Menschen vermischt hat und manches im Nachhinein vielleicht besonders dramatisch oder verklärt dargestellt wird.

Um das mündlich Erfragte zu bewahren, muss man es schriftlich festhalten. Dabei geht allerdings etwas Wichtiges verloren, nämlich die Art und Weise, wie ein Zeitzeuge etwas erzählt: Ob er seine Mitteilung stockend macht und immer wieder Pausen einlegt, welche Gesten er verwendet und wie sein Gesichtsausdruck ist, ob er gerührt, traurig, ärgerlich oder fröhlich erscheint. Das alles lässt sich am niedergeschriebenen Text nicht mehr erkennen, sodass solche Aussagen immer genau untersucht werden müssen.

Arbeitsschritte zur Interpretation von Zeitzeugenberichten

1. **Herkunft des Protokolls**
   a) Wo ist der Bericht veröffentlicht worden?
   b) Nennen Sie den Zeitpunkt der Veröffentlichung:
   c) Sind Gründe für den Ort und den Zeitpunkt der Veröffentlichung bekannt?

2. **Inhalt des Gesprächs**
   a) Geben Sie das Thema des Berichts an.
   b) Stellen Sie die wichtigsten Informationen des Berichts zusammen:

3. **Ergiebigkeit der Aussagen**
   a) Erörtern Sie, ob die Zeitzeugen Ihrer Meinung nach Dinge verschweigen oder beschönigen. Beachten Sie dabei den Zeitabstand zwischen dem Erlebten und dem Interview.
   b) Bewerten Sie die Ergiebigkeit der Aussagen und ihren Wahrheitsgehalt:

M 20   Zeitzeugenberichte

a) 1956 erinnerte sich eine Schülerin der 12. Klasse aus Bielefeld:

Dann kam der Umbruch. Ich entsinne mich noch genau, als wir von dem Einzug der Amerikaner hörten. Wir kamen von einem Spaziergang zurück. Mein Vater stürzte uns
5 entgegen und sagte, dass es soweit wäre, die Amerikaner ständen vor der Tür. Es war schrecklich für meine Eltern, denn meine beiden ältesten Brüder waren noch in einem Internat in Thüringen. Wie sollten sie in dieser
10 Unordnung zu uns finden? Sie waren völlig auf sich selbst angewiesen, wir konnten nichts für sie tun. Nach vier Tagen kamen sie dann endlich, und damit war die erste Sorge vorbei. [...] Im September zogen wir wieder in
15 unser Haus. [...] Meine Mutter wusste nicht mehr, wie sie die vielen Menschen sättigen sollte. Die Brotscheiben wurden auf einer Briefwaage abgewogen, und jeder bekam eine Kelle Steckrübensuppe. Einmal im Monat
20 wurde uns aus Amerika ein riesiges Carepaket geschickt; es war ein allgemeines Fest, wenn meine Mutter dieses öffnete. Einen Tag lang wurde dann gefeiert, es gab Kakao und Butter! [...] Aber abends, wenn wir alle um
25 den Tisch saßen und den Gesprächen der Erwachsenen lauschten, kroch ein leiser Schauer meinen Rücken empor. Ich hörte von den Russen, von ihren Grausamkeiten und sah die ernsten Gesichter meiner Eltern. Dann begriff
30 ich doch, dass es um unser Deutschland und um uns ernst stand.

Zit. nach: Rüdiger Thomas (Hg.) unter Mitarb. v. Alexander von Plato und Almut Leh, Ein unglaublicher Frühling. Erfahrene Geschichte im Nachkriegsdeutschland 1945–1948, Bonn: Bundeszentrale für politische Bildung 1997, S. 250.

b) Hans Frankenthal, 1926 in Schmallenberg im Sauerland als Sohn einer gläubigen jüdischen Viehhändlerfamilie geboren, kehrt mit seinem Bruder aus dem KZ Auschwitz in sein Heimatdorf zurück. Er berichtet 1994:

Dann kamen die DP-Leute [Mitarbeiter der Organisationen, die sich um die Displaced Persons kümmerten] und stellten uns die Frage: Wo wollt Ihr hin? Man bot uns einige Län-
5 der an, Palästina oder das heutige Isreal, England, Amerika, Neuseeland, Kanada. Mein Bruder und ich gaben zur Antwort: Wir wollen nach Schmallenberg. – Dieses Versprechen hatten wir unserem Vater in Auschwitz
10 geben müssen. – Da kam nun automatisch die weitere Frage: In welchem Land liegt Schmallenberg? Wir haben dann gesagt: Schmallenberg liegt in Deutschland. Dann haben die uns furchtbare Worte gesagt: Wie kann man
15 in so ein Land zurückgehen, was Euch so Furchtbares angetan hat? Das war der Fehler meines Vaters, und wir glaubten, wir müssten ihm gehorchen. Aber ich muss auch noch dazu sagen, uns blieb normalerweise gar
20 nichts anderes übrig [...]. Wir wussten ja nicht, wer hat denn überlebt? Und wenn jemand überlebt hat, können wir sie nur da treffen, wo der Ausgangspunkt war. Man darf nicht vergessen, das war immer noch unsere
25 Heimat. [...] Mein Vater hatte direkt überm Bahnhof gebaut und hatte einen Privatweg zum Bahnhof [...]. Den Weg sind wir raufgegangen und [...] in unser Haus, wo aber die beiden Söhne meiner Tante wohnten. Die
30 machten kein erfreutes Gesicht, als sie meinen Bruder und mich sahen, denn ich habe hinterher erfahren, dass die beiden schon in Fredeburg am Amtsgericht gewesen waren und versucht hatten, einen Erbschein zu be-
35 kommen, in dem Glauben, dass von unserer ganzen Familie keiner am Leben geblieben wäre. Dann wären sie zu Recht Erben des gesamten Vermögens Frankenthal geworden. Man merkte ihnen die Enttäuschung an.

Zit. nach: Rüdiger Thomas (Hg.) unter Mitarb. v. Alexander von Plato und Almut Leh, Ein unglaublicher Frühling. Erfahrene Geschichte im Nachkriegsdeutschland 1945–1948, Bonn: Bundeszentrale für politische Bildung 1997, S. 159.

Folgen für die Menschen

M 21 *Flüchtlingselend in Deutschland nach 1945*
Besonders katastrophal war die Situation für Hunderttausende von Flüchtlingsfrauen, die, ihrer gesamten Habe beraubt, oft nur ihre Kinder in Sicherheit bringen konnten.

M 22 **Nissenhütte in der britischen Besatzungszone**
Fotografie, 1946

 23 **Migration und Gesundheitspolitik**

Die Historikerin Andrea Riecken schreibt (2006):

Flucht und Vertreibungen vollzogen sich häufig unter dramatischen Umständen: Viele Frauen töteten sich, nachdem sie Opfer von Vergewaltigungen geworden waren, oder starben an den Folgen der Misshandlun-
5 gen. Am Kriegsende waren die Flüchtlinge in den Trecks durch alliierte Tieffieger und die vorrückende Rote Armee bedroht. Nach dem Krieg forderten die Lebensbedingungen in den Vertreibungsgebieten, Deportationen und Ausweisungen viele Todesopfer.
10 Transporte liefen oft unter menschenunwürdigen Bedingungen ab, die Versorgungslage war katastrophal, es kam zu Plünderungen und Gewalttätigkeiten. Allein zwei Millionen Menschen überlebten Flucht, Vertreibung oder Deportation nicht. Ferner
15 starben unzählige Flüchtlinge und Vertriebene kurz nach ihrer Ankunft in den zentralen Durchgangslagern oder in den Krankenhäusern der Aufnahmekreise. Der Zweite Weltkrieg und seine Folgeerscheinungen hatten bei großen Teilen der Flüchtlings- und
20 Vertriebenenbevölkerung zur massiven Verschlechterung ihres Gesundheitszustandes geführt.
Die extremen Witterungsverhältnisse von 1946/47 verschlimmerten die gesundheitliche Lage der Flüchtlinge und Vertriebenen um ein Vielfaches. Im
25 harten Winter 1946 nahmen Erfrierungen bis zum Kältetod zu, weil die zur dauerhaften Unterbringung ungeeigneten Notunterkünfte schlecht oder gar nicht beheizt werden konnten. Die Ernteausfälle 1947 hatten zur Folge, dass sich die Ernährungskrise drastisch
30 zuspitzte. Bereits im Frühjahr 1946 war es durch einschneidende Kürzungen von Lebensmittelrationen durch die britische Militärregierung zu regelrechten Versorgungseinbrüchen gekommen. Da Flüchtlinge und Vertriebene im Vergleich zur einheimischen Be-
35 völkerung wesentlich weniger Möglichkeiten der Selbstversorgung besaßen und es zudem keine Gewähr dafür gab, dass die auf den Lebensmittelkarten ausgewiesenen Nahrungsmittel auch erhältlich waren, litten sie häufiger und an schwereren Formen
40 der Unterernährung: Hungerödeme und Rachitis [Knochenerkrankung] waren keine Seltenheit. Die Abwehrkraft vieler Flüchtlinge und Vertriebenen gegenüber Krankheiten war durch körperliche und seelische Überbelastungen, unzureichende Wohn-
45 verhältnisse sowie anhaltende Mangelernährung deutlich gemindert.

Andrea Riecken, Migration und Gesundheitspolitik. Flüchtlinge und Vertriebene in Niedersachsen 1945–1953, Göttingen: V&R Unipress 2006, S. 273.

1. a) ●○○ Benennen Sie die in den Materialien auf dieser Doppelseite gezeigten und beschriebenen Folgen für der Flüchtlinge.

b) ●●○ Menschliches Leid zieht sich wie ein roter Faden durch die Geschichte von Flucht und Vertreibung. Oftmals sind insbesondere Frauen betroffen. Vergleichen Sie die in der Darstellung von Andrea Riecken genannten Folgen mit dem Bericht von Helena Szwichtenberg über die Ereignisse von 1939 (M12 Seite 110).

c) ●●○ Auf dieser Doppelseite werden die Folgen von Flucht und Vertreibung am Beispiel der deutschen Flüchtlinge nach dem Zweiten Weltkrieg behandelt. Diskutieren Sie mögliche Gefahren, die mit dieser Fokussierung verbunden sind.
→ Text, M21–M23, M12 (Seite 110)

Aufnahme der deutschen Flüchtlinge

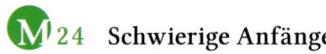 24   **Schwierige Anfänge**

Die Hannoversche Presse schreibt am 16. Dezember 1947:

„Warum seid Ihr gekommen? Wir haben Euch nicht gerufen!" Mit diesen hartherzigen Worten empfing sie ein Beauftragter der Gemeinde Weetzen. Und genau so wie der Empfang war dann auch die Unter-
5 bringung der Flüchtlinge. Ein dunkler Raum in einer Gastwirtschaft, dessen Größe wir auf 24 Quadratmeter schätzen, beherbergt nicht weniger als 25 Personen, Frauen, Männer und Kinder. Die Luft ist stickig. Es gibt weder Außenfenster noch eine andere Lüf-
10 tungsmöglichkeit. Die Wände sind triefnaß. Das auf den Fußboden geschüttete Stroh ist feucht, es liegt schon vier Wochen da, neues kann angeblich nicht beschafft werden. Auch die Decken und Kleidungsstücke sind feucht. An diesen Schlafraum schließt
15 sich ein zweiter, größerer, in dem weitere 18 Personen wohnen, an, außerdem ist es der Aufenthalts- und Kochraum. An dem großen Herd kochen bei unserem Eintritt acht Parteien, Wäsche hängt zum Trocknen auf einer Leine. Kinder spielen. In einer Ecke liegt
20 eine Frau mit einem kleinen Mädchen auf Stroh. Seit ihrer Ankunft vor vier Wochen ist sie noch nicht aufgestanden, vielleicht ist sie zu schwach dazu, vielleicht ist ihr aber auch alles gleichgültig geworden. Die anderen versorgen sie notdürftig mit Essen und
25 Trinken.
In den beiden Räumen gibt es keine Glühbirnen. Eine geliehene wurde für eine Rübensaftküche zurückgefordert und nicht wiedergebracht. Holz für den Herd ist nur spärlich vorhanden. Um sich zu waschen,
30 müssen diese 42 Menschen zwischen zwei und 64 Jahren in der Zeit von 7 bis 8.30 Uhr früh in die einen halben Kilometer entfernte Zuckerfabrik gehen, wo es Waschräume gibt.
Eines der Flüchtlingsschicksale möge für alle spre-
35 chen. Es handelt sich um eine Frau in mittleren Jahren. Sie wurde von den deutschen Truppen beim Rückzug aus der Ukraine mit nach Polen genommen, in Litzmannstadt 1945 verhaftet, von ihren beiden kleinen Töchtern getrennt, sechs Monate ins Gefäng-
40 nis gesteckt und dann neun Monate in ein Arbeitslager. Nach einem Jahr Sklavenarbeit bei polnischen Bauern floh sie, brachte monatelang in Lagern zu, bis sie nach Weetzen in diese Flüchtlingsunterkunft eingewiesen wurde. Wie wohlbehütet ist dagegen das
45 Leben der meisten Einheimischen verlaufen!
Hannoversche Presse, 16.12.1947, S. 2.

26   *Tafel am Bremer Hauptbahnhof*
Fotografie, 1945/46.

25   *Anteil der Entwurzelten an der Gesamtbevölkerung (nach Ländern)*

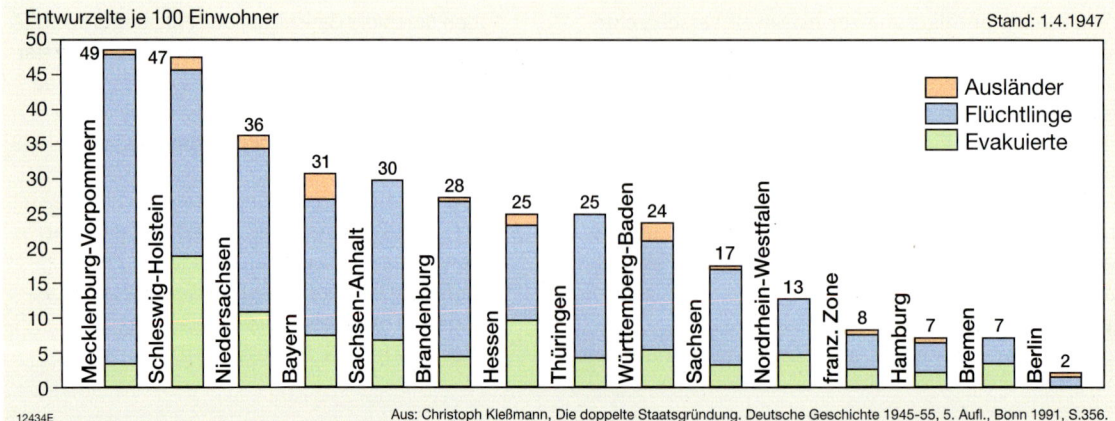

Heimatvertriebene in der Bundesrepublik

M 27 „Charta der deutschen Heimatvertriebenen"

In einer feierlichen Erklärung bekennen sich die Repräsentanten der Heimatvertriebenen zum Gewaltverzicht (5.8.1950):

Im Bewusstsein ihrer Verantwortung vor Gott und den Menschen, im Bewusstsein ihrer Zugehörigkeit zum christlich-abendländischen Kulturbereich, im Bewusstsein ihres deutschen Volkstums und in der
5 Erkenntnis der gemeinsamen Aufgabe aller europäischen Völker haben die erwählten Vertreter von Millionen Heimatvertriebener nach reiflicher Überlegung und nach Prüfung ihres Gewissens beschlossen, dem Deutschen Volk und der Weltöffentlichkeit ge-
10 genüber eine feierliche Erklärung abzugeben, die die Pflichten und Rechte festlegt, welche die deutschen Heimatvertriebenen als ihr Grundgesetz und als unumgängliche Voraussetzung für die Herbeiführung eines freien und geeinten Europas ansehen:
15 1. Wir Heimatvertriebenen verzichten auf Rache und Vergeltung. Dieser Entschluss ist uns ernst und heilig im Gedenken an das unendliche Leid, welches im Besonderen das letzte Jahrzehnt über die Menschheit gebracht hat.

20 2. Wir werden jedes Beginnen mit allen Kräften unterstützen, das auf die Schaffung eines geeinten Europas gerichtet ist, in dem die Völker ohne Furcht und Zwang leben können.
3. Wir werden durch harte, unermüdliche Arbeit teil-
25 nehmen am Wiederaufbau Deutschlands und Europas.
Wir haben unsere Heimat verloren. Heimatlose sind Flüchtlinge auf dieser Erde. Gott hat die Menschen in ihre Heimat hineingestellt. Den Menschen mit
30 Zwang von seiner Heimat zu trennen, bedeutet ihn im Geiste töten. Wir haben dieses Schicksal erlitten und erlebt. Daher fühlen wir uns berufen zu verlangen, dass das Recht auf die Heimat als eines der von Gott geschenkten Grundrechte der Menschheit aner-
35 kannt und verwirklicht wird.
Die Völker der Welt sollen ihre Mitverantwortung am Schicksal der Heimatvertriebenen als der vom Leid dieser Zeit am schwersten Betroffenen empfinden.
Die Völker sollen handeln, wie es ihren christlichen
40 Pflichten und ihrem Gewissen entspricht. Die Völker müssen erkennen, dass das Schicksal der deutschen Heimatvertriebenen, wie aller Flüchtlinge, ein Weltproblem ist, dessen Lösung höchste sittliche Verantwortung und Verpflichtung zu gewaltiger Leistung
45 fordert. [...]

Zit. nach: Bundeszentrale für politische Bildung (Hg.), Informationen zur politischen Bildung Nr. 142/143: „Deutsche und Polen", Bonn 1991, S. 52.

1. a) ●○○ Fassen Sie die in der „Hannoverschen Presse" im Dezember 1947 beschriebenen „Schwierigen Anfänge" der Flüchtlinge in Niedersachsen zusammen.
b) ●●○ Ordnen Sie die Ereignisse in den historischen Kontext ein.
→ Text, M24–M26
2. a) ●●○ Arbeiten Sie die in der „Charta der deutschen Heimatvertriebenen" aufgeführten Rechte und Plichten heraus.
b) ●●● Die „Charta" wurde 1950 verfasst.

Schreiben Sie einen zeitgenössischen Kommentar zur „Charta" aus Sicht eines Polen.
→ M27
3. ●●● Informieren Sie sich im Internet über den „Bund der Heimatvertriebenen und Entrechteten".
→ Internet
4. ●●○ Benennen und erläutern Sie anhand des Schulbuchtextes wichtige Stationen der deutsch-polnischen Geschichte seit 1945. Dokumentieren Sie Ihre Ergebnisse in Form eines Zeitstrahls.
→ Text

Deutsch-polnische Annäherung nach dem Krieg

 28   Deutsch-polnische Annäherung

a) Aus einer Denkschrift der Evangelischen Kirche Deutschlands von 1965:

Ernsthaft zu bedenken sind dagegen zwei andere Gesichtspunkte. Der eine wird von den östlichen Nachbarn Deutschlands auf den Begriff einer deutschen Friedenssicherungspflicht gebracht; der polnische
5 Staat habe nach seinen bitteren geschichtlichen Erfahrungen gegenüber Deutschland ein gesteigertes Recht auf Sicherheit und müsse deshalb auch die Grenze wählen dürfen, die ihm ein Höchstmaß von Sicherheit verbürge. Versteht man diese Sicherheit
10 rein militärisch, so kann das Argument nicht überzeugen. [...] Die Vertreibung Millionen deutscher Bewohner hat westlich von Polen einen Herd der Unzufriedenheit und der Unruhe entstehen lassen, also das Gegenteil einer Sicherheits- und Friedensgrenze ge-
15 schaffen. Aber das Argument enthält einen richtigen Kern, wenn man es dahin interpretiert, dass das Erbe einer bösen Vergangenheit dem deutschen Volk eine besondere Verpflichtung auferlegt, in der Zukunft das Lebensrecht des polnischen Volkes zu respektie-
20 ren und ihm den Raum zu lassen, dessen es zu seiner Entfaltung bedarf. [...] Die 20 Jahre, die verstrichen sind, seitdem Polen von dem Gebiet Besitz ergriffen hat und die deutsche Bevölkerung daraus vertrieben hat, haben auch für die rechtliche Beurteilung des
25 Anspruchs auf Wiederherstellung ihr eigenes Gewicht. Zwar kann der bloße Zeitablauf einen unrechtmäßigen Zustand nicht in einen rechtmäßigen Zustand verwandeln. Aber [...] eine volle Wiederherstellung alten Besitzstandes, die in den ersten Jahren
30 nach 1945 noch möglich gewesen wäre, ist 20 Jahre später unmöglich, weil sie Polen jetzt in seiner Existenz bedrohen würde.

Kirchenkanzlei d. Evang. Kirche in Deutschland/Hannover-Herrenhausen (Hg.), Die Lage der Vertriebenen und das Verhältnis des deutschen Volkes zu seinen östlichen Nachbarn. Eine evangelische Denkschrift, Hannover: Verlag des Amtsblattes der Evangelischen Kirche in Deutschland 1965, S. 28 f.

b) Aus der Botschaft der polnischen Bischöfe an ihre „deutschen Brüder in Christi Hirtenamt" (1965):

Nach alledem, was in der Vergangenheit geschehen ist, [...] ist es nicht zu verwundern, dass das ganze polnische Volk unter dem schweren Druck eines elementaren Sicherheitsbedürfnisses steht und seinen
5 nächsten Nachbarn im Westen immer noch mit Miss-

trauen betrachtet. [...] Die Belastung der beiderseitigen Verhältnisse ist immer noch groß und wird vermehrt durch das sog. „heiße Eisen" dieser Nachbarschaft; die polnische Westgrenze an Oder
10 und Neiße ist, wie wir wohl verstehen, für Deutschland eine äußerst bittere Frucht des letzten Massenvernichtungskrieges – zusammen mit dem Leid der Millionen von Flüchtlingen und vertriebenen Deutschen (auf interalliierten Befehl der Siegermächte –
15 Potsdam 1945 – geschehen). [...]
Für unser Vaterland, das aus den Massenmorden nicht als Siegerstaat, sondern bis zum äußersten geschwächt hervorging, ist es eine Existenzfrage (keine Frage „größeren Lebensraumes"); es sei denn, dass
20 man ein über 30-Millionen-Volk in den engen Korridor eines „Generalgouvernements" von 1939 bis 1945 hineinpressen wollte – ohne Westgebiete; aber auch ohne Ostgebiete, aus denen seit 1945 Millionen von polnischen Menschen in die „Potsdamer Westgebie-
25 te" hinüberströmen mussten. [...]
Und trotz alledem, trotz dieser fast hoffnungslos mit Vergangenheit belasteten Lage [...] rufen wir Ihnen zu: Versuchen wir zu vergessen! [...]
In diesem allerchristlichsten und zugleich sehr
30 menschlichen Geist strecken wir unsere Hände zu Ihnen hin [...], gewähren Vergebung und bitten um Vergebung.

Botschaft der polnischen Bischöfe an ihre „deutschen Brüder in Christi Hirtenamt" (1965), zit. nach: Oskar Golombek (Hg.), Die katholische Kirche und die Völker-Vertreibung, Köln: Wienand 1966, S. 153 ff.

29   Die schrittweise Annäherung von Deutschen und Polen aus polnischer Sicht

Der polnische Historiker Jan M. Piskorski schreibt (2010):

Unter den deutschen und polnischen Vertriebenen, die sich nach dem Fall des Eisernen Vorhangs immer häufiger trafen, musste es schließlich zum Gespräch über die Vergangenheit kommen, zumal in den 90er-
5 Jahren ein gutes Klima dafür herrschte. Die Deutschen freuten sich, dass sie wieder ihre Heimat besuchen konnten. In Polen forschte man zur Zwangsaussiedlung der Deutschen, was sich schnell zu einer Debatte über die Form der Vertreibung, die
10 Vorgehensweise der Polen und schließlich über die Verantwortung für das deutsche Kulturerbe entwickelte. Während sich Politiker umarmten und – wie

ihnen manchmal vorgeworfen wurde – „Versöhnungskitsch" betrieben, begannen auf lokaler Ebene
15 wichtige Gespräche. Anfänglich erinnerten diese an zwei Monologe, aber im Laufe der Zeit wurde daraus ein – wenn auch schwieriger – Dialog.

Damals gewann ich die Überzeugung, dass die authentischen deutschen Flüchtlinge und Vertriebenen,
20 die den Krieg, die Flucht oder Vertreibung überlebt haben, ein echter Schatz für die deutsch-polnische Versöhnung sein können, weil sie nicht nur Polen besser kennen, mit ihnen verhältnismäßig oft sprechen und viel mehr als die anderen Deutschen von
25 der Vertreibung und Deportation der Polen seit 1939 wissen, sondern weil sie auch als selbst Betroffene deren Leiden und Nostalgien eher verstehen können. Zugleich führte die polnische Empathie für das Schicksal der deutschen Vertriebenen dazu, dass die
30 Polen, zum Entsetzen der nationalen Rechten und Nationalkonservativen unter ihnen, jene als Opfer anerkannten – und das viele Jahre bevor die aktuellen Funktionäre des Bundes der Vertriebenen (BdV), die zur Hochzeit des Kalten Krieges die Schule be-
35 sucht hatten und zu Hause oft in einer Atmosphäre des Schweigens aufgewachsen waren, lautstark daran erinnerten.

Just als insbesondere die jüngeren Polen versuchten, sich von der historisch beladenen Sicht und dem My-
40 thos des historischen Opfers zu lösen, marschierten die – von der Vereinigung ihres Landes beflügelten – Deutschen in die entgegengesetzte Richtung und forderten nun von den Nachbarn, ihr Leiden anzuerkennen. Die polnische und die deutsche Erinnerung
45 liefen auf diese Weise schnurstracks aneinander vorbei.

Tatsächlich sind die Polen über deutsche Fragen aber nicht schlecht informiert, und sie beobachten mit wachsender Aufmerksamkeit, was Deutschland mit
50 seiner wiedergewonnenen Freiheit anstellt. [...] Umgekehrt wissen die Deutschen nur wenig über polnische Geschichtsdiskussionen. Seit dem 19. Jahrhundert liegt Polen nicht gerade im Zentrum ihres Interesses, sodass ihr Wissen recht oberflächlich ist.
55 Dennoch sollte man sich vor übertriebenen Verallgemeinerungen hüten. Schließlich hat selbst der deutsch-polnische Streit um die Erinnerung seit dem Jahr 2000 nicht zu einer dauerhaften Abkehr von jenen Trends geführt, die Polen und Deutsche einander
60 wieder näher bringen. Vor allem seit dem Beitritt Polens zur Europäischen Union verstärken sich die Kontakte in beide Richtungen. Auch die Streitigkeiten über Vergangenheit und Zukunft verlaufen nicht mehr einfach entlang der nationalen Trennlinien,
65 und das in allen Generationen. „Die Deutschen" und „die Polen" gibt es einfach nicht mehr, auch wenn die

meisten von ihnen das noch nicht bemerkt haben. Trotz der anhaltenden „Medienkriege" kehren deutsche Vertriebene nach Polen zurück, manchmal auch
70 deshalb, weil ihnen die Mentalität der Polen näher zu sein scheint als die der Deutschen. Gleichzeitig lassen sich viele Polen, vor allem in der Umgebung Stettins, in den nahe gelegenen deutschen Dörfern und Kleinstädten nieder.

Jan M. Piskorski, Das europäische Memento. Am Anfang von Flucht und Vertreibung war der Krieg, in: Blätter für deutsche und internationale Politik 1/2010, ISSN 0006-4416, Berlin 2010, S. 112–121.

• •

1. **a)** ●●○ Arbeiten Sie aus der Denkschrift der Evangelischen Kirche von 1965 und der Botschaft der polnischen Bischöfe von 1965 jeweils die Aussagen zur deutsch-polnischen Grenze heraus.
   b) ●●○ Weisen Sie die in beiden Texte enthaltenen Angebote zur Versöhnung nach und belegen Sie mit Zitaten aus den Quellen.
   c) ●●● Ordnen Sie die Denkschrift der Evangelischen Kirche in den historischen Kontext ein (Zeitstrahl) und prüfen Sie, ob und inwiefern diese einen Fortschritt in Bezug auf eine Annäherung in der deutsch-polnischen Beziehung darstellte.
   → Text, M28

2. **a)** ●●○ Der Historiker Jan M. Piskorski benennt zahlreiche Phasen in der deutsch-polnischen Beziehung nach 1990. Erläutern Sie diese.
   b) ●●● Erläutern und bewerten Sie seine Aussage: „Damals gewann ich die Überzeugung, dass die authentischen deutschen Flüchtlinge und Vertriebenen, die den Krieg, die Flucht oder Vertreibung überlebt haben, ein echter Schatz für die deutsch-polnische Versöhnung sein können …" (Zeile 18 ff.)
   → Text, M28

Wir arbeiten sehr sorgfältig daran, für alle verwendeten Abbildungen die Rechteinhaberinnen und Rechteinhaber zu ermitteln. Sollte uns dies im Einzelfall nicht vollständig gelungen sein, werden berechtigte Ansprüche selbstverständlich im Rahmen der üblichen Vereinbarungen abgegolten.